LEI DO SISTEMA ELETRÔNICO DE REGISTROS PÚBLICOS

O GEN | Grupo Editorial Nacional – maior plataforma editorial brasileira no segmento científico, técnico e profissional – publica conteúdos nas áreas de concursos, ciências jurídicas, humanas, exatas, da saúde e sociais aplicadas, além de prover serviços direcionados à educação continuada.

As editoras que integram o GEN, das mais respeitadas no mercado editorial, construíram catálogos inigualáveis, com obras decisivas para a formação acadêmica e o aperfeiçoamento de várias gerações de profissionais e estudantes, tendo se tornado sinônimo de qualidade e seriedade.

A missão do GEN e dos núcleos de conteúdo que o compõem é prover a melhor informação científica e distribuí-la de maneira flexível e conveniente, a preços justos, gerando benefícios e servindo a autores, docentes, livreiros, funcionários, colaboradores e acionistas.

Nosso comportamento ético incondicional e nossa responsabilidade social e ambiental são reforçados pela natureza educacional de nossa atividade e dão sustentabilidade ao crescimento contínuo e à rentabilidade do grupo.

CARLOS E. ELIAS DE **OLIVEIRA**
FLÁVIO **TARTUCE**

LEI DO SISTEMA ELETRÔNICO DE
REGISTROS PÚBLICOS

REGISTRO CIVIL, CARTÓRIOS ELETRÔNICOS, INCORPORAÇÃO, LOTEAMENTO E OUTRAS QUESTÕES

■ Os autores deste livro e a editora empenharam seus melhores esforços para assegurar que as informações e os procedimentos apresentados no texto estejam em acordo com os padrões aceitos à época da publicação, e todos os dados foram atualizados pelo autor até a data de fechamento do livro. Entretanto, tendo em conta a evolução das ciências, as atualizações legislativas, as mudanças regulamentares governamentais e o constante fluxo de novas informações sobre os temas que constam do livro, recomendamos enfaticamente que os leitores consultem sempre outras fontes fidedignas, de modo a se certificarem de que as informações contidas no texto estão corretas e de que não houve alterações nas recomendações ou na legislação regulamentadora.

■ Fechamento desta edição: *19.10.2022*

■ Os Autores e a editora se empenharam para citar adequadamente e dar o devido crédito a todos os detentores de direitos autorais de qualquer material utilizado neste livro, dispondo-se a possíveis acertos posteriores caso, inadvertida e involuntariamente, a identificação de algum deles tenha sido omitida.

■ **Atendimento ao cliente:** (11) 5080-0751 | faleconosco@grupogen.com.br

■ Direitos exclusivos para a língua portuguesa
Copyright © 2023 by
EDITORA FORENSE LTDA.
Uma editora integrante do GEN | Grupo Editorial Nacional
Travessa do Ouvidor, 11 – Térreo e 6º andar – 20040-040 – Rio de Janeiro – RJ
www.grupogen.com.br

■ Reservados todos os direitos. É proibida a duplicação ou reprodução deste volume, no todo ou em parte, em quaisquer formas ou por quaisquer meios (eletrônico, mecânico, gravação, fotocópia, distribuição pela Internet ou outros), sem permissão, por escrito, da Editora Atlas Ltda.

■ Capa: Daniel Kanai

■ **CIP – BRASIL. CATALOGAÇÃO NA FONTE.**
SINDICATO NACIONAL DOS EDITORES DE LIVROS, RJ.

O46L
Oliveira, Carlos E. Elias de

Lei do sistema eletrônico de registros públicos: registro civil, cartórios eletrônicos, incorporação, loteamento e outras questões / Carlos E. Elias de Oliveira, Flávio Tartuce; prefácio do presidente do Senado Federal Rodrigo Pacheco. – 1. ed. – Rio de Janeiro: Forense 2023.

Inclui bibliografia e índice
ISBN 978-65-596-4655-5

1. Brasil. [Lei 14.382 (2022)]. 2. Registros públicos - Inovações tecnológicas – Brasil. I. Tartuce, Flávio. II. Pacheco, Rodrigo. III. Título.

22-80522 CDU: 347(81)

Meri Gleice Rodrigues de Souza – Bibliotecária – CRB-7/6439

Dedicamos esta obra às nossas respectivas esposas, Léia Tartuce e Leila Oliveira. Não é só no nome que elas guardam semelhanças. Nem só no fato de terem se casado com civilistas. Mas principalmente na condição de musas inspiradoras para as quais vivemos e nos dedicamos intensamente!

Flávio Tartuce e Carlos Elias de Oliveira

Prefácio

Esta obra foi escrita a quatro mãos por dois juristas que figuram entre os principais conhecedores dos Direitos Imobiliário, Civil, Notarial e Registral em nosso País.

De sua parte, Carlos E. Elias de Oliveira, além de professor universitário, advogado, parecerista e exímio escritor, é Consultor Legislativo do Senado Federal. Por esse motivo, tive o prazer de trabalhar em conjunto com o Carlos em diferentes ocasiões, quando pude presenciar a sua competência, cordialidade e dedicação. Aliás, foi ele mesmo um dos consultores responsáveis por auxiliar os senadores que se debruçaram na análise e deliberação do projeto que deu origem à Lei n. 14.382, de 2022, alvo do presente livro.

Por sua vez, Flávio Tartuce é doutor em Direito, professor em cursos de pós-graduação, advogado, parecerista, consultor jurídico, colunista, doutrinador e autor de incontáveis obras de renome sobre diversos campos do Direito, em especial o Direito Civil. Sem dúvidas, a excelência do autor é evidente e reconhecida nacionalmente. Ainda assim, faço questão de salientar o seguinte: tal qual todas as obras anteriores do Flávio, esta se mostra instigante, profunda e enriquecedora. E, para além do Direito, não poderia deixar de dizer que Flávio é um amigo de longa data, nascido em Passos, no Sudoeste de Minas Gerais, cidade em que vivi minha infância e juventude, motivo pelo qual me senti especialmente motivado a escrever este prefácio.

Apesar da complexidade do tema, a leitura é fluida e agradável, como não poderia deixar de ser, tendo Carlos Elias e Flávio Tartuce como coautores.

A Lei n. 14.382, de 2022, conhecida como Lei do Sistema Eletrônico de Registros Públicos (SERP), é derivada da aprovação da Medida Provisória (MPV) n. 1.085, de 2021 – em conjunto com o Veto nº 37, de 2022. Em sua versão final, a citada lei promoveu diversas alterações no SERP para simplificar os procedimentos relativos aos registros públicos de atos e negócios jurídicos. Nesse sentido, além de exigir a completa digitalização dos serviços notariais e registrais, a norma fez relevantíssimas mudanças legislativas que desburocratizam o quotidiano dos cidadãos.

Concebida em meio às súbitas exigências de adaptação que nos impôs a pandemia da Covid-19, no ano de 2020, a Lei n. 14.382/2022 é fruto de extensa discussão entre diversos órgãos e entidades do setor, como o Colégio de Registro de Imóveis do Brasil (Cori-BR); a Associação Brasileira das Entidades de Crédito Imobiliário e Poupança (Abecip); a Câmara Brasileira da Indústria da Construção (CBIC); o Instituto Brasileiro de Direito Imobiliário (Ibradim); a Presidência da República; o Ministério da Economia; o Banco Central do Brasil; a Associação Brasileira das Entidades dos Mercados Financeiro e de Capitais (Anbima); a Associação Brasileira de Bancos (ABBC); a Associação Brasileira de Fintechs (ABFintechs); a B3 S.A. – Brasil, Bolsa, Balcão; a Caixa Econômica Federal; a CERC Central de Recebíveis S.A.; o Instituto de Registro Imobiliário do Brasil (IRIB); o Conselho Nacional de Justiça (CNJ); e o próprio Congresso Nacional.

Entre suas diversas disposições, a Lei do SERP trata, por exemplo, da simplificação dos procedimentos de casamento, de registro de união estável, de alteração do nome civil e de desjudicialização de negócios imobiliários. Ademais, promove a integração dos registros públicos de garantias de bens móveis e imóveis em um sistema unificado, o que permitirá a existência de um único ponto de acesso para submissão e consulta a registros sobre garantias de bens móveis. Consequentemente, a norma proporcionará maior eficiência ao sistema de registro e à contratação de créditos.

Ainda, a legislação em comento possibilita o encaminhamento de atos e negócios jurídicos para registro ou averbação por meio de extratos eletrônicos. Esses extratos, além de sistematizarem as operações, trarão maior agilidade e menores custos para a etapa do registro público, algo crucial para os negócios que envolvem garantias de bens móveis e imóveis.

Outro ponto primordial é que a lei aprimora a identificação das partes pelos serviços de registro, a fim de se prevenir a ocorrência de fraudes. Certamente, isso melhora o ambiente de negócios e sistematiza a legislação vigente concernente ao uso da certificação digital e da assinatura eletrônica nos registros públicos.

Sendo assim, resta claro que a Lei n. 14.382, de 2022, contribui para o aprimoramento do ambiente de negócios no País, por meio da modernização dos registros públicos, desburocratização dos serviços registrais e centralização nacional das informações e garantias, com consequente redução de custos e de prazos e maior facilidade para a consulta de informações registrais e envio de documentação para registro.

Todavia, apesar de seus méritos, por ser uma lei muito extensa e promover alterações juridicamente complexas, a sua perfeita compreensão não é tarefa fácil. Por isso, esta obra é muito bem-vinda e se mostra extremamente efetiva em – tal qual fez a lei em relação aos registros públicos – desburocratizar e simplificar. Nesse caso, o livro desburocratiza e simplifica com maestria o processo de apreensão do conhecimento pelo leitor.

Na organização do livro, os coautores preocuparam-se em facilitar a sistematização do conteúdo normativo. Com tal intenção, aglutinaram os artigos que guardavam conexão temática entre si em capítulos próprios e fizeram o comentário detalhado de cada artigo dentro desses capítulos. Os comentários feitos não foram superficiais, tampouco meras paráfrases legais. Muito pelo contrário, problematizaram, com olhar prático, cada dispositivo, indicando como os juristas deverão comportar-se diante de eventuais lacunas ou dúvidas interpretativas.

Aliás, a engenhosidade dos autores na organização da obra já fica evidente desde o sumário, que revela a organização da obra de acordo com os temas jurídicos envolvidos, com citação dos artigos da Lei do SERP conexos que serão comentados.

No capítulo I, os coautores fazem uma introdução sobre a Lei do SERP; enquanto nos capítulos 2, 3 e 9 esmiúçam como deverá funcionar a digitalização dos serviços notariais e registrais, comentando todos os artigos pertinentes, além de explicar a digitalização do procedimento de regularização fundiária.

Já os capítulos 4 a 8 tratam das alterações legislativas ocorridas em cada uma das especialidades cartorárias envolvidas na Lei do SERP: do registro civil das pessoas naturais até o tabelionato de notas. Por sua vez, os capítulos 10 e 11 explicam as diversas alterações ocorridas em incorporação imobiliária e em parcelamento do solo.

Por fim, os capítulos 12 a 15 aprofundam e problematizam as mudanças ocorridas em questões de direito civil e de direito empresarial, como a proteção de terceiros adquirentes de imóvel e a prescrição intercorrente.

Em suma, creio que o livro *Lei do Sistema Eletrônico de Registros Públicos: registro civil, cartórios eletrônicos, incorporação, loteamento e outras questões* acerta – e muito – ao simplificar a compreensão e, consequentemente, a efetividade prática dos objetivos da Lei do SERP, que têm o potencial de desburocratizar a vida dos brasileiros e promover maior segurança jurídica ao campo dos Direitos Imobiliário, Civil, Notarial e Registral. Com esta obra, estaremos mais próximos de alcançar essas nobres finalidades.

Senador Rodrigo Otávio Pacheco

Presidente do Senado Federal

Sumário

1. VISÃO GERAL (ARTS. 1.º E 2.º DA LEI N. 14.382/2022) 1
2. SISTEMA ELETRÔNICO DE REGISTROS PÚBLICOS – SERP 3
   - 2.1. Introdução 3
   - 2.2. Obrigatoriedade do SERP, regulamentação do CNJ e atribuições dos oficiais extrajudiciais perante o SERP (arts. 4.º, 7.º e 18 da Lei n. 14.382/2022 e art. 37 da Lei do Programa Minha Casa, Minha Vida) 6
   - 2.3. Objetivo do SERP (art. 3.º da Lei n. 14.382/2022) 10
   - 2.4. Art. 5.º: custeio do SERP 15
   - 2.5. Extratos eletrônicos para registro ou averbação (art. 6.º da Lei n. 14.382/2022) 17
   - 2.6. Acesso à base de dados do Poder Público (art. 9.º da Lei n. 14.382/2022; art. 46, § 6.º, da Lei de Registros Públicos) 24
   - 2.7. Flexibilização da assinatura eletrônica para interação com cartórios (art. 38 da Lei do Programa Minha Casa, Minha Vida) 26

2.8.	Flexibilização da assinatura eletrônica para interação com cartórios (art. 17 da Lei de Registros Públicos)	30
3.	**REGISTRO PÚBLICO ELETRÔNICO: QUESTÕES GERAIS**	33
3.1.	Introdução	33
3.2.	Virtualização do acervo e dos serviços (arts. 1.º, 7.º-A, 116, 141, 161, 194 e 221, § 4.º, da Lei de Registros Públicos; e art. 20, III, *f* e *j*, da Lei n. 14.382/2022)...	34
3.3.	Art. 9.º da Lei de Registros Públicos: prazos em dias úteis para as serventias registrais	40
3.4.	Art. 14 da Lei de Registros Públicos: ajuste redacional quanto ao momento do pagamento dos emolumentos	44
3.5.	Art. 19 da Lei de Registros Públicos: certidões eletrônicas e prazos...	45
3.6.	Pagamento por meio eletrônico dos emolumentos e das despesas e pagamento parcelado (art. 30, XV, da Lei n. 8.935/1994)	52
3.7.	Procedimento administrativo da Reurb por meio eletrônico (art. 76, § 1.º, da Lei n. 13.465/2017)...	53
4.	**REGISTRO CIVIL DAS PESSOAS NATURAIS – RCPN**	55
4.1.	Livro "E" no RCPN (art. 33, parágrafo único, da Lei de Registros Públicos)...	55
4.2.	Uso da base de dados do Poder Público pelo RCPN no caso de registro tardio de nascimento (art. 46, § 6.º, da Lei de Registros Públicos)...	57
4.3.	Convênio e unidade interligada no hospital para registro de nascimento (art. 54, § 5.º, da Lei de Registros Públicos)	57
4.4.	Formação do nome da pessoa no registro de nascimento (art. 55 da Lei de Registros Públicos)	60
4.5.	Alteração extrajudicial do nome por vontade imotivada da pessoa após a maioridade (art. 56 da Lei de Registros Públicos)	62
4.6.	Alteração extrajudicial do nome por justo motivo (arts. 57 e 69 da Lei de Registros Públicos; e art. 20, III, *a*, da Lei n. 14.382/2022)..	65
4.7.	Desburocratização da habilitação e da celebração do casamento (arts. 67 e 69 da Lei de Registros Públicos; e art. 20, III, *b* e *c*, da Lei n. 14.382/2022)	71
4.8.	Desjudicialização da conversão da união estável em casamento (art. 70-A da Lei de Registros Públicos).....................................	84

	4.9.	Registro da união estável no RCPN (art. 94-A da Lei de Registros Públicos)...	90
5.	REGISTRO CIVIL DAS PESSOAS JURÍDICAS – RCPJ	103
	5.1.	Livros virtuais e serviço virtual (arts. 116 e 121 da Lei de Registros Públicos; e art. 20, V, da Lei n. 14.382/2022)............................	103
6.	REGISTRO CIVIL DE TÍTULOS E DOCUMENTOS	105
	6.1.	Registro facultativo para conservação, cobrança de dívida, sigilo parcial e livro próprio (arts. 127-A e 132, V, da Lei de Registros Públicos)...	105
	6.2.	Fim da exigência de reconhecimento de firma para registro de procurações no RTD (art. 158 da Lei de Registros Públicos e art. 20, III, *i*, da Lei n. 14.382/2022)	113
	6.3.	Fim (ou não?) do registro de penhor de animais (art. 127, IV, da Lei de Registros Públicos e art. 20, III, *d*, da Lei n. 14.382/2022) ...	115
	6.4.	Mudanças nas hipóteses de registros no RTD para produção de efeitos *erga omnes* (art. 129 da Lei de Registros Públicos e art. 20, III, *e*, da Lei n. 14.382/2022)	117
		6.4.1.	Fim do registro de depósito e caução no RTD e o procedimento de registro de penhor e parceria (revogação do item 2.º do art. 129, bem como dos arts. 144 e 145 da Lei de Registros Públicos; e art. 20, III, *e*, *g* e *h*, da Lei n. 14.382/2022)	118
		6.4.2.	Ajuste redacional para registro, no RTD, do extrato em caso de alienação fiduciária de móveis, de cessão de direitos e de créditos e da reserva de domínio (art. 129, itens 5.º, 9.º e 10.º, da Lei de Registros Públicos)..........	124
		6.4.3.	Exclusão de gravames em lei específica: veículo e valores mobiliários (art. 129, § 2.º, da Lei de Registros Públicos)	126
		6.4.4.	Registro, no RTD, de constrições judiciais ou administrativas em móveis e créditos e caso do crédito fazendário (art. 129, "11.º" e § 1.º, da Lei de Registros Públicos)...	129
	6.5.	Competência territorial do RTD, eficácia a partir do registro e flexibilização da exigência de reconhecimento de firma no título ou no documento: *vacatio legis* até 1.º de janeiro de 2024 (art. 130 da Lei de Registros Públicos; e art. 21, I, da Lei n. 14.382/2022) ...	132

6.6. Criação de livros de indicador real, de registro facultativo e de indicador pessoal específico (art. 132 da Lei de Registros Públicos) 140

6.7. Documentos nato-digitais registrados no RTD: certidão com força jurídica do original (art. 161 da Lei de Registros Públicos) 143

7. REGISTRO DE IMÓVEIS 147

7.1. Registro do contrato preliminar ou definitivo da permuta (art. 167, I, "18" e "30", da LRP) 147

7.2. Registro do contrato de pagamento por serviços ambientais (art. 167, I, "45", da LRP) 150

7.3. Registro do tombamento definitivo e averbação do processo de cancelamento (art. 167, I, "46", II, e "36", da LRP) 150

7.4. Averbação de caução ou cessão fiduciária de direitos reais imobiliários (art. 167, II, "8", da LRP) 152

7.5. Averbação de cessão de crédito com garantia real imobiliária (art. 167, II, "21", da LRP) 156

7.6. Averbação da sub-rogação do crédito imobiliário (art. 167, II, "30", da LRP e art. 20, VIII, da Lei n. 14.382/2022) 157

7.7. Averbação da transferência de financiamento imobiliário (art. 167, II, "30" e "35", da LRP) 161

7.8. Averbação de penhores especiais registrados no Livro 3 (art. 167, II, "34", da LRP) 163

7.9. Simplificação para acesso do contrato de locação de imóvel urbano à matrícula para fins de vigência no caso de alienação ou de direito de preferência (arts. 167, I, "3", e II, "16", e parágrafo único, e 169, III, da Lei de Registros Públicos; e art. 20, III, *k*, da Lei n. 14.382/2022) 165

7.10. Técnica registral no caso de pluralidade ou de mudança de circunscrição registral (art. 169 da LRP) 170

7.11. Prestígio à abolição do antigo sistema de transcrições e complementação do título sem uma "rerratificação": complementação extracartular do título (art. 176 da LRP) 177

7.12. Redução dos prazos para qualificação registral e digitalização e aprimoramento do procedimento de dúvida (arts. 188 e 198 da Lei de Registros Públicos; e art. 20, III, *l*, da Lei n. 14.382/2022) 182

7.13. Prazo para cessação dos efeitos da prenotação (art. 205 da LRP) 190

7.14. Opção pela postecipação do pagamento parcial dos emolumentos: após certeza da inscritibilidade do título (art. 206-A da LRP e art. 19 da Lei n. 14.382/2022) 191

7.15. Retificação extrajudicial: exclusão de ocupantes e de credores reais do rol de confrontantes a serem notificados (art. 213, § 10, da LRP).. 195

7.16. Retificação extrajudicial: prorrogação dos efeitos da prenotação e registro *lato sensu* de título anterior (art. 213, § 13, da LRP)..... 198

7.17. Procedimento no caso de impugnação justificada ao pedido de usucapião extrajudicial (art. 216-A, § 10, da LRP)....................... 200

7.18. Adjudicação compulsória extrajudicial diante de promessa de compra e venda (art. 216-B da LRP) 203

7.19. Atos no curso do parcelamento do solo: isenção de emolumentos para espelhamento nas matrículas-filhas e faculdade na abertura das matrículas-filhas (art. 237-A da LRP) 214

7.20. Cancelamento extrajudicial do registro da promessa de compra e venda (art. 251-A da LRP) 218

7.21. Isenção de emolumentos para registro no caso de assentamentos rurais do Incra (art. 290-A, IV, da LRP).. 222

7.22. Registro de hipotecas sobre o mesmo imóvel (art. 1.494 do CC e art. 20, VI, *c*, da Lei n. 14.382/2022) 223

8. TABELIONATO DE NOTAS 225

8.1. Vedação a exigir testemunhas só pelo fato da deficiência (art. 7.º, § 2.º, da Lei n. 8.935/1994) 225

8.2. Outros serviços a serem prestados pelos tabeliães de notas (art. 7.º, § 5.º, da Lei n. 8.935/1994) 226

9. REGULARIZAÇÃO FUNDIÁRIA URBANA... 229

9.1. Art. 76 da Lei do Reurb: procedimento eletrônico obrigatório para o Reurb 229

10. INCORPORAÇÃO IMOBILIÁRIA.. 231

10.1. Introdução 231

10.2. Art. 31-E da Lei de Incorporação Imobiliária: forma e efeitos da extinção do patrimônio de afetação.. 231

10.3. Procedimento registral e efeitos jurídicos do registro da incorporação no Cartório de Imóveis (art. 32 da Lei de Incorporação Imobiliária; revogação do art. 12 da Lei n. 4.864/1965; e art. 20, I, da Lei n. 14.382/2022) 238

10.4. Alteração do prazo de eficácia da documentação apresentada com o registro de incorporação (art. 33 da Lei de Incorporação Imobiliária).. 246

10.5. Dever do incorporador de prestar informações aos adquirentes durante as obras e procedimento extrajudicial e efeitos da destituição do incorporador pela comissão de representantes (art. 43 da Lei de Incorporação Imobiliária)................................ 247

10.6. Ajuste redacional e questão do nascimento do condomínio antes da averbação da construção (art. 44 da Lei de Incorporação Imobiliária).. 251

10.7. Prazo para a designação de uma comissão de representantes (art. 50 da Lei de Incorporação Imobiliária)................................ 252

10.8. Loteamento e desmembramento com alienações "na planta" como espécies de incorporação imobiliária (art. 68 da Lei de Incorporação Imobiliária) 253

11. PARCELAMENTO DO SOLO URBANO 257

11.1. Introdução 257

11.2. Desburocratização na documentação no registro do loteamento (art. 18 da Lei de Loteamentos) 257

11.3. Ajustes meramente redacionais quanto ao procedimento de registro de loteamento no Cartório de Imóveis (art. 19 da Lei de Loteamentos).. 260

11.4. Condomínio de lotes: equiparação do empreendedor ao incorporador para alguns efeitos jurídicos (art. 1.358-A, II, do CC) ... 261

12. PESSOA JURÍDICA.. 265

12.1. Extinção da Eireli (art. 20, VI, *a* e *b*, e VII, da Lei n. 14.382/2022).. 265

12.2. Assembleias eletrônicas para pessoas jurídicas (art. 48-A do CC; art. 20, IX, da Lei n. 14.382/2022)... 269

12.3. Local virtual da atividade empresarial: diferença com relação ao estabelecimento (art. 1.142, §§ 1.º a 3.º, do CC; art. 20, IX, da Lei n. 14.382/2022) 270

12.4. Facultar a indicação do objeto social no nome empresarial da sociedade anônima e da sociedade em comandita por ações (arts. 1.160, *caput*, e 1.161 do CC; e art. 20, IX, da Lei n. 14.382/2022) 271

13. PRESCRIÇÃO INTERCORRENTE (ART. 206-A DO CC; E ART. 20, IX, DA LEI N. 14.382/2022) 273

14. DIREITO REAL DE LAJE: EXTINÇÃO NO CASO DE RUÍNA DA CONSTRUÇÃO-BASE SEM RECONSTRUÇÃO EM CINCO ANOS (ART. 1.510-E DO CC) 277

15. AJUSTES NAS REGRAS DE PROTEÇÃO DO TERCEIRO DE BOA-FÉ ADQUIRENTE DE IMÓVEL (ART. 54 DA LEI N. 13.097/2015) 279

BIBLIOGRAFIA 289

1
Visão geral (arts. 1.º e 2.º da Lei n. 14.382/2022)

Lei n. 14.382/2022

Art. 1.º Esta Lei dispõe sobre o Sistema Eletrônico dos Registros Públicos (SERP), de que trata o art. 37 da Lei n. 11.977, de 7 de julho de 2009, bem como moderniza e simplifica os procedimentos relativos aos registros públicos de atos e negócios jurídicos, de que trata a Lei n. 6.015, de 31 de dezembro de 1973 (Lei de Registros Públicos), e de incorporações imobiliárias, de que trata a Lei n. 4.591, de 16 de dezembro de 1964.

Art. 2.º Esta Lei aplica-se:

I – às relações jurídicas que envolvam oficiais dos registros públicos; e

II – aos usuários dos serviços de registros públicos.

A principal motivação da Lei n. 14.382/2022 é dar o respaldo jurídico adequado para a digitalização plena dos serviços notariais e registrais.

A preocupação é aproveitar-se das vantagens da digitalização para desburocratizar a prestação de serviços. Sob essa ótica, a essência do projeto é a criação do Sistema Eletrônico de Registros Públicos (SERP).

No entanto, tomando carona nesse ânimo, outras questões conexas foram veiculadas pela Lei n. 14.382/2022, mediante a alteração de diversas leis especiais. O ponto em comum é que essas questões conexas comungam do mesmo espírito, qual seja de desburocratizar o cotidiano dos cidadãos. Como exemplo, cite-se a previsão de prazo de prescrição intercorrente, mediante o acréscimo do art. 206-A ao Código Civil, apesar de seguirmos o entendimento segundo o qual essa norma já está em vigor desde a Lei n. 14.195/2021. De toda sorte, existiam dúvidas a esse respeito, diante de vetos mal elaborados àquela norma anterior, razão pela qual se considerou como melhor opção a confirmação da norma.

Desse modo, realça-se a total impertinência do confuso art. 2.º da Lei n. 14.382/2022. Em uma manifestação de atecnia, o dispositivo restringe o âmbito normativo da norma apenas às relações jurídicas envolvendo os serviços notariais e registrais. A atecnia do dispositivo é perigosa, por dar espaço a teses indevidas de que todas as regras veiculadas pela Lei n. 14.382/2022 seriam restritas a questões relacionadas aos cartórios extrajudiciais, o que é manifestamente descabido. O simples exemplo da prescrição intercorrente, introduzida no Código Civil pela Lei n. 14.382/2022, desmascararia esses tipos de tese. A regra da prescrição intercorrente é voltada a qualquer caso de direito subjetivo sujeito à prescrição, haja ou não envolvimento dos serviços notariais e registrais. Aplica-se, por exemplo, ao crédito que um vendedor tem perante um comprador de um computador.

O art. 2.º da Lei n. 14.382/2022 atrai, portanto, uma interpretação restritiva, uma vez que ele deve ser estendido apenas aos dispositivos da Lei n. 14.382/2022 que se remetam a relações jurídicas envolvendo os serviços notariais e registrais. E, nesse ponto, vê-se que o art. 2.º da Lei n. 14.382/2022, em nada, inova o ordenamento jurídico. Trata-se, assim, de um "nada jurídico", de um dispositivo que mais obscurece do que esclarece.

Na raiz, o objetivo do art. 2.º da Lei n. 14.382/2022 era didático, esclarecendo-se o objetivo da norma. Pecou, porém, seja porque lei não é espaço para meros didatismos sem inovação jurídica efetiva, seja em virtude de o âmbito normativo ultrapassar o círculo de influência dos serviços notariais e registrais.

2
Sistema Eletrônico de Registros Públicos – SERP

2.1. Introdução

O chamariz da Lei n. 14.382/2022 é a criação do Sistema Eletrônico de Registros Públicos (SERP), e, por isso, é conhecida como Lei do SERP, denominação que será utilizada neste livro.

O SERP pode ser entendido como uma espécie de central eletrônica nacional de todos os serviços notariais e registrais, que permite a prestação remota dos serviços. Quis o legislador disponibilizar um espaço único – como um *site* –, ao qual o cidadão poderia acorrer para buscar qualquer serviço notarial e registral de qualquer serventia do País. Objetivou também conectar operacionalmente todas as serventias extrajudiciais brasileiras para a prestação dos serviços de modo concentrado.

A ideia é encantadora, mas não se pode aderir a ela sem uma visão histórica, sistemática e pragmática dos serviços notariais e registrais. Os serviços notariais e registrais envolvem diferentes especialidades, quais sejam notas, protestos, registro de imóveis, registro de títulos e documentos, registro civil das pessoas naturais e registro de pessoas jurídicas.[1] Historicamente, esses serviços desenvolveram certa autonomia operacional e jurídica, apesar de compartilharem de um ponto comum: o manuseio da fé pública nos fatos jurídicos. Esse histórico precisa ser levado em conta na leitura e na regulamentação da Lei n. 14.382/2022 relativamente ao SERP, sob pena de condená-la à ineficácia ou ao caos.

Ademais, é preciso respeitar a autonomia operacional e jurídica de cada especialidade na regulamentação do SERP. Cada especialidade deverá, por sua própria mobilização operacional, organizar-se na prestação digital, nacional e centralizada dos serviços. O SERP será apenas um coordenador de iguais, à semelhança de uma confederação, que coordena diferentes federações.

Do ponto de vista prático, entendemos que, na prática, a criação do SERP deverá ser apenas para manter a coordenação dos trabalhos das centrais de cada especialidade extrajudicial e para disponibilizar aos cidadãos um portal único, um *site*, que funcionará como um verdadeiro distribuidor, pois o usuário será redirecionado ao *site* da central de pertinente especialidade extrajudicial ao clicar no *link* indicativo do serviço desejado.

A rigor, a Lei n. 14.382/2022 representa apenas uma continuidade de um processo que já estava em curso no sentido da digitalização dos serviços notariais e registrais. Também segue a linha de redução de burocracias, percebida no âmbito do direito privado nos últimos anos.

O dever de virtualização dos registros públicos data do ano de 2009, por força do art. 37 da Lei do Programa "Minha Casa, Minha Vida" (Lei n. 11.977, de 7 de julho de 2009). O SERP, portanto, já possuía suporte legislativo desde 2009, ainda que não se alardeasse um nome de batismo. A Lei n. 14.382/2022 apenas o nomina e o regulamenta. Nesse sentido, embora possamos dizer que o SERP está sendo instituído pela Lei n. 14.382/2022, o fato é que essa criação, em grande parte, trata-se somente de uma sistematização do que já existia.

O dever de digitalização vinha paulatinamente sendo cumprido na prática, pelas diferentes especialidades dos registros públicos, por meio de centrais mantidas pelas respectivas entidades representativas.

---

[1] Deixamos de tratar aqui de outras especialidades, como as relacionadas a atos marítimos, por enfocarmos os serviços mais quotidianos dos cidadãos.

No âmbito do Registro de Imóveis, o protagonismo é do Sistema de Registro Eletrônico de Imóveis (SREI), o qual foi disciplinado pelo art. 76 da Lei da Regularização Fundiária Urbana (Lei n. 13.465, de 2017 – Reurb) e pelo Provimento n. 89, de 18 de dezembro de 2019, da Corregedoria Nacional de Justiça do Conselho Nacional de Justiça (CN/CNJ). O SREI é coordenado pelo respectivo Operador Nacional (ONR), conforme o art. 76 da Lei do Reurb. Além disso, em cada Estado, as respectivas entidades representativas mantêm centrais locais.

Nos campos do Registro de Títulos e Documentos (RTD) e do Registro Civil das Pessoas Jurídicas (RCPJ), a tarefa é da Central Nacional de RTD e RCPJ, com base no Provimento n. 48, de 16 de março de 2016, da CN/CNJ. No caso do RTD, a central também tem fundamento no § 2.º do art. 3.º da Lei de Duplicata Eletrônica (Lei n. 13.775, de 2018). A central é mantida pelo Instituto de Registro de Títulos e Documentos e de Pessoas Jurídicas do Brasil (IRTDPJ Brasil).

No seio do Registro Civil das Pessoas Naturais, o trabalho é desempenhado pela Central de Informações do Registro Civil (CRC), conforme Provimento n. 46, de 16 de junho de 2015, da CN/CNJ. A central é mantida pela Associação dos Registradores de Pessoas Naturais do Brasil (Arpen/BR).

Na esfera dos Tabelionatos de Protesto, a incumbência recai sobre a Central Nacional de Serviços Eletrônicos Compartilhados dos Tabeliães de Protesto de Títulos (Cenprot), tudo nos termos do art. 41-A da Lei de Protesto (Lei n. 9.492, de 10 de setembro de 1997) e do Provimento n. 87, de 11 de setembro de 2019, da CN/CNJ. A central é mantida pelo Instituto de Estudos de Protesto de Títulos do Brasil (IEPTB).

Entre os Tabelionatos de Notas, o encargo é da Central Notarial de Serviços Eletrônicos Compartilhados (Censec), com fulcro no Provimento n. 56, de 14 de julho de 2016, da CN/CNJ. A central é mantida pelo Colégio Notarial do Brasil.

Outras normas também já arrimavam a virtualização dos serviços notariais e registrais, caso do art. 1.º, §§ 3.º e 4.º, da Lei de Registros Públicos (Lei n. 6.015, de 1973 – LRP).

Enfim, a Lei n. 14.382/2022 apenas cristaliza um movimento que já estava em curso de modo avançado no sentido da digitalização dos serviços notariais e registrais.

Em conexão com a criação do SERP, a Lei n. 14.382/2022 promove alterações na Lei de Registros Públicos (Lei n. 6.015/1973) destinadas a dar respaldo à prestação digitalizada dos serviços notariais e registrais. Trataremos dessas mudanças mais à frente.

2.2. Obrigatoriedade do SERP, regulamentação do CNJ e atribuições dos oficiais extrajudiciais perante o SERP (arts. 4.º, 7.º e 18 da Lei n. 14.382/2022 e art. 37 da Lei do Programa Minha Casa, Minha Vida)

Lei n. 14.382/2022

Art. 4.º Compete aos oficiais dos registros públicos promover a implantação e o funcionamento adequado do SERP, com a disponibilização das informações necessárias, nos termos estabelecidos pela Corregedoria Nacional de Justiça do Conselho Nacional de Justiça, especialmente das informações relativas:

I – às garantias de origem legal, convencional ou processual, aos contratos de arrendamento mercantil financeiro e às cessões convencionais de crédito, constituídos no âmbito da sua competência; e

II – aos dados necessários à produção de índices e de indicadores estatísticos.

§ 1.º É obrigatória a adesão ao SERP dos oficiais dos registros públicos de que trata a Lei n. 6.015, de 31 de dezembro de 1973 (Lei de Registros Públicos), ou dos responsáveis interinos pelo expediente.

§ 2.º O descumprimento do disposto neste artigo ensejará a aplicação das penas previstas no art. 32 da Lei n. 8.935, de 18 de novembro de 1994, nos termos estabelecidos pela Corregedoria Nacional de Justiça do Conselho Nacional de Justiça.

(...)

Seção IV
Da Competência da Corregedoria Nacional de Justiça

Art. 7.º Caberá à Corregedoria Nacional de Justiça do Conselho Nacional de Justiça disciplinar o disposto nos arts. 37 a 41 e 45 da Lei n. 11.977, de 7 de julho de 2009, e o disposto nesta Lei, em especial os seguintes aspectos:

I – os sistemas eletrônicos integrados ao SERP, por tipo de registro público ou de serviço prestado;

II – o cronograma de implantação do SERP e do registro público eletrônico dos atos jurídicos em todo o País, que poderá considerar as diferenças regionais e as características de cada registro público;

III – os padrões tecnológicos de escrituração, indexação, publicidade, segurança, redundância e conservação de atos registrais, de recepção e comprovação da autoria e da integridade de documentos em formato eletrônico, a serem atendidos pelo SERP e pelas serventias dos registros públicos, observada a legislação;

IV – a forma de certificação eletrônica da data e da hora do protocolo dos títulos para assegurar a integridade da informação e a ordem de prioridade das garantias sobre bens móveis e imóveis constituídas nos registros públicos;

V – a forma de integração do Sistema de Registro Eletrônico de Imóveis (SREI), de que trata o art. 76 da Lei n. 13.465, de 11 de julho de 2017, ao SERP;

VI – a forma de integração da Central Nacional de Registro de Títulos e Documentos, prevista no § 2.º do art. 3.º da Lei n. 13.775, de 20 de dezembro de 2018, ao SERP;

VII – os índices e os indicadores estatísticos que serão produzidos por meio do SERP, nos termos do inciso II do *caput* do art. 4.º desta Lei, a forma de sua divulgação e o cronograma de implantação da obrigatoriedade de fornecimento de dados ao SERP;

VIII – a definição do extrato eletrônico previsto no art. 6.º desta Lei e os tipos de documentos que poderão ser recepcionados dessa forma;

IX – o formato eletrônico de que trata a alínea *b* do inciso I do § 1.º do art. 6.º desta Lei; e

X – outros serviços a serem prestados por meio do SERP, nos termos do inciso XI do *caput* do art. 3.º desta Lei.

Art. 8.º A Corregedoria Nacional de Justiça do Conselho Nacional de Justiça poderá definir, em relação aos atos e negócios jurídicos relativos a bens móveis, os tipos de documentos que serão, prioritariamente, recepcionados por extrato eletrônico.

(...)

CAPÍTULO IV
DISPOSIÇÕES TRANSITÓRIAS E FINAIS

Art. 18. A data final do cronograma previsto no inciso II do *caput* do art. 7.º desta Lei não poderá ultrapassar 31 de janeiro de 2023.

LEGISLAÇÃO ALTERADA PELA LEI DO SERP

Lei do Programa Minha Casa, Minha Vida (Lei n. 11.977/2009)

Art. 37. Os serviços de registros públicos de que trata a Lei n. 6.015, de 31 de dezembro de 1973 (Lei de Registros Públicos) promoverão a implantação e o funcionamento adequado do Sistema Eletrônico dos Registros Públicos (SERP), nos termos da Medida Provisória n. 1.085, de 27 de dezembro de 2021. (Redação dada pela Lei n. 14.382, de 2022.)

Atualização da Lei do Programa Minha Casa, Minha Vida

Conforme já exposto no item 2.1, o SERP é, na prática, apenas uma cristalização de um movimento de digitalização dos serviços notariais e registrais juridicamente imposto desde 2009, pela Lei do Programa Minha Casa, Minha Vida. Nesse sentido, a Lei n. 14.382/2022 alterou o art. 37 da Lei do Programa Minha Casa, Minha Vida apenas para atualizá-la, fazendo remissão expressa ao SERP. O dever de digitalização dos serviços notariais e registrais deve ser cumprido com foco na figura do SERP.

Competência normativa do CNJ

A tarefa de regulamentar o SERP será do CNJ, especificamente por meio da CN/CNJ. A CN/CNJ manifesta-se por provimentos da lavra do Corregedor Nacional de Justiça (art. 3.º, § 3.º, I, e art. 7.º da Lei n. 14.382/2022; e §§ 3.º e 4.º do art. 1.º da Lei n. 6.015/1973).

Como o SERP possui atuação nacional, realmente o órgão mais adequado para regulamentação é o CNJ, que exerce papel normativo e fiscalizador sobre os serviços notariais e registrais de todo o País. Assim, os tribunais locais – por meio de suas Corregedorias – devem se abster de editar normas que contrariem a disciplina geral dada pelo CNJ relativamente ao SERP.

No poder regulamentar, o CNJ deverá esmiuçar o modo de funcionamento, as exigências mínimas dos serviços e, inclusive, a forma de custeio (arts. 5.º e 7.º da Lei n. 14.382/2022).

Adesão de todas as serventias extrajudiciais e o caso das serventias deficitárias

Todas as serventias extrajudiciais são obrigadas a aderir ao SERP, sob pena de sanção disciplinar (arts. 4.º e 5.º), sendo essa a regra geral. Todavia, é importante que o CNJ e as Corregedorias locais estejam atentas às particularidades de serventias que tenham dificuldades de acesso à *internet* e com limitações financeiras. Para esses casos, devem-se buscar, no caso concreto, alternativas destinadas a viabilizar o ingresso da referida serventia no SERP, caso em que o CNJ ou a Corregedoria local terá liberdade para, por equidade, estabelecer a regra mais condizente com a realidade.

O próprio uso de recursos de fundos locais de compensação de atos gratuitos seria cabível para custear a implementação da estrutura digital da serventia deficitária, ainda que sob a forma de um empréstimo a ser pago em prestações suaves e compatíveis com o porte financeiro da serventia deficitária. Caberá à Corregedoria local agir, com criatividade, para encontrar a solução mais equitativa para esses casos excepcionais. A Lei n. 14.382/2022 implicitamente dá suporte a essa normatização local excepcional.

Entendemos que não se devem punir disciplinarmente os oficiais que, por conta dessas dificuldades estruturais e financeiras, não consigam implementar efetivamente as medidas necessárias à adesão ao SERP. Afinal, as normas precisam ser interpretadas de acordo com a realidade concreta.

Dados estatísticos

Com o tráfego eletrônico dos serviços notariais e registrais por meio do SERP, será mais fácil a obtenção de dados estatísticos sobre as serventias. Dados relativos ao quantitativo de atos praticados pelas diferentes especialidades por região do País, bem como concernentes ao faturamento, poderão ser facilmente alcançados.

O CNJ deverá velar para que a produção desses relatórios estatísticos seja feita pelo SERP. E a eles deverá ser dada a devida publicidade, tal como hoje já sucede parcialmente por meio do *site* do CNJ, na área da "Justiça Aberta", conforme determina a Lei n. 14.382/2022 (arts. 3.º, IX, e 7.º, X).

Cronograma de implantação do SERP

Por demandar dificultosas providências operacionais e técnicas, a implantação do SERP deverá ocorrer até 31 de janeiro de 2023, conforme cronograma a ser definido pelo Conselho Nacional de Justiça (arts. 7.º, II e VII, e 18 da Lei n. 14.382/2022). A Lei n. 14.382 é de junho de 2022; logo, foi concedido cerca de um semestre para a implantação do SERP.

Já externamos no item 2.1 o entendimento de que o SERP deverá ser concebido de modo minimalista, sem desrespeitar a autonomia operacional e jurídica historicamente consolidada de cada especialidade notarial e registral. Afinal, a ideia é a de que o SERP coordene as centrais de cada especialidade, de modo a disponibilizar um canal central de prestação de serviços aos usuários (art. 7.º, V e VI, da Lei n. 14.382/2022).

Temos que o SERP deve, na prática, consistir na disponibilização de um *site* (um portal) que servirá como um verdadeiro distribuidor, que encaminhará o cidadão ao *site* da central da especialidade pertinente. Se, por exemplo, o cidadão quiser uma certidão de nascimento, clicará no devido *link* e será remetido ao *site* mantido pelos Registros Civis das Pessoas Naturais (RCPNs). Por essa perspectiva, o curto prazo de implantação do SERP é suficiente.

2.3. Objetivos do SERP (art. 3.º da Lei n. 14.382/2022)

Lei n. 14.382/2022

Art. 3.º O SERP tem o objetivo de viabilizar:

I – o registro público eletrônico dos atos e negócios jurídicos;

II – a interconexão das serventias dos registros públicos;

III – a interoperabilidade das bases de dados entre as serventias dos registros públicos e entre as serventias dos registros públicos e o SERP;

IV – o atendimento remoto aos usuários de todas as serventias dos registros públicos, por meio da internet;

V – a recepção e o envio de documentos e títulos, a expedição de certidões e a prestação de informações, em formato eletrônico, inclusive de forma centralizada, para distribuição posterior às serventias dos registros públicos competentes;

VI – a visualização eletrônica dos atos transcritos, registrados ou averbados nas serventias dos registros públicos;

VII – o intercâmbio de documentos eletrônicos e de informações entre as serventias dos registros públicos e:

a) os entes públicos, inclusive por meio do Sistema Integrado de Recuperação de Ativos (Sira), de que trata o Capítulo V da Lei n. 14.195, de 26 de agosto de 2021; e

b) os usuários em geral, inclusive as instituições financeiras e as demais instituições autorizadas a funcionar pelo Banco Central do Brasil e os tabeliães;

VIII – o armazenamento de documentos eletrônicos para dar suporte aos atos registrais;

IX – a divulgação de índices e de indicadores estatísticos apurados a partir de dados fornecidos pelos oficiais dos registros públicos, observado o disposto no inciso VII do *caput* do art. 7.º desta Lei;

X – a consulta:

a) às indisponibilidades de bens decretadas pelo Poder Judiciário ou por entes públicos;

b) às restrições e aos gravames de origem legal, convencional ou processual incidentes sobre bens móveis e imóveis registrados ou averbados nos registros públicos; e

c) aos atos em que a pessoa pesquisada conste como:

1. devedora de título protestado e não pago;

2. garantidora real;

3. cedente convencional de crédito; ou

4. titular de direito sobre bem objeto de constrição processual ou administrativa; e

XI – outros serviços, nos termos estabelecidos pela Corregedoria Nacional de Justiça do Conselho Nacional de Justiça.

§ 1.º Os oficiais dos registros públicos de que trata a Lei n. 6.015, de 31 de dezembro de 1973 (Lei de Registros Públicos), integram o SERP.

§ 2.º A consulta a que se refere o inciso X do *caput* deste artigo será realizada com base em indicador pessoal ou, quando compreender bem especificamente identificável, mediante critérios relativos ao bem objeto de busca.

> § 3.º O SERP deverá:
>
> I – observar os padrões e os requisitos de documentos, de conexão e de funcionamento estabelecidos pela Corregedoria Nacional de Justiça do Conselho Nacional de Justiça; e
>
> II – garantir a segurança da informação e a continuidade da prestação do serviço dos registros públicos.
>
> § 4.º O SERP terá operador nacional, sob a forma de pessoa jurídica de direito privado, na forma prevista nos incisos I ou III do *caput* do art. 44 da Lei n. 10.406, de 10 de janeiro de 2002 (Código Civil), na modalidade de entidade civil sem fins lucrativos, nos termos estabelecidos pela Corregedoria Nacional de Justiça do Conselho Nacional de Justiça.

Operador Nacional do SERP

Para implementar o SERP, é preciso um sujeito de direito para realizar as contratações necessárias ao seu funcionamento. Será necessário, portanto, contratar funcionários e prestadores de serviços, alugar imóveis para a sede, abrir contas bancárias, entre outras medidas. Esse sujeito de direito será o operador nacional, que deverá ser constituído sob a forma de associação ou fundação, conforme regulamentado pela Corregedoria Nacional de Justiça do CNJ.

O mais adequado é que se escolha uma associação, à qual ficarão como associados os sujeitos de direito representativos das centrais eletrônicas nacionais de cada especialidade: o ONR[2] (para o RI), o IRTDPJ Brasil (para o RTD e o RCPJ), a Arpen/BR (para o RCPN), o IEPTB (para o protesto) e o Colégio Notarial do Brasil (para o TN).

Deve, porém, a CN/CNJ dialogar previamente com essas entidades para obter o seu consentimento, pois, à luz da Constituição Federal, ninguém é obrigado a associar-se (art. 5.º, inc. XX, da CF/1988). Caso haja resistência das entidades – o que se admite aqui apenas para eventual debate teórico, diante da sua baixíssima probabilidade –, o caminho seria determinar a instituição de uma fundação, com recursos arrecadados das serventias, sob a operacionalização de alguma entidade privada que venha a ser contratada para tanto, o que seria muito mais oneroso para os serviços notariais e registrais.

---

[2] Art. 76 da Lei n. 13.465/2017.

Centralização nacional dos serviços

O SERP, na prática, acabará ocasionando a centralização da prestação dos serviços notariais e registrais. O cidadão endereçará sua demanda diretamente ao SERP, por meio de sua plataforma. A leitura das atribuições do SERP no art. 3.º da Lei n. 14.382/2022 traz essa inteligência.

No entanto, é preciso flexibilizar essa ideia. Ainda que se possa admitir um portal único para o cidadão formular seus pedidos de serviços notariais e registrais, não se devem fechar os olhos para imperativos de viabilidade operacional e para a importância da estrutura ramificada das serventias notariais e registrais.

De um lado, defendemos que o funcionamento do SERP, internamente, deve ocorrer de modo descentralizado, com atuação das centrais de cada especialidade. Assim, quando o cidadão acessar o *site* do SERP e manifestar interesse por um serviço próprio do RCPN, o adequado é que, ao clicar no *link* pertinente, o cidadão seja endereçado ao *site* coordenado pela Arpen/BR (entidade incumbida da central nacional dos RCPNs, a saber a CRC). Aliás, é até possível que o cidadão não seja redirecionado a nenhum outro *site*, mas apenas deslocado a um diretório do *site* do SERP sob o comando operacional da Arpen/BR. O importante é que operacionalmente cada uma das especialidades trabalhe sincronicamente para viabilizar o funcionamento do SERP.

De outro lado, entendemos que o acesso aos serviços notariais e registrais não pode ser exclusivamente pela plataforma do SERP. Há de assegurar-se ao cidadão, ao seu critério, formular seus pleitos diretamente perante a serventia de sua preferência, inclusive de modo presencial. E há dois motivos fundamentais para tal afirmação. Em primeiro lugar, nem todos os cidadãos possuem acesso às tecnologias. Em segundo lugar, a capilarização territorial das serventias não pode ser desperdiçada, sendo certo que os cidadãos de cada localidade têm de ter o direito de dirigir-se diretamente à serventia mais próxima para postular seus direitos.

Centralização de convênios

Os convênios a serem estabelecidos com entidades públicas para acesso a banco de dados ou para fornecimento de informações deverão ocorrer por meio do SERP, como se extrai do inc. VII do art. 3.º da Lei n. 14.382/2022.

Antes da Lei n. 14.382/2022, eram as entidades representativas de cada especialidade que realizavam esses convênios, com homologação do Tribunal de Justiça local. Após a nova Lei, entendemos que, em regra, os convênios deverão ter a participação do Operador Nacional do SERP, com homologação do Conselho Nacional de Justiça.

Pensamos, porém, que nada impedirá que convênios locais, como os firmados com prefeituras municipais, possam ser feitos com participação do Operador Nacional do SERP ou da entidade representativa da especialidade envolvida, com homologação do Tribunal de Justiça local. Não há razão para se exigir que o Operador Nacional do SERP participe de convênios locais que não atinjam a plataforma nacional do SERP. Questões puramente locais devem ficar restritas à localidade. A vocação do Operador Nacional do SERP é para convênios de expressão nacional, e não local.

Visão geral das atribuições do SERP

O SERP objetiva viabilizar e operacionalizar a virtualização dos serviços prestados pelas diversas especialidades extrajudiciais de registros públicos (arts. 2.º e 3.º, § 1.º).

A meta é, de um lado, garantir o funcionamento eletrônico dos serviços e, de outro lado, assegurar aos usuários rápido e fácil acesso aos serviços remotamente prestados pelos cartórios, como se abstrai do art. 3.º da Lei n. 14.382/2022, que lista os objetivos do SERP.

Sob a ótica do funcionamento eletrônico dos serviços, o SERP pretende garantir a interconexão operacional, para o intercâmbio de dados e de documentos, tanto entre as próprias serventias quanto entre elas e o Poder Público (arts. 3.º, incs. I, II, III, VII, X e XI, §§ 2.º e 3.º, inc. II, da Lei n. 14.382/2022). Isso pressuporá o armazenamento eletrônico de documentos (art. 3.º, inc. VIII, da Lei n. 14.382/2022).

Exemplificando, por meio do SERP, usuários e agentes públicos conseguiriam obter matrículas de imóveis eletronicamente, pleitear registros remotamente, consultar a existência de ônus em bens, sondar a existência de atos envolvendo pessoas por meio de pesquisas em indicadores pessoais etc. Neste último exemplo, exige-se que a consulta de atos relativos à pessoa envolva necessariamente casos de protestos, de garantias reais, de arrendamento mercantil financeiro, de cessão de crédito e de constrições processuais ou administrativas (arts. 3.º, X e 4.º, I). Outras várias funcionalidades podem decorrer daí. Basta haver determinação da CN/CNJ (arts. 3.º, XI, e 7.º, X, da Lei n. 14.382/2022). Ainda por essa perspectiva, caberá ao SERP viabilizar a divulgação de índices e indicadores estatísticos (arts. 3.º, IX, 4.º, II, e 7.º, VII, da Lei n. 14.382/2022).

Pelo prisma dos usuários, o SERP pretende assegurar os seus direitos a postular serviços em uma plataforma eletrônica centralizada e a receber documentos, certidões e outros documentos por meio eletrônico (art. 3.º, I, IV e VI, da Lei n. 14.382/2022). A distribuição das demandas entre as serventias brasileiras ocorreria em momento posterior (art. 3.º, V, da Lei n. 14.382/2022). Em poucas palavras, a ideia é que o usuário possa, por exemplo, visualizar matrículas de imóveis em um *site* mantido pelos cartórios e apresentar escrituras de venda de imóveis nesse mesmo sítio.

2.4. Art. 5.º: custeio do SERP

> **Lei n. 14.382/2022**
>
> Art. 5.º Fica criado o Fundo para a Implementação e Custeio do Sistema Eletrônico dos Registros Públicos (FICS), subvencionado pelos oficiais dos registros públicos, respeitado o disposto no § 9.º do art. 76 da Lei n. 13.465, de 11 de julho de 2017.
>
> § 1.º Caberá à Corregedoria Nacional de Justiça do Conselho Nacional de Justiça:
>
> I – disciplinar a instituição da receita do FICS;
>
> II – estabelecer as cotas de participação dos oficiais dos registros públicos;
>
> III – fiscalizar o recolhimento das cotas de participação dos oficiais dos registros públicos; e
>
> IV – supervisionar a aplicação dos recursos e as despesas incorridas.
>
> § 2.º Os oficiais dos registros públicos ficam dispensados de participar da subvenção do FICS na hipótese de desenvolverem e utilizarem sistemas e plataformas interoperáveis necessários para a integração plena dos serviços de suas delegações ao SERP, nos termos estabelecidos pela Corregedoria Nacional de Justiça do Conselho Nacional de Justiça.

O custeio do SERP ocorrerá com os recursos integrantes do Fundo para a Implementação e Custeio do Sistema Eletrônico dos Registros Públicos

(FICS). Esses recursos são oriundos de subvenções pagas pelos oficiais de registros públicos. Ficam, porém, dispensados de pagar a subvenção os oficiais que já tiverem sistemas e plataformas interoperáveis adequadas.

A disciplina de tudo dar-se-á por ato da CN/CNJ, que, inclusive, poderá estabelecer o percentual dos emolumentos de cada serventia que será direcionado para o FICS (art. 5.º).

Trata-se de um repasse obrigatório, o qual tem natureza jurídica de tributo, à semelhança de outros repasses obrigatórios existentes em vários Estados em favor do Poder Judiciário local ou de outras instituições públicas que exerçam poder de polícia com relação aos serviços notariais e registrais. O STF admite esses repasses obrigatórios desde que haja conexão entre a atividade notarial e registral e o exercício de poder de polícia pelo ente beneficiário da receita tributária (STF, ADI 3.111 e ADI 3.928).

O repasse obrigatório a ser instituído em favor do FICS não eliminará outros repasses obrigatórios existentes para as entidades que mantêm as centrais eletrônicas de cada especialidade. Por exemplo, subsistirá o repasse obrigatório ao ONR – que é o incumbido de amparar a central eletrônica do Registro de Imóveis –, com fundamento no art. 76, § 9.º, da Lei n. 13.465/2017, o qual foi regulamentado pelo Provimento n. 115/2021 da CN/CNJ. Aliás, esse foi o motivo de o próprio *caput* do art. 5.º da Lei n. 14.382/2022 fazer referência expressa à subsistência do repasse obrigatório para o ONR.

A dispensa de subvenções pelos oficiais de registro que já contem com sistemas e plataformas interoperáveis deve ser vista *cum granus salis,* ou seja, com as devidas ressalvas. O § 2.º do art. 5.º da Lei n. 14.382/2022 deve ser interpretado restritiva e logicamente, sob pena de haver enriquecimento sem causa, o que é vedado expressamente pelo art. 884 do Código Civil.

Para a implantação do SERP, haverá dois grupos de despesas: *a)* as despesas gerais, que abrangem todos os gastos necessários à criação e ao funcionamento da plataforma virtual, como as despesas com aluguel, funcionários, *softwares* etc.; e *b)* as despesas específicas com a implantação de *softwares* em cada serventia para viabilizar a sua conexão com a plataforma do SERP.

A isenção supracitada deve ater-se a esse segundo grupo de despesas. É que, a rigor, não haverá necessidade dessas despesas nas serventias que já disponham de um sistema interoperável com a plataforma do SERP. Não seria justo que o oficial dessa serventia custeasse as despesas que deveriam ser arcadas pelas providências *intra muros* de outra serventia, sendo essa a lógica seguida pelo legislador.

Todos os oficiais, porém, sem exceção, deverão contribuir para as despesas do primeiro grupo, pois se trata de despesas comuns, sob pena de enriquecimento sem causa.

2.5. Extratos eletrônicos para registro ou averbação (art. 6.º da Lei n. 14.382/2022)

Lei n. 14.382/2022

Art. 6.º Os oficiais dos registros públicos, quando cabível, receberão dos interessados, por meio do SERP, os extratos eletrônicos para registro ou averbação de fatos, de atos e de negócios jurídicos, nos termos do inciso VIII do *caput* do art. 7.º desta Lei.

§ 1.º Na hipótese de que trata o *caput* deste artigo:

I – o oficial:

a) qualificará o título pelos elementos, pelas cláusulas e pelas condições constantes do extrato eletrônico; e

b) disponibilizará ao requerente as informações relativas à certificação do registro em formato eletrônico;

II – o requerente poderá, a seu critério, solicitar o arquivamento da íntegra do instrumento contratual que deu origem ao extrato eletrônico relativo a bens móveis;

III – (VETADO.)

§ 2.º No caso de extratos eletrônicos para registro ou averbação de atos e negócios jurídicos relativos a bens imóveis, ficará dispensada a atualização prévia da matrícula quanto aos dados objetivos ou subjetivos previstos no art. 176 da Lei n. 6.015, de 31 de dezembro de 1973 (Lei de Registros Públicos), exceto dos dados imprescindíveis para comprovar a subsunção do objeto e das partes aos dados constantes do título apresentado, ressalvado o seguinte:

I – não poderá ser criada nova unidade imobiliária por fusão ou desmembramento sem observância da especialidade; e

II – subordinar-se-á a dispensa de atualização à correspondência dos dados descritivos do imóvel e dos titulares entre o título e a matrícula.

> § 3.º Será dispensada, no âmbito do registro de imóveis, a apresentação da escritura de pacto antenupcial, desde que os dados de seu registro e o regime de bens sejam indicados no extrato eletrônico de que trata o *caput* deste artigo, com a informação sobre a existência ou não de cláusulas especiais.
>
> § 4.º O instrumento contratual a que se referem os incisos II e III do § 1.º deste artigo será apresentado por meio de documento eletrônico ou digitalizado, nos termos do inciso VIII do *caput* do art. 3.º desta Lei, acompanhado de declaração, assinada eletronicamente, de que seu conteúdo corresponde ao original firmado pelas partes.

Do título ao extrato para a prenotação: mudança do suporte e atrofiamento da qualificação registral

Antes da Lei n. 14.382/2022, o usuário interessado na prática de um ato registral deveria protocolar (prenotar) o título, no seu inteiro teor, perante o competente Registro de Imóveis (RI). A título de ilustração, a escritura pública de compra e venda deveria ser prenotada para registro no RI. O registrador, no seu procedimento de qualificação registral, avaliava juridicamente a adequação de todas as cláusulas do título, a fim de admitir ou não o seu acesso ao registro público.

Com a Lei n. 14.382/2022, muda-se parcialmente o procedimento, pois o usuário já não mais prenotará o título integralmente, e sim o seu extrato, ao menos com relação aos casos em que tal seja permitido. Nem todos os títulos poderão ser substituídos por extratos, mas só aqueles autorizados pelo CNJ (arts. 6.º, *caput*, 7.º, VIII, e 8.º da Lei n. 14.382/2022). Anote-se que o extrato é uma espécie de formulário com as informações essenciais do título.

No lugar, por exemplo, de o usuário prenotar, perante o RI, uma escritura pública de compra e venda de 30 páginas – como aquelas escrituras que envolvem financiamentos bancários e que se tornam volumosas com as meticulosas cláusulas relativas aos encargos bancários –, o usuário prenotará apenas um formulário com os dados essenciais ao registro da transmissão imobiliária.

Percebe-se claramente que o trabalho da qualificação registral será mais simplificado, pois o registrador não despenderá mais tanto tempo para buscar, nas várias páginas dos títulos, as informações relevantes. Essa agilização da qualificação registral dialoga com a redução, feita pela própria Lei

n. 14.382/2022, dos prazos de qualificação registral (*vide* arts. 188 e 205 da LRP). Nesse exemplo, haverá informações como os dados das partes, do preço, do tipo de negócio jurídico – na ilustração, uma compra e venda –, da eventual existência de condição suspensiva ou resolutiva, entre outras previsões. As informações essenciais que comporão o extrato serão explicitadas pelo CNJ (arts. 7.º, VII, e 8.º da Lei n. 14.382/2022).

O suporte a ser apresentado para registro não seria mais o título, mas apenas o extrato. Trata-se de mudança significativa na dinâmica registral. Essa transformação acarretará, por consequência, um atrofiamento da atividade de qualificação registral. Isso porque o registrador já não mais terá acesso ao inteiro teor do título nesses casos em que se admite o extrato. Sua qualificação registral ater-se-á às informações constantes do extrato.

Por uma perspectiva, esse atrofiamento da qualificação registral reduzirá os exageros de alguns registradores que, por vezes, negam o registro por entenderem nulas as cláusulas que nada têm a ver com o fato jurídico-real inscritível. A título de exemplo, são conhecidos casos de registradores que já negaram o registro da cláusula de vigência do contrato de locação de imóvel urbano, porque supostamente outra cláusula – relativa à cobrança do aluguel – seria supostamente abusiva. Nessa concreção, o oficial, além de ter excedido os limites de sua atividade de qualificação registral – que, a nosso sentir, deve circunscrever-se ao fato jurídico inscritível –, ingressou na análise de uma questão controversa, a abusividade ou não de uma cláusula contratual. Esse tipo de extravagância na qualificação registral, que era perpetrada por alguns registradores, deixará de existir com os extratos, pois, afinal, o registrador não terá acesso a cláusulas desconexas com fato jurídico-real inscritível.

Todavia, sob outra ótica, o atrofiamento da qualificação registral aumenta o risco do ingresso indevido de fatos jurídicos no registro público.

Entendemos, porém, que, entre os prós e contras, a admissão do extrato no lugar do título integral é salutar e veio em bora hora.

Classificação: título lato sensu*, título* stricto sensu *e extrato*

Em termos taxonômicos, entendemos que o mais adequado é considerar o extrato como uma espécie título *lato sensu*. Título *lato sensu* deve ser compreendido como qualquer documento, inclusive eletrônico, que representa uma titularidade de direito. O título *stricto sensu* é documento primário dessa titularidade; é o documento matriz; é o documento com o inteiro teor do fato jurídico. O extrato é documento secundário, que veicula apenas as informações essenciais do título *stricto sensu*.

Quem pode emitir extrato?

Questão controversa é saber se qualquer usuário pode ou não emitir um extrato, pois a Lei n. 14.382/2022 não é clara a esse propósito. É fato que, com o veto ao inc. III do § 1.º do art. 6.º da Lei n. 14.382/2022, há uma inclinação da proposição de abrir para qualquer um a aptidão de emitir o extrato.[3] O aludido dispositivo estabelecia que, necessariamente, o usuário deveria encaminhar o título *stricto sensu* ao lado do extrato, salvo se o emitente do extrato fosse um tabelião.

Entretanto, o Presidente da República vetou esse preceito por entender que a exigência do envio do título *stricto sensu* era uma burocracia desnecessária, visto que todas as informações relevantes ao registro já estariam no extrato.[4]

Qual será então a melhor interpretação: a de ampla legitimidade para emissão do extrato ou a da legitimidade restrita? Entendemos que caberá ao Conselho Nacional de Justiça disciplinar esse ponto, atribuição regulamentar implícita nos arts. 7.º, VIII, e 8.º da Lei n. 14.382/2022.

---

[3] Era a previsão da norma: "III – os extratos eletrônicos relativos a bens imóveis deverão, obrigatoriamente, ser acompanhados do arquivamento da íntegra do instrumento contratual, em cópia simples, exceto se apresentados por tabelião de notas, hipótese em que este arquivará o instrumento contratual em pasta própria".

[4] Vejamos as razões do veto do Senhor Presidente da República: "A proposição legislativa prevê que os extratos eletrônicos para registro ou averbação de fatos, de atos e de negócios jurídicos relativos a bens imóveis deveriam ser, obrigatoriamente, acompanhados do arquivamento da íntegra do instrumento contratual, em cópia simples, exceto se apresentados por tabelião de notas, hipótese em que este arquivaria o instrumento contratual em pasta própria. Entretanto, em que pese a boa intenção do legislador, a proposição contraria o interesse público, uma vez que cria etapas burocráticas na tramitação dos extratos eletrônicos para o usuário, acarretando na obrigação de arquivamento do registro integral do instrumento contratual, mesmo que este não tenha nenhum dado a mais que o seu respectivo extrato. Além disso, o dispositivo está em descompasso com a motivação original de adoção do Sistema Eletrônico de Registros Públicos, ao instituir uma obrigação de arquivamento mesmo que seja considerada dispensável pelo requerente, o que se traduz em ineficiência no sistema de registros públicos".

Temos que o adequado é que, nessa regulamentação, seja adotada uma solução intermediária, levando em conta três preocupações. A primeira diz respeito à necessidade de o título *stricto sensu* ser acessível a qualquer interessado por meio de alguma serventia notarial ou registral. A segunda preocupação é afeita ao grau de risco de o emitente emitir extratos com dados fraudulentamente adulterados. Por fim, há a preocupação acerca da aptidão técnica do emitente para interpretar juridicamente o título *stricto sensu* e de extrair as informações essenciais.

De um lado, consideramos que qualquer cidadão deve poder emitir o extrato, desde que encaminhe o título *stricto sensu* conjuntamente. O motivo disso é que caberá ao registrador conferir se o preenchimento do extrato foi ou não correto. Essa conferência é necessária para reduzir os riscos de preenchimentos fraudulentos por parte do cidadão.

De outro lado, deve-se conferir um tratamento diferenciado para o que designamos de *legitimados especiais*. É preciso entender como legitimados especiais as entidades com fé pública – como o Poder Público ou os tabeliães de notas –, ou sujeitas a níveis mais expressivos de fiscalização estatal – como as instituições financeiras –, além de advogados que têm aptidão técnica para interpretar juridicamente o título e gozam de fidedignidade pelo ordenamento, a exemplo do seu poder de atestar a autenticidade de documentos em juízo – *vide* art. 425, IV e VI, do CPC/2015.

Nessas situações, devem-se distinguir duas hipóteses fáticas que interessam diretamente para a prática.

A primeira é a que envolve, como títulos *stricto sensu*, escrituras públicas. Nessa situação, a publicidade *erga omnes* do conteúdo da escritura pública já é assegurada pelo tabelionato de notas que a lavrou. Não há necessidade de repetição dessa publicidade mediante o arquivamento na serventia registral de destino. Por isso, nessa hipótese, poderão as entidades com fé pública ou sujeitas a nível expressivo de fiscalização estatal emitir o extrato e apresentá-lo a registro, sem necessidade de juntada do título *stricto sensu*.

A segunda hipótese é a que abrange, como títulos *stricto sensu*, instrumentos particulares ou outro documento não constante de nenhuma serventia notarial ou registral, como algum termo lavrado por órgãos públicos. Para tal caso, é fundamental depositar esse documento em alguma serventia registral para que qualquer interessado possa ter acesso. E a serventia adequada é, a nosso sentir, aquela incumbida de realizar o registro do título. Por esse motivo, em tal hipótese, a apresentação do extrato deverá ser acompanhada do título *stricto sensu* para arquivamento desta na serventia registral destinatária.

O entendimento anterior é válido para qualquer tipo de título *stricto sensu*, mesmo os que envolvem móveis. Há, porém, uma particularidade quando se tratar de título *stricto sensu* compreendendo móveis. Nessa hipótese, há de se conferir uma interpretação restritiva ao inc. II do § 1.º do art. 6.º da Lei n. 14.382/2022. Esse dispositivo prevê que o requerente pode, se quiser, solicitar o arquivamento do título *stricto sensu* com o extrato eletrônico. Opinamos que esse dispositivo deve ser restrito àqueles casos em que o título *stricto sensu* é uma escritura pública e deverá ser prenotado por um legitimado especial. Para esses casos, a apresentação do título *stricto sensu* com o extrato eletrônico é facultativo, a critério do apresentante, conforme o referido dispositivo.

A apresentação do título *stricto sensu* com o extrato eletrônico será feita em meio digital, sendo certo que não se deve apresentar o documento físico original. Havendo a digitalização do documento físico original, cabe ao responsável declarar a autenticidade do seu conteúdo e assinar eletronicamente essa declaração, consoante estabelece o § 4.º do art. 6.º da Lei n. 14.382/2022.

Que títulos *stricto sensu* admitem extrato?

Nem todos os títulos *stricto sensu* necessariamente admitirão extratos. O CNJ é quem listará os aptos a tanto (arts. 6.º, *caput*, 7.º, VIII, e 8.º da Lei n. 14.382/2022). Temos que títulos *stricto sensu* que envolvem transmissão e oneração de imóveis, como os de compra e venda ou os de hipoteca, deverão admitir extratos. São títulos mais corriqueiros e padronizados.

Outros títulos *stricto sensu* de transmissão ou oneração de bens também devem ser alcançados, o que acaba abrangendo títulos endereçados aos RIs e aos RTDs.

Não se devem admitir extratos, porém, para os títulos *stricto sensu* que acessam o RCPJ ou o RCPN, como os atos constitutivos de pessoa jurídica. É fundamental que esses títulos *stricto sensu* fiquem sempre arquivados na pertinente serventia.

Será preciso, portanto, investigar cada caso concreto, o que virá a ser feito pelo Conselho Nacional de Justiça no futuro.

Flexibilização do princípio da especialidade objetiva e subjetiva diante de extratos eletrônicos

O § 2.º do art. 6.º da Lei n. 14.382/2022 tenta flexibilizar o princípio da especialidade objetiva e subjetiva diante dos extratos eletrônicos. Exige que o oficial apenas atente para os dados essenciais para assegurar a identidade das partes e a coincidência do objeto.

Essa flexibilização, porém, não será devida nas seguintes hipóteses: *a)* dados essenciais à prática do ato inscritível; e *b)* criação de novas unidades imobiliárias sem observância do princípio da especialidade (art. 6.º, § 2.º).

Consideramos muito vago esse dispositivo. Por isso, na prática, não enxergamos qual tipo de flexibilização efetivamente ele haverá de promover. Assim, por exemplo, se o nome do outorgante no extrato divergir do constante da matrícula, haverá violação ao princípio da especialidade subjetiva, o que ensejará a recusa do registrador ao registro. Existirá, assim, a necessidade de atualizar a matrícula, seja atualizando o nome do outorgante na matrícula por meio de averbação, seja corrigindo o extrato eletrônico.

Se, igualmente, a identificação do imóvel constante do extrato divergir do consignado na matrícula, haverá violação ao princípio da especialidade objetiva, a inviabilizar o acesso ao fólio real. Seria perigoso juridicamente admitir o contrário, uma vez que haveria o risco de um imóvel diferente daquele que foi objeto do negócio jurídico ser atingido com o registro.

Por ora, não enxergamos que tipo de flexibilização efetivamente o § 2.º do art. 6.º da Lei n. 14.382/2022 haverá de promover. Assim, há necessidade de aguardar o amadurecimento da doutrina à medida que o SERP for implementado e se consolidar na prática.

Dispensa da apresentação da escritura de pacto antenupcial

O § 3.º do art. 6.º da Lei n. 14.382/2022 dispensa a apresentação, perante o registro de imóveis, da escritura de pacto antenupcial, se as informações acerca do regime de bens das partes e do registro do pacto antenupcial estiverem no extrato. O dispositivo, a nosso sentir, apenas positiva o que já era o correto à luz da legislação. Para produzir efeito contra terceiros, o pacto antenupcial deve ser registrado no Livro 3 do domicílio do casal, conforme o art. 1.657 do Código Civil[5] e art. 178, V, da LRP[6].

Se na escritura pública de transmissão ou oneração de um imóvel já houver menção ao registro do pacto antenupcial das partes, não poderá o registrador de imóveis exigir a apresentação do pacto antenupcial como condição para registrar a transmissão ou oneração imobiliárias. Não lhe compete devassar o inteiro teor da convenção antenupcial, pois o tabelião de notas já terá feito a avaliação jurídica dos impactos do regime de bens no negócio.

O preceito em pauta apenas positiva o que era para ser adotado como prática nos Cartórios de Imóveis. Provavelmente, a positivação do óbvio deve ter decorrido de práticas indevidas de alguns cartórios de imóveis em sentido contrário, a despertar uma reação do Poder Legislativo.

2.6. Acesso à base de dados do Poder Público (art. 9.º da Lei n. 14.382/2022; art. 46, § 6.º, da Lei de Registros Públicos)

Lei n. 14.382/2022

Art. 9.º Para verificação da identidade dos usuários dos registros públicos, as bases de dados de identificação civil, inclusive de identificação biométrica, dos institutos de identificação civil, das bases cadastrais da União, inclusive do Cadastro de Pessoas Físicas da Secretaria Especial da Receita Federal do Brasil do Ministério da Economia e da Justiça Eleitoral, poderão ser acessadas, a critério dos responsáveis pelas referidas bases de dados, desde que previamente pactuado, por tabeliães e oficiais dos registros públicos, observado o disposto nas Leis n.s 13.709, de 14 de agosto de 2018 (Lei Geral de Proteção de Dados Pessoais), e 13.444, de 11 de maio de 2017.

---

[5] CC/2002. "Art. 1.657. As convenções antenupciais não terão efeito perante terceiros senão depois de registradas, em livro especial, pelo oficial do Registro de Imóveis do domicílio dos cônjuges."

[6] Lei n. 6.015/1973. "Art. 178. Registrar-se-ão no Livro n. 3 – Registro Auxiliar: (...); V – as convenções antenupciais."

LEGISLAÇÃO ALTERADA PELA LEI DO SERP

Lei de Registros Públicos (Lei n. 6.015/1973)

Art. 46. As declarações de nascimento feitas após o decurso do prazo legal serão registradas no lugar de residência do interessado. (Redação dada pela Lei n.º 11.790, de 2008.)

§ 1.º O requerimento de registro será assinado por 2 (duas) testemunhas, sob as penas da lei. (Redação dada pela Lei n.º 11.790, de 2008.)

§ 2.º (Revogado pela Lei n.º 10.215, de 2011.)

§ 3.º O oficial do Registro Civil, se suspeitar da falsidade da declaração, poderá exigir prova suficiente. (Redação dada pela Lei n.º 11.790, de 2008.)

§ 4.º Persistindo a suspeita, o oficial encaminhará os autos ao juízo competente. (Redação dada pela Lei n.º 11.790, de 2008.)

§ 5.º Se o Juiz não fixar prazo menor, o oficial deverá lavrar o assento dentro em cinco (5) dias, sob pena de pagar multa correspondente a um salário mínimo da região.

§ 6.º Os órgãos do Poder Executivo e do Poder Judiciário detentores de bases biométricas poderão franquear ao oficial de registro civil de pessoas naturais acesso às bases para fins de conferência por ocasião do registro tardio de nascimento. (Incluído pela Lei n. 14.382, de 2022.)

O art. 9.º da Lei n. 14.382/2022 dá respaldo legal a convênios com o Poder Público para viabilizar o acesso, pelos serviços notariais e registrais, à base de dados de identificação das pessoas. Isso é importante para reduzir os riscos de fraudes perante os serviços notariais e registrais. A identificação do usuário mediante o batimento de sua impressão digital com a base de dados dos institutos de identificação civil poderia ser, por exemplo, uma excelente ferramenta para afastar fraudes.

Essa autorização de convênios é reforçada em favor do RCPN no § 6.º do art. 46 da LRP. Esse reforço é feito com olhos em um ato extremamente sensível, qual seja o registro tardio de nascimento. Por meio dessa consulta a bases de dados do Poder Público, o registrador terá maiores chances de identificar fraudes nesses registros tardios. Na prática, são conhecidos casos de fraudadores que mentem, dizendo nunca foram registrados, com o objetivo de obter um registro de nascimento. Para evitar tais condutas, é fundamental que o oficial disponha do máximo de dados para combater esses tipos de fraudes.

2.7. Flexibilização da assinatura eletrônica para interação com cartórios (art. 38 da Lei do Programa Minha Casa, Minha Vida)

 LEGISLAÇÃO ALTERADA PELA LEI DO SERP

Lei do Programa Minha Casa, Minha Vida (Lei n. 11.977/2009)

Art. 38. Os documentos eletrônicos apresentados aos serviços de registros públicos ou por eles expedidos deverão atender aos requisitos estabelecidos pela Corregedoria Nacional de Justiça do Conselho Nacional de Justiça, com a utilização de assinatura eletrônica avançada ou qualificada, conforme definido no art. 4.º da Lei n. 14.063, de 23 de setembro de 2020. (Redação dada pela Lei n. 14.382, de 2022.)

§ 1.º Os serviços de registros públicos disponibilizarão serviços de recepção de títulos e de fornecimento de informações e certidões em meio eletrônico. (Incluído pela Lei n. 14.382, de 2022.)

§ 2.º Ato da Corregedoria Nacional de Justiça do Conselho Nacional de Justiça poderá estabelecer hipóteses de admissão de assinatura avançada em atos que envolvam imóveis. (Incluído pela Lei n. 14.382, de 2022.)

O art. 38 da Lei n. 11.977/2009 (Lei do Programa Minha Casa, Minha Vida) positiva o que já era permitido aos serviços notariais e registrais com base em atos infralegais do CNJ: o uso de assinaturas eletrônicas avançadas e qualificadas para interação das serventias entre os oficiais ou deles com os usuários, bem como a apresentação de títulos em meio eletrônico.

Sobre as espécies de assinaturas eletrônicas, lembramos a classificação do primeiro coautor deste livro e de Hércules Alexandre da Costa Benício.[7] Assim, as assinaturas eletrônicas podem ser divididas por dois critérios de distinção.

---

[7] OLIVEIRA, Carlos Eduardo Elias de; BENÍCIO, Hércules Alexandre da Costa. Assinatura eletrônica nos contratos e em outros atos jurídicos. *In*: SCHREIBER, Anderson; BRANDÃO, Everilda; TARTUCE, Flávio; ANDRADE, Gustavo Henrique Baptista; FROTA, Pablo Malheiros da Cunha (org.). *Migalhas contratuais*. 20 jul. 2020. Disponível em: https://www.migalhas.com.br/coluna/migalhas-contratuais/330879/assinatura-eletronica-nos-contratos-e-em-outros-atos-juridicos.

De início, quanto à tipicidade (a), podem ser: a.1) típicas: as disciplinadas em lei ou ato infralegal, no que se incluem as assinaturas eletrônicas no âmbito do e-Notariado e do ICP-Brasil; e a.2) atípicas: as decorrentes de pacto entre as partes.

Com relação ao nível de segurança (b), existem as seguintes modalidades (art. 4.º da Lei n. 14.063/2020[8]):

b.1) simples: aquela que "permite identificar o seu signatário; e anexa ou associa dados a outros dados em formato eletrônico do signatário";

b.2) avançada: aquela que emprega certificado diverso do ICP-Brasil ou vale-se de outro meio – aceito pela pessoa a quem for oponível – de comprovação de autoria e integridade, desde que se observem características de confiabilidade indicados nas alíneas *a* a *c* do inc. II do art. 4.º da Lei n. 14.063/2022, o que abrange a assinatura eletrônica no âmbito do e-Notariado; e

b.3) qualificada: aquela que adota certificado digital expedido no âmbito da Infraestrutura de Chaves Pública do Brasil (ICP-Brasil).

---

[8] "Art. 4.º Para efeitos desta Lei, as assinaturas eletrônicas são classificadas em:
I – assinatura eletrônica simples:
a) a que permite identificar o seu signatário;
b) a que anexa ou associa dados a outros dados em formato eletrônico do signatário;
II – assinatura eletrônica avançada: a que utiliza certificados não emitidos pela ICP-Brasil ou outro meio de comprovação da autoria e da integridade de documentos em forma eletrônica, desde que admitido pelas partes como válido ou aceito pela pessoa a quem for oposto o documento, com as seguintes características:
a) está associada ao signatário de maneira unívoca;
b) utiliza dados para a criação de assinatura eletrônica cujo signatário pode, com elevado nível de confiança, operar sob o seu controle exclusivo;
c) está relacionada aos dados a ela associados de tal modo que qualquer modificação posterior é detectável;
III – assinatura eletrônica qualificada: a que utiliza certificado digital, nos termos do § 1.º do art. 10 da Medida Provisória n. 2.200-2, de 24 de agosto de 2001.
§ 1.º Os 3 (três) tipos de assinatura referidos nos incisos I, II e III do *caput* deste artigo caracterizam o nível de confiança sobre a identidade e a manifestação de vontade de seu titular, e a assinatura eletrônica qualificada é a que possui nível mais elevado de confiabilidade a partir de suas normas, de seus padrões e de seus procedimentos específicos.
§ 2.º Devem ser asseguradas formas de revogação ou de cancelamento definitivo do meio utilizado para as assinaturas previstas nesta Lei, sobretudo em casos de comprometimento de sua segurança ou de vazamento de dados".

A assinatura qualificada, na prática, é pouco utilizada pela população brasileira. O acesso a um certificado digital expedido no âmbito da ICP-Brasil é, ainda hoje, procedimento que, por seus custos e por sua burocracia, não caiu nas graças do povo. É diferente do que se dá com a assinatura avançada, pois esta consegue se popularizar com mais facilidade.

No caso dos serviços notariais e registrais, o Provimento n. 100 do CN/CNJ já autorizou a lavratura de escrituras públicas eletrônicas por meio da participação do usuário por videoconferência e por assinatura eletrônica avançada. A assinatura eletrônica avançada nessa norma é a chamada "assinatura eletrônica notarizada". Sobre ela transcrevemos explicação do supracitado texto:

> "Assinatura eletrônica no âmbito do e-notariado (capítulos 3.1. e 4)
>
> No âmbito dos Cartórios de Notas, qualquer cidadão pode gratuitamente obter um 'certificado digital notarizado' emitido no seio da plataforma 'e-Notariado', comparecendo pessoalmente a uma serventia para sua identificação pessoal.
>
> O fundamento é o Provimento n. 100/2020-CN/CNJ.
>
> Com esse 'certificado digital notarizado', o cidadão poderá assinar eletronicamente qualquer ato notarial, como escrituras públicas de compra e venda, de procuração etc.
>
> O certificado digital notarizado não pode, ainda, ser utilizado para assinar eletronicamente atos fora dos Cartórios, mas entendemos que convém seja espraiado o seu uso para além dos cartórios, caso em que a assinatura eletrônica aí valeria como um reconhecimento de firma.
>
> Assinatura eletrônica no âmbito do ICP-Brasil (capítulo 3.2.)
>
> A assinatura eletrônica decorrente de certificados emitidos no âmbito do ICP-Brasil é eficaz para qualquer ato jurídico por força do art. 10 da MP 2.200-2/2001. Os referidos certificados podem, pois, ser utilizados tanto em Cartórios de Notas (em concomitância com a assinatura eletrônica no âmbito do e-Notariado) quanto fora.
>
> Para obter um certificado digital no seio do ICP-Brasil, a pessoa deve comparecer pessoalmente perante uma pessoa jurídica incumbida da função de 'Autoridade Registradora' (AR), a qual fará os cadastros necessários e, se for o caso, entregará o dispositivo (como um *token*, um cartão etc.) no qual ficará o certificado digital. A IN ITI n. 02/2020 e a Medida Provisória 951/2020) autorizam que esse registro seja feito

de forma não presencial, o que poderá ameaçar a viabilidade financeira das empresas que lidam como AR.

O ITI, que é uma autarquia, é a Autoridade Certificada Raiz (AC Raiz). Ele é incumbido de executar as diretrizes dadas pelo 'Comitê-Gestor da ICP-Brasil', órgão público colegiado vinculado à Casa Civil da Presidência da República.

Ele também coordena e fiscaliza as Autoridades Certificadoras (ACs). O ITI não pode emitir certificado digital diretamente ao usuário final.

A emissão do certificado digital ao usuário final é feita por uma Autoridade Certificadora (AC) após o cadastro feito pela respectiva Autoridade de Registro (AR). Podemos citar, a título de exemplo, várias pessoas jurídicas incumbidas da condição de AC no âmbito do ICP--Brasil, como a SERPro, a Certisign, a Caixa etc.

Assinatura eletrônica fora dos cartórios e do ICP-Brasil (capítulo 3.3.)

Vige, no ordenamento jurídico brasileiro, a atipicidade das assinaturas eletrônicas: as partes podem, por acordo, estipular outras formas de assinatura eletrônica (art. 10, § 2.º, da MP n. 2.200-2/2001).

A título de exemplo de assinaturas eletrônicas atípicas – aquelas decorrentes de acordo entre as partes –, citam-se as praticadas por bancos e corretoras de valores mobiliários com seus clientes, as fornecidas por empresas de assinatura eletrônica e, inclusive, as baseadas em mensagens por *e-mail* ou por WhatsApp na forma do previsto em contrato.

Proposições para doutrina, jurisprudência e legislação (capítulo 4)

O conceito de 'documentos assinados' previsto o art. 219 do CC alcança documentos físicos e eletrônicos, bem como assinaturas físicas ou eletrônicas.

Instrumento público eletrônico são escrituras públicas eletrônicas.

Documentos públicos eletrônicos são aqueles produzidos e despapelizados por agentes público com sua assinatura eletrônica, a exemplo de certidões eletrônicas emitidas por órgãos públicos e dos próprios atos notariais eletrônicos.

Quando a legislação exige manifestação de vontade presencial, deve--se entender que aí está abrangida também a manifestação de vontade por canal de comunicação remota e instantânea, tudo conforme o que Mário Luiz Delgado batiza de princípio da presença virtual.

O certificado digital notarizado (aquele emitido no âmbito do e-Notariado) deve ser espraiado para valer como assinatura eletrônica para atos praticados fora dos Cartórios de Notas, como em instrumentos particulares (cfr. Provimento n. 103/2020 – CN/CNJ) ou, até mesmo, em petições dirigidas a processos judiciais.

O legislador deve adaptar a legislação para afastar dúvidas interpretativas acerca do valor jurídico dos documentos eletrônicos".[9]

Além do uso de assinaturas eletrônicas, o CNJ já havia autorizado a recepção de títulos de modo eletrônico, especialmente em razão da paralisação das atividades presenciais no contexto dos transtornos causados pela pandemia da Covid-19 nos anos de 2020 e 2021 (*vide*, por exemplo, Provimentos n. 94 e n. 95/2020 da CN/CNJ).

Com base no art. 38 da Lei n. 11.977/2009 (Lei do Programa Minha Casa, Minha Vida), há respaldo legal para a utilização da assinatura eletrônica notarizada ou de outras assinaturas eletrônicas avançadas que venham a ser criadas. Pensamos que haverá arrimo legal também para a recepção eletrônica de documentos para registro.

2.8. Flexibilização da assinatura eletrônica para interação com cartórios (art. 17 da Lei de Registros Públicos)

 LEGISLAÇÃO ALTERADA PELA LEI DO SERP

Lei de Registros Públicos (Lei n. 6.015/1973)

Art. 17. Qualquer pessoa pode requerer certidão do registro sem informar ao oficial ou ao funcionário o motivo ou interesse do pedido.

§ 1.º O acesso ou o envio de informações aos registros públicos, quando realizados por meio da internet, deverão ser assinados com o uso de assinatura avançada ou qualificada de que trata o art. 4.º da Lei n. 14.063,

---

[9] OLIVEIRA, Carlos Eduardo Elias de; BENÍCIO, Hércules Alexandre da Costa. Assinatura eletrônica nos contratos e em outros atos jurídicos. *In*: SCHREIBER, Anderson; BRANDÃO, Everilda; TARTUCE, Flávio; ANDRADE, Gustavo Henrique Baptista; FROTA, Pablo Malheiros da Cunha (org.). *Migalhas contratuais*. 20 jul. 2020. Disponível em: https://www.migalhas.com.br/coluna/migalhas-contratuais/330879/assinatura-eletronica-nos--contratos-e-em-outros-atos-juridicos.

> de 23 de setembro de 2020, nos termos estabelecidos pela Corregedoria Nacional de Justiça do Conselho Nacional de Justiça. (Incluído pela Lei n. 14.382, de 2022.)
>
> **§ 2.º Ato da Corregedoria Nacional de Justiça do Conselho Nacional de Justiça poderá estabelecer hipóteses de uso de assinatura avançada em atos que envolvam imóveis.** (Incluído pela Lei n. 14.382, de 2022.)

O art. 17, §§ 1.º e 2.º, da LRP prestigia o uso de assinatura eletrônica avançada na interação dos usuários com os serviços registrais. Reportamo-nos ao que expusemos no item 2.7 deste livro.

3
Registro Público Eletrônico: Questões Gerais

3.1. Introdução

A Lei do SERP (Lei n. 14.382/2022) promoveu diversos ajustes na Lei de Registros Públicos (LRP, Lei n. 6.015/1973) com o objetivo de dar respaldo jurídico à prestação dos serviços registrais de forma remota. Trataremos dessas mudanças nos próximos itens, os quais devem ser lidos com as regras relativas ao SERP (*vide* Capítulo 2).

3.2. Virtualização do acervo e dos serviços (arts. 1.º, 7.º-A, 116, 141, 161, 194 e 221, § 4.º, da Lei de Registros Públicos; e art. 20, III, *f* e *j*, da Lei n. 14.382/2022)

 LEGISLAÇÃO ALTERADA PELA LEI DO SERP

Lei de Registros Públicos (Lei n. 6.015/1973)

Art. 1.º ....

§ 3.º Os registros serão escriturados, publicizados e conservados em meio eletrônico, nos termos estabelecidos pela Corregedoria Nacional de Justiça do Conselho Nacional de Justiça, em especial quanto aos: (Redação dada pela Lei n. 14.382, de 2022.)

I – padrões tecnológicos de escrituração, indexação, publicidade, segurança, redundância e conservação; e (Incluído pela Lei n. 14.382, de 2022.)

II – prazos de implantação nos registros públicos de que trata este artigo. (Incluído pela Lei n. 14.382, de 2022.)

§ 4.º É vedado às serventias dos registros públicos recusar a recepção, a conservação ou o registro de documentos em forma eletrônica produzidos nos termos estabelecidos pela Corregedoria Nacional de Justiça do Conselho Nacional de Justiça. (Incluído pela Lei n. 14.382, de 2022.)

(...)

Art. 7.º-A O disposto nos arts. 3.º, 4.º, 5.º, 6.º e 7.º não se aplica à escrituração por meio eletrônico de que trata o § 3.º do art. 1.º desta Lei[1]. (Incluído pela Lei n. 14.382, de 2022.)

---

[1] Vejamos os dispositivos: "Art. 3.º A escrituração será feita em livros encadernados, que obedecerão aos modelos anexos a esta Lei, sujeitos à correição da autoridade judiciária competente. § 1.º Os livros podem ter 0,22m até 0,40m de largura e de 0,33m até 0,55m de altura, cabendo ao oficial a escolha, dentro dessas dimensões, de acordo com a conveniência do serviço. § 2.º Para facilidade do serviço podem os livros ser escriturados mecanicamente, em folhas soltas, obedecidos os modelos aprovados pela autoridade judiciária competentes. Art. 4.º Os livros de escrituração serão abertos, numerados, autenticados e encerrados pelo oficial do registro, podendo ser utilizado, para tal fim, processo mecânico de autenticação previamente aprovado pela autoridade judiciária competente. Parágrafo único. Os livros notariais, nos modelos existentes, em folhas fixas ou soltas, serão também abertos, numerados, autenticados e encerrados pelo tabelião, que determinará a respectiva quantidade a ser utilizada, de acordo com a necessidade

(...)

Art. 116. Haverá, para o fim previsto nos artigos anteriores, os seguintes livros: (Renumerado do art. 117 pela Lei n.º 6.216, de 1975.)

I – Livro A, para os fins indicados nos incisos I e II do *caput* do art. 114 desta Lei; e (Redação dada pela Lei n. 14.382, de 2022.)

II – Livro B, para matrícula das oficinas impressoras, jornais, periódicos, empresas de radiodifusão e agências de notícias. (Redação dada pela Lei n. 14.382, de 2022.)

(...)

~~Art. 141. Sem prejuízo do disposto no art. 161, ao oficial é facultado efetuar o registro por meio de microfilmagem, desde que, por lançamentos remissivos, com menção ao protocolo, ao nome dos contratantes, à data e à natureza dos documentos apresentados, sejam os microfilmes havidos como partes integrantes dos livros de registro, nos seus termos de abertura e encerramento.~~ (Revogado pela Lei n. 14.382, de 2022.)

(...)

Art. 161. As certidões do registro de títulos e documentos terão a mesma eficácia e o mesmo valor probante dos documentos originais registrados, físicos ou nato-digitais, ressalvado o incidente de falsidade destes, oportunamente levantado em juízo. (Redação dada pela Lei n. 14.382, de 2022.)

§ 1.º (Revogado pela Lei n. 14.382, de 2022.)

§ 2.º (Revogado pela Lei n. 14.382, de 2022.)

(...)

Art. 194. Os títulos físicos serão digitalizados, devolvidos aos apresentantes e mantidos exclusivamente em arquivo digital, nos termos estabelecidos pela Corregedoria Nacional de Justiça do Conselho Nacional de Justiça. (Redação dada pela Lei n. 14.382, de 2022.)

(...)

---

do serviço. Art. 5.º Considerando a quantidade dos registros o Juiz poderá autorizar a diminuição do número de páginas dos livros respectivos, até a terça parte do consignado nesta Lei. Art. 6.º Findando-se um livro, o imediato tomará o número seguinte, acrescido à respectiva letra, salvo no registro de imóveis, em que o número será conservado, com a adição sucessiva de letras, na ordem alfabética simples, e, depois, repetidas em combinação com a primeira, com a segunda, e assim indefinidamente. Exemplos: 2-A a 2-Z; 2-AA a 2-AZ; 2-BA a 2-BZ, etc. Art. 7.º Os números de ordem dos registros não serão interrompidos no fim de cada livro, mas continuarão, indefinidamente, nos seguintes da mesma espécie".

> Art. 221. (...)
>
> (...)
>
> § 4.º Quando for requerida a prática de ato com base em título físico que tenha sido registrado, digitalizado ou armazenado, inclusive em outra serventia, será dispensada a reapresentação e bastará referência a ele ou a apresentação de certidão. (Incluído pela Lei n. 14.382, de 2022.)

Lei n. 14.382/2022

> Art. 20. Ficam revogados:
>
> (...)
>
> III – os seguintes dispositivos da Lei n. 6.015, de 31 de dezembro de 1973 (Lei de Registros Públicos):
>
> (...)
>
> f) art. 141;
>
> (...)
>
> j) §§ 1.º e 2.º do art. 161;

Os dispositivos *supra* dão a base legal para a completa digitalização do acervo de todas as serventias registrais. No lugar de armazenar os atos registrais em meio físico, fica autorizada a completa virtualização. A LRP foi, assim, ajustada para essa nova realidade virtual, obrigando as serventias (art. 1.º, §§ 3.º e 4.º) e dispensando as regras de escrituração física nos casos de digitalização (art. 7.º-A).

Além disso, a LRP sofreu, por parte da Lei do SERP, ajustes daí decorrentes, como: *a)* deixar de exigir número de folhas dos livros do RCPJ (art. 116, I e II); *b)* afastar regras de microfilmagem no RTD (revogação do art. 141); e *c)* viabilizar o registro no RTD de documentos nato-digitais (ou seja, daqueles que já nasceram em meio digital), conferindo à certidão de seu registro a mesma força probante do original (art. 161), tema que aprofundaremos no item 6.7.

Em certa medida, esse suporte legal já existia antes da Lei n. 14.382/2022, pois a Lei da Liberdade Econômica (Lei n. 13.874/2019) havia autorizado essa digitalização no antigo texto do § 3.º do art. 1.º. A Lei do Programa Minha Casa, Minha Vida (Lei n. 11.977/2009) também dava esse respaldo legal ao determinar a digitalização dos serviços registrais nos seus arts. 37 e seguintes. No plano infralegal, também se encontrava conforto normativo em normas do CNJ, como o Provimento n. 48/2016.

Além disso, com as restrições de circulação de pessoas nas cidades em virtude da pandemia de Covid-19, a prestação eletrônica dos serviços foi instigada de modo geral não apenas em face dos serviços notariais e registrais, mas também diante dos órgãos públicos. O Decreto n. 10.278/2020 foi um marco, ao admitir, perante órgãos públicos, a apresentação de versões digitalizadas de documentos físicos, efetuadas pelos próprios particulares com observância de algumas exigências mínimas de confiabilidade. O CNJ, igualmente, editou diversos provimentos nesse sentido para viabilizar a prestação eletrônica dos serviços pelos cartórios extrajudiciais, a exemplo dos Provimentos n. 93 (RCPN), n. 94 (RI), n. 95 (todas as especialidades[2]), n. 97 (Tabelionato de Protesto) e n. 100 (atos notariais eletrônicos).

A digitalização do acervo, porém, há de ser feita em consonância com regulamentação do CNJ, conforme se retira dos §§ 3.º e 4.º do art. 1.º da LRP. O motivo é evitar a heterogeneidade de procedimentos entre as serventias, o que seria nocivo em matéria de interoperabilidade e ameaçaria a interligação operacional entre as serventias, os entes públicos e o usuário.

Além disso, a digitalização dos serviços deve ser feita pelo modo mais perene e seguro possível, a fim de reduzir os riscos de obsolescência tec-

---

[2] Do Provimento n. 95/2020-CNJ destacamos este dispositivo: "Art. 6.º. Durante a Emergência em Saúde Pública de Importância Nacional (ESPIN), contemplada no *caput*, todos os oficiais de registro e tabeliães deverão recepcionar os títulos nato-digitais e digitalizados com padrões técnicos, que forem encaminhados eletronicamente para a unidade do serviço de notas e registro a seu cargo e processá-los para os fins legais. § 1.º Considera-se um título nativamente digital, para todas as atividades, sem prejuízo daqueles já referidos no Provimento CNJ 94/2020, de 28 de março de 2020, e na legislação em vigor, os seguintes: I – O documento público ou particular gerado eletronicamente em PDF/A e assinado com Certificado Digital ICP-Brasil por todos os signatários e testemunhas; II – A certidão ou traslado notarial gerado eletronicamente em PDF/A ou XML e assinado por tabelião de notas, seu substituto ou preposto; III – Os documentos desmaterializados por qualquer notário ou registrador, gerado em PDF/A e assinado por ele, seus substitutos ou prepostos com Certificado Digital ICP-Brasil; IV – As cartas de sentença das decisões judiciais, dentre as quais, os formais de partilha, as cartas de adjudicação e de arrematação, os mandados de registro, de averbação e de retificação, por meio de acesso direto do oficial do registro ao processo judicial eletrônico, mediante requerimento do interessado. § 2.º Consideram-se títulos digitalizados com padrões técnicos, aqueles que forem digitalizados de conformidade com os critérios estabelecidos no art. 5.º do Decreto n. 10.278, de 18 de março de 2020".

nológica. Arquivos de extensão PDF-A costumam ser utilizados atualmente como meio de digitalização do acervo, mas é preciso sempre estar atento para eventual obsolescência dessa extensão ao longo do tempo. Quiçá, daqui a cinquenta anos, não haja mais *software* que "abra" esses arquivos, o que pode significar um "apagão" do acervo das serventias se não houver via alternativa de acesso ao acervo. O CNJ deverá sempre preocupar-se com esses riscos na sua regulamentação.

Algumas questões práticas de relevo, porém, precisam ser expostas. Em primeiro lugar, ainda que a digitalização do acervo e dos serviços tenha de ser observada por todas as serventias à luz dos atos infralegais do CNJ e dos Tribunais locais, é fundamental lembrar dos cidadãos que não têm acesso a meios digitais. Muitos deles não dispõem de computador, de *smartphones* ou de outros dispositivos necessários para acessar os atos notariais e registrais. Além disso, nem todos os cidadãos têm impressoras. É sob essa ótica que se devem interpretar os dispositivos citados, além de outros dispositivos da LRP, como o art. 19, §§ 5.º e 7.º. Por essa razão, entendemos que toda serventia é obrigada a atender o pedido de impressão do ato digital, o qual deve ser gratuito, ao menos na primeira vez, por já estar incluso no valor dos emolumentos. A título de concreção, se o cidadão pede uma certidão de um ato, ela poderá ser emitida em meio digital, mas deve-se assegurar a ele o direito de exigir da serventia a impressão do documento digital.

Em segundo lugar, as serventias físicas devem disponibilizar aos cidadãos o direito a, se assim o quiserem, requerer os atos presencialmente. Há de se garantir, inclusive, o direito a apresentar o título e os documentos pertinentes em meio físico, caso em que caberá à própria serventia digitalizar os papéis para deflagrar o procedimento administrativo necessário. O próprio art. 194 da LRP dá respaldo a essa posição, ao exigir esse papel do RI. Entendemos, porém, que essa regra do art. 194 da LRP estende-se também às demais especialidades. O art. 19, § 6.º, da LRP também corrobora esse entendimento.[3]

De fato, embora a maioria dos usuários haverá de preferir formular seus requerimentos remotamente por meio da plataforma eletrônica disponível,

---

[3] Art. 19, § 6.º, da LRP: "§ 6.º O interessado poderá solicitar a qualquer serventia certidões eletrônicas relativas a atos registrados em outra serventia, por meio do Sistema Eletrônico dos Registros Públicos (SERP), nos termos estabelecidos pela Corregedoria Nacional de Justiça do Conselho Nacional de Justiça".

não podemos nos esquecer dos cidadãos para os quais o canal eletrônico seja, por qualquer motivo, inviável ou inconveniente.

Em terceiro lugar, ainda com relação ao direito do cidadão a requerer presencialmente certidões eletrônicas, é preciso realçar que o § 6.º do art. 19 da LRP transformou cada serventia em uma espécie de posto avançado das demais. O usuário pode, perante determinada serventia próxima de sua casa, requerer certidões eletrônicas oriundas de qualquer serventia registral do País, mesmo a de outras especialidades. A ilustrar, se um cidadão residente em Rio Branco/AC, precisa de uma certidão de nascimento de um RCPN situado em Porto Alegre/RS, ele poderá se dirigir ao RI mais próximo e requerer essa certidão. Caberá ao RI mais próximo acessar o SERP e expedir essa certidão.

Em poucas palavras, cada serventia é um "despachante" das demais, conforme a previsão legal do § 6.º do art. 19 da LRP, o qual ainda dependerá de regulamentação. O CNJ, na sua regulamentação, poderá vir a adotar interpretação diferente, restringindo esse direito a certidões expedidas por serventias da mesma especialidade. Não consideramos conveniente essa restrição, porque a ideia do SERP é a de integrar todas as serventias registrais, mesmo as de especialidade diferente, bem como a de facilitar o acesso dos cidadãos aos serviços notariais e registrais.

Não enxergamos problema algum, na lei local de emolumentos, prever um valor adicional por esse serviço de "despachante". Afinal de contas, trata-se de um serviço adicional a ser prestado, a gerar aumento de custos para a serventia com a contratação de material e de infraestrutura.

Em quarto lugar, devem ser evitadas repetições de procedimentos. No caso do RI, por exemplo, o art. 221, § 4.º, da LRP estabelece que títulos físicos que já tenham sido registrados, digitalizados ou arquivados não precisam ser reapresentados perante o RI. Basta o usuário fazer remissão aos dados de identificação desse registro ou exibir a certidão. Caberá ao próprio RI buscar o documento nas plataformas internas de interligação, no âmbito do SERP.

Consideramos que esse § 4.º do art. 221 da LRP aplica-se, por analogia, a todas as demais especialidades, e não apenas ao RI, uma vez que todas as serventias têm o dever de fornecer os serviços de modo digital, no âmbito do SERP, conforme regulamentação do CNJ e dos tribunais locais. Para maior aprofundamento, reportamo-nos ao item 3.5, em que expomos outras questões dos serviços eletrônicos.

3.3. Art. 9.º da Lei de Registros Públicos: prazos em dias úteis para as serventias registrais

> Art. 9.º Será nulo o registro lavrado fora das horas regulamentares ou em dias em que não houver expediente, sendo civil e criminalmente responsável o oficial que der causa à nulidade.
>
> § 1.º Serão contados em dias e horas úteis os prazos estabelecidos para a vigência da prenotação, para os pagamentos de emolumentos e para a prática de atos pelos oficiais dos registros de imóveis, de títulos e documentos e civil de pessoas jurídicas, incluída a emissão de certidões, exceto nos casos previstos em lei e naqueles contados em meses e anos. (Incluído pela Lei n. 14.382, de 2022.)
>
> § 2.º Para fins do disposto no § 1.º deste artigo, consideram-se: (Incluído pela Lei n. 14.382, de 2022.)
>
> I – dias úteis: aqueles em que houver expediente; e (Incluído pela Lei n. 14.382, de 2022.)
>
> II – horas úteis: as horas regulamentares do expediente. (Incluído pela Lei n. 14.382, de 2022.)
>
> § 3.º A contagem dos prazos nos registros públicos observará os critérios estabelecidos na legislação processual civil. (Incluído pela Lei n. 14.382, de 2022.)

Abrangência da regra da contagem em dias úteis

Em sintonia com o Código de Processo Civil, a Lei de Registros Públicos passou a estipular a regra de que a contagem dos prazos relativos a alguns procedimentos envolvendo os serviços registrais serão contados em dias úteis. Trata-se de medida extremamente oportuna, porque retrata a realidade operacional das serventias.

Em contrapartida, a Lei n. 14.382/2022 reduziu alguns prazos previstos na LRP para serviços prestados aos usuários. Afinal de contas, os prazos são contados em dias úteis. Sobre o tema reportamos o leitor ao item 3.5.

Não são, porém, todos os prazos que serão contados em dias úteis. O § 1.º do art. 9.º refere-se apenas aos prazos de: *a)* vigência da prenotação, o qual é de 20 dias (art. 205 da LRP), salvo em casos especiais, a exemplo do prazo de 40 dias para o caso de procedimentos de regularização fundiária de interesse social (art. 205, parágrafo único, da LRP); *b)* pagamento dos emolumentos; e *c)* prática de atos pelos oficiais de registro.

Entendemos, sobre o tema, que o texto do § 1.º do art. 9.º da LRP não adotou a melhor técnica de redação legislativa. Ao especificar os casos em que a contagem do prazo seria em dias úteis, criou uma insegurança jurídica para a doutrina definir quais hipóteses são alcançadas. Essa insegurança é aumentada com a amplitude semântica da última hipótese prevista no § 1.º do art. 9.º da LRP: a de "prática de atos pelos oficiais".

Entendemos que essa expressão deve ser interpretada de modo extensivo para alcançar todos os prazos relativos a procedimentos que, de forma direta ou indireta, estejam relacionados à prática de atos pelos oficiais. Não abrange, portanto, apenas os prazos previstos para a prática direta de atos pelos oficiais, a exemplo do prazo de cinco dias para o registrador civil das pessoas naturais promover o registro tardio de nascimento após decisão judicial que tenha descartado a suspeita de fraude (art. 46, § 5.º, da LRP).

Todos os prazos procedimentais envolvendo os serviços registrais são alcançados dentro do âmbito semântico de "prática de atos pelos oficiais" (art. 9, § 1.º, da LRP). Prazos, porém, de direito material não estão alcançados. Convém tratar aqui de alguns casos especiais.

Prazos nos procedimentos de dúvida

Os prazos estipulados para o procedimento de dúvida devem ser contados em dias úteis. Por exemplo, suscitada a dúvida, o apresentante é intimado para oferecer impugnação "no prazo de 15 (quinze) dias". Esse prazo tem de ser contado em dias úteis. Entendemos que há dois fundamentos jurídicos para tanto.

O primeiro fundamento é o próprio § 1.º do art. 9.º da LRP, porque o caso encaixa-se na expressão de "prática de atos pelos oficiais" (art. 9.º, § 1.º, da LRP). O procedimento de dúvida relaciona-se, de modo indireto, com a prática de atos pelos oficiais. O segundo fundamento é o art. 212 do CPC, que prevê a contagem dos prazos processuais em dias úteis. É verdade que esse dispositivo incide sobre procedimentos jurisdicionais e que o procedimento de dúvida tem natureza administrativa, e não jurisdicional (art. 204

da LRP[4]). Apesar disso, como o procedimento de dúvida envolve a atuação de atores próprios do procedimento jurisdicional – juiz, Ministério Público e, faculta ou obrigatoriamente a depender do Estado[5], advogados –, é coerente que a forma de contagem dos prazos estipulados para a manifestação deles seja uniformizada de acordo com o Código de Processo Civil.

A dinâmica operacional desses atores no cumprimento de prazos em procedimentos processuais é organizada levando-se em conta dias úteis. Reforça, ainda, essa aplicação analógica o fato de haver tribunais que, com base no CPC, exigem a representação do apresentante por advogados nos procedimentos de dúvida.[6]

Prazos para interessados manifestarem-se no procedimento de habilitação de casamento

Os prazos estabelecidos para os interessados manifestarem-se no procedimento de habilitação do casamento devem ser contados em dias úteis por força do § 1.º do art. 9.º da LRP. São prazos relacionados à prática de atos pelos oficiais. A título de exemplo, o § 5.º do art. 67 da LRP estabelece o prazo de três dias para os nubentes ou o opoente produzir provas no procedimento de habilitação do casamento diante da existência de suspeita de impedimento ou de causa suspensiva. Esse prazo deve ser contado em dias úteis, em nosso entendimento.

Prazos para interessados manifestarem-se em outros procedimentos administrativos relacionados aos atos registrais

Também serão contados em dias úteis os prazos relativos aos procedimentos administrativos relacionados aos atos registrais, porque se trata

---

[4] Lei n. 6.015/1973. "Art. 204. A decisão da dúvida tem natureza administrativa e não impede o uso do processo contencioso competente".

[5] Em alguns Estados, o apresentante só pode manifestar-se mediante presença de advogado, como em São Paulo (TJSP, Pedido de Providências 0005147-84.2018.8.26.0322, Juiz Alexandre Felix da Silva,13.02.2019). A nosso ver, porém, que o melhor entendimento é o da facultatividade em qualquer fase do procedimento de dúvida por se tratar de procedimento de natureza administrativa.

[6] TJSP, Pedido de Providências 0005147-84.2018.8.26.0322, Juiz Alexandre Felix da Silva, 13.02.2019.

de questões conectadas à "prática de atos pelos oficiais" (art. 9.º, § 1.º, da LRP). Assim, por exemplo, estão alcançados pela regra *supra* os prazos para os interessados se manifestarem no procedimento de retificação extrajudicial (art. 213 da LRP) e no de usucapião extrajudicial (art. 216-A da LRP).

Prazos em horas

A legislação – de forma censurável à luz das boas técnicas de redação legislativa – prevê prazos em horas para algumas hipóteses envolvendo os procedimentos relacionados aos serviços notariais e registrais. Prazos em horas geram muitas controvérsias jurídicas. No procedimento de habilitação, por exemplo, é estipulado prazo de 24 horas para os nubentes especificarem as provas que pretendem produzir.

Entendemos que, na hipótese em pauta, as horas só poderão fluir em dias úteis. Se, a título de ilustração, o prazo iniciar em um dia não útil, a fluência das horas só deve se dar no início do próximo dia útil. Caso o final da contagem ocorra em horário em que seja inviável operacionalmente a manifestação, como no caso de indisponibilidade de plataforma eletrônica ou local de protocolo fechado, é de assegurar à parte o direito de manifestar-se na primeira hora em que tal se tornar possível.

Um prazo de 24 horas, por exemplo, que comece em um domingo, só passará a fluir a partir de meia-noite de segunda-feira, supondo-se ser esse um dia útil. O prazo encerrar-se-ia às 23h59min da segunda-feira. Caso a manifestação da parte tenha de ocorrer presencialmente perante uma serventia, e como esta se encontra de portas fechadas nesse horário, deve-se assegurar à parte o direito de protocolar sua manifestação na primeira hora de funcionamento da serventia no próximo dia útil.

Prazos de direito material

Prazos de direito material não são alcançados pela contagem em dias úteis. A ilustrar, o art. 1.532 do Código Civil estabelece o prazo de 90 dias de eficácia para o certificado de habilitação para casamento. Trata-se de prazo de natureza de direito material, pois diz respeito ao prazo de eficácia para o exercício de um direito com base em um documento. Logo, sua contagem é em dias corridos, e não em dias úteis. Não se aplica o § 1.º do art. 9.º da LRP.

3.4. Art. 14 da Lei de Registros Públicos: ajuste redacional quanto ao momento do pagamento dos emolumentos

> **Art. 14.** Os oficiais do registro, pelos atos que praticarem em decorrência do disposto nesta Lei, terão direito, a título de remuneração, aos emolumentos fixados nos Regimentos de Custas do Distrito Federal, dos Estados e dos Territórios, os quais serão pagos pelo interessado que os requerer. (Redação dada pela Lei n. 14.382, de 2022.)
>
> Parágrafo único. O valor correspondente às custas de escrituras, certidões, buscas, averbações, registros de qualquer natureza, emolumentos e despesas legais constará, obrigatoriamente, do próprio documento, independentemente da expedição do recibo, quando solicitado. (Incluído pela Lei n. 6.724, de 1979.)

O *caput* do art. 14 da LRP foi alterado pela Lei n. 14.382/2022 apenas para afastar a obrigatoriedade de os emolumentos terem de ser pagos no momento em que o usuário demandar o serviço. O texto anterior previa esse dever.[7] A ideia é deixar aberta a questão do momento do pagamento dos emolumentos para ser definida de acordo com regras específicas.

A título de exemplo, o art. 206-A da LRP admite a postecipação do pagamento dos emolumentos para depois da análise da viabilidade jurídica do registro. Sobre o tema, veja o item 7.14 para aprofundamentos. Enfim, o art. 14 da LRP sofreu um simples ajuste redacional para deixar a questão do momento do pagamento para regulamentação em dispositivos específicos da LRP ou de outras leis ou atos infralegais.

A regra é a de que os emolumentos têm de ser pagos antecipadamente, pois o oficial só tem de praticar o ato após o recebimento dos emolumentos, como se extrai da LRP (arts. 19, § 10, 47, § 2.º, 188, § 1.º, e 206-A da LRP).

---

[7] Veja a redação anterior (destacamos a parte final, que foi suprimida pela Lei n. 14.382/2022): "**Art. 14.** Pelos atos que praticarem, em decorrência desta Lei, os Oficiais do Registro terão direito, a título de remuneração, aos emolumentos fixados nos Regimentos de Custas do Distrito Federal, dos Estados e dos Territórios, os quais serão pagos, pelo interessado que os requerer, **no ato de requerimento ou no da apresentação do título**".

3.5. Art. 19 da Lei de Registros Públicos: certidões eletrônicas e prazos

Art. 19. ....

§ 1.º A certidão de inteiro teor será extraída por meio reprográfico ou eletrônico. (Redação dada pela Lei n. 14.382, de 2022.)

§ 2.º As certidões do registro civil das pessoas naturais mencionarão a data em que foi lavrado o assento. (Redação dada pela Lei n. 14.382, de 2022.)

§ 3.º Nas certidões de registro civil, não se mencionará a circunstância de ser legítima, ou não, a filiação, salvo a requerimento do próprio interessado, ou em virtude de determinação judicial. (Incluído dada pela Lei n.º 6.216, de 1975.)

§ 4.º As certidões de nascimento mencionarão a data em que foi feito o assento, a data, por extenso, do nascimento e, ainda, expressamente, a naturalidade. (Redação dada pela Lei n.º 13.484, de 2017.)

§ 5.º As certidões extraídas dos registros públicos deverão, observado o disposto no § 1.º deste artigo, ser fornecidas eletronicamente, com uso de tecnologia que permita a sua impressão pelo usuário e a identificação segura de sua autenticidade, conforme critérios estabelecidos pela Corregedoria Nacional de Justiça do Conselho Nacional de Justiça, dispensada a materialização das certidões pelo oficial de registro. (Redação dada pela Lei n. 14.382, de 2022.)

§ 6.º O interessado poderá solicitar a qualquer serventia certidões eletrônicas relativas a atos registrados em outra serventia, por meio do Sistema Eletrônico dos Registros Públicos (SERP), nos termos estabelecidos pela Corregedoria Nacional de Justiça do Conselho Nacional de Justiça. (Incluído pela Lei n. 14.382, de 2022.)

§ 7.º A certidão impressa nos termos do § 5.º e a certidão eletrônica lavrada nos termos do § 6.º deste artigo terão validade e fé pública. (Incluído pela Lei n. 14.382, de 2022.)

§ 8.º Os registros públicos de que trata esta Lei disponibilizarão, por meio do SERP, a visualização eletrônica dos atos neles transcritos, praticados, registrados ou averbados, na forma e nos prazos estabelecidos pela Corregedoria Nacional de Justiça do Conselho Nacional de Justiça. (Incluído pela Lei n. 14.382, de 2022.)

§ 9.º A certidão da situação jurídica atualizada do imóvel compreende as informações vigentes de sua descrição, número de contribuinte, proprietário, direitos, ônus e restrições, judiciais e administrativas, inci-

> dentes sobre o imóvel e o respectivo titular, além das demais informações necessárias à comprovação da propriedade e à transmissão e à constituição de outros direitos reais. (Incluído pela Lei n. 14.382, de 2022.)
>
> § 10. As certidões do registro de imóveis, inclusive aquelas de que trata o § 6.º deste artigo, serão emitidas nos seguintes prazos máximos, contados a partir do pagamento dos emolumentos: (Incluído pela Lei n. 14.382, de 2022.)
>
> I – 4 (quatro) horas, para a certidão de inteiro teor da matrícula ou do livro auxiliar, em meio eletrônico, requerida no horário de expediente, desde que fornecido pelo usuário o respectivo número; (Incluído pela Lei n. 14.382, de 2022.)
>
> II – 1 (um) dia, para a certidão da situação jurídica atualizada do imóvel; e (Incluído pela Lei n. 14.382, de 2022.)
>
> III – 5 (cinco) dias, para a certidão de transcrições e para os demais casos. (Incluído pela Lei n. 14.382, de 2022.)
>
> § 11. No âmbito do registro de imóveis, a certidão de inteiro teor da matrícula conterá a reprodução de todo seu conteúdo e será suficiente para fins de comprovação de propriedade, direitos, ônus reais e restrições sobre o imóvel, independentemente de certificação específica pelo oficial. (Incluído pela Lei n. 14.382, de 2022.)
>
> § 12. Na localidade em que haja dificuldade de comunicação eletrônica, a Corregedoria-Geral da Justiça Estadual poderá autorizar, de modo excepcional e com expressa comunicação ao público, a aplicação de prazos maiores para emissão das certidões do registro de imóveis de que trata o § 10 deste artigo. (Incluído pela Lei n. 14.382, de 2022.)

Antes de tudo, reportamo-nos ao que já apresentamos no item 3.2 desta obra, inclusive quanto ao direito do cidadão a obter certidão em meio físico à luz da melhor interpretação do §§ 5.º ao 7.º do art. 19 da LRP. Passamos a apontar outras questões a partir de agora, em complemento ao que lá expusemos.

O art. 19 da LRP trata das certidões expedidas pelos serviços registrais. A Lei n. 14.382/2022 alterou-o com o objetivo de respaldar juridicamente a prestação eletrônica dos serviços.

Da forma das certidões expedidas pelos RI

Entendemos que, em regra, as certidões devem ser expedidas em meio eletrônico. Todavia, excepcionalmente, caberá ao oficial emiti-la em meio físico ou reprográfico, como se retira dos §§ 1.º e 5.º ao 8.º do art. 19 da LRP.

Quanto à expedição em meio físico, ela poderá consistir na simples impressão da certidão eletrônica, contendo os elementos de autenticação indicados em ato normativo do CNJ, os quais provavelmente serão códigos de autenticação, à semelhança do que já vem sendo feito com certidões eletrônicas emitidas por órgãos públicos – como o Tribunal Superior Eleitoral – e pelos próprios cartórios.

Questão interessante é se há ou não dever jurídico de o registrador emitir certidão originariamente em meio físico, com sua assinatura. Entendemos que não há esse dever jurídico, porque as certidões, em princípio, são nato-digitais, ou seja, já nascem eletrônicas. Todavia, há situações em que o cidadão necessita de uma certidão em meio físico com a assinatura do registrador, o que pode ocorrer no caso de utilização da certidão perante repartições públicas estrangeiras. Temos notícia, por exemplo, de instituição de ensino portuguesa que se recusou a receber certidões nato-digitais brasileiras. Nessas hipóteses devidamente motivadas pelo usuário, compreendemos que caberá ao registrador emitir a certidão em meio físico com sua assinatura. Não enxergamos problemas no fato de a certidão ser fruto da impressão da sua versão nato-digital, desde que o registrador lance sua assinatura no documento. Por esse ato, reputamos que não poderá ser cobrado nenhum valor adicional de emolumentos: o valor dos emolumentos da emissão da certidão é suficiente. Essa impressão da certidão eletrônica com aposição da assinatura não deve ser considerada um novo ato a ser praticado pelo registrador, e sim uma continuidade do ato de emissão de certidão. Essa é a interpretação teleológica dos preceitos expostos.

Das visualizações eletrônicas

Como forma de facilitar consultas rápidas ao registro, o § 8.º do art. 19 da LRP prevê a obrigação de as serventias disponibilizarem eletronicamente os atos registrais praticados para visualização pelos usuários. Não se trata da emissão de uma certidão, mas apenas de uma visualização dos atos. O cidadão, por exemplo, poderia visualizar o inteiro teor de uma matrícula de um imóvel diretamente no *site* do SERP.

Na prática, essa previsão tinha mais sentido antes das alterações feitas pela Lei n. 14.382/2022, pois o tempo de expedição das certidões era maior.

Com a redução desses prazos nos moldes do § 10 do art. 19, perdeu grande porção de sua importância prática. Seja como for, remanesce pequena utilidade na visualização eletrônica dos atos, porque ela deverá ser disponibilizada instantaneamente ao usuário, diretamente no *site* do SERP, após pagamento dos emolumentos devidos.

O valor dos emolumentos pela visualização eletrônica dependerá da lei local de emolumentos. Entendemos que ele deverá ser menor do que o valor da certidão, diante da menor complexidade operacionalmente imposta às serventias. Enquanto não sobrevier lei local, consideramos que o CNJ terá poder para regulamentar, inclusive, o valor dos emolumentos nesse caso, fixando, por exemplo, um percentual do valor das certidões. O fundamento para tanto é o próprio § 8.º do art. 19 da LRP, que outorga ao CNJ o poder de regulamentar o tema.

Data da lavratura de assento do RCPN

O § 2.º do art. 19 da LRP prevê que toda certidão do RCPN, como a de nascimento, contenha a data da lavratura do assento. Trata-se de uma preocupação do legislador de evitar que essa informação essencial seja esquecida. Consideramos que, mesmo sem esse dispositivo legal, o dever de informação da data do assento seria obrigatório, pois diz respeito a elementos de identificação do ato.

Sob essa ótica, apesar de o § 2.º do art. 19 da LRP reportar-se apenas ao RCPN, entendemos que todas as demais especialidades registrais deverão sempre consignar, na certidão, a data da prática dos atos, por se cuidar de elemento básico de identificação.

Certidão da situação jurídica atualizada do imóvel no RI

A Lei n. 14.382/2022 preocupou-se em regulamentar a certidão expedida pelo RI sobre todos os ônus existentes e "ativos" sobre o imóvel. Não há propriamente nenhuma inovação normativa nesse ponto. Os RIs já eram obrigados a expedir essa certidão mediante pedido do interessado. A Lei n. 14.382/2022 apenas reforçou esse dever legal e batizou essa certidão de ônus reais como "certidão da situação jurídica atualizada do imóvel".

O seu objetivo é uniformizar procedimentos adotados pelas serventias. Esse nome de batismo passou a ser utilizado em dispositivos da LRP (art. 19, §§ 9º e 10, II) e da Lei n. 6.766/1979 (art. 18, IV, c). Nesta última lei, o termo "certidão da situação jurídica atualizada do imóvel" substituiu a expressão certidão "de ônus reais relativas ao imóvel".

Consideramos a mudança didática, apesar da falta de efetiva inovação normativa, pois a certidão de ônus reais era, no seu conteúdo, igual à certidão da situação jurídica atualizada do imóvel. Todavia, na prática, havia relatos de serventias que atuavam de maneira heterogênea em relação à forma de emissão de certidão de ônus reais, o que motivou essa movimentação de redundância e de estética do legislador.

Seguindo a análise do tema, é fato que a certidão de inteiro teor da matrícula nem sempre é de fácil interpretação pelo usuário, porque exige noções jurídicas do leitor. Há ainda matrículas de dezenas de páginas, o que torna mais difícil a tarefa de identificação dos ônus reais "ativos". Por isso, é mais confortável ao usuário receber, "de forma mastigada", essa informação diretamente do próprio registrador, o que ocorre por meio da certidão da situação jurídica atualizada do imóvel.

O § 9.º do art. 19 da LRP aponta que essa certidão deverá conter, além das informações básicas de identificação dos sujeitos e do imóvel, a indicação dos ônus atualmente existentes sobre o bem. Utilizamos, aqui, o termo "ônus" no seu sentido amplo, alcançando todos os tipos de restrições incidentes sobre o imóvel. Sérgio Jacomino e Nataly Cruz dão conta desse sentido amplo do verbete "ônus", *in verbis*:

> "O objetivo deste opúsculo é oferecer uma base teórica para a construção de taxonomia dos elementos que compõem o conjunto informativo do Sistema Registral brasileiro, estruturando-os em classes e atributos para a configuração e especificação do SREI – Sistema de Registro Eletrônico de Imóveis. Algumas expressões frequentam a praxe cartorária no dia a dia da execução do mister registral – especialmente quando está em causa limitar, restringir ou modular este que é o direito real por antonomásia – a propriedade. O que significam, no âmbito do microssistema registral, expressões como gravames, ônus, limitações, restrições, encargos? Como estruturar o SREI partindo-se de expressões notoriamente plurívocas? Como qualificar os atos praticados no repositório eletrônico a ser criado? Como estabelecer um dicionário semântico que possa servir de base

para a estruturação ontológica do sistema? (...). Concluindo, todas as limitações, restrições, gravames e encargos podem ser enfeixados sob uma única expressão: 'ônus'".[8]

Esse deve ser o sentido da norma, também em nossa opinião doutrinária.

Força da certidão de inteiro teor da matrícula

Em redundância normativa, o § 11 do art. 19 da LRP deixa claro que a certidão de inteiro teor da matrícula possui plena força para provar todos os ônus existentes sobre o imóvel. Não há obrigatoriedade de ela conter nenhuma certificação do registrador indicando quais ônus estão ativos ou não. É verdade que a interpretação da certidão de inteiro teor da matrícula exige maior conhecimento técnico de quem a lê, comparativamente à certidão da situação jurídica atualizada do imóvel. Essa é uma espécie de "certidão simplificada" e, portanto, de mais fácil compreensão pelo seu leitor.[9] Isso, porém, não significa que a certidão de inteiro teor da matrícula seja insuficiente para provar os fatos jurídicos inscritíveis.

Prazos de emissão de certidão pelo RI

Uma das principais motivações da Lei do SERP (Lei n. 14.382/2022) é imprimir celeridade à prestação de serviços. Na sua elaboração, setores do mercado imobiliário estiveram presentes, com a queixa de que, na prática, a realização de operações imobiliárias era atrasada pela demora de algumas serventias registrais na emissão de certidões. Foi sob esse "espírito" que a Lei do SERP reduziu brutalmente o prazo para a emissão de certidões pelo RI, tudo por meio do § 10 do art. 19 da LRP.

---

[8] JACOMINO, Sérgio; CRUZ, Nataly. Ônus, gravames, encargos, restrições e limitações. *In*: OLIVEIRA, Carlos Eduardo Elias; SANTOS, Flauzilino Araújo dos; BENÍCIO, Hércules Alexandre da Costa; LAGO, Ivan Jacopeetti; FERRO JÚNIOR, Izaías G. *Migalhas Notariais e Registrais*. 10 nov. 2021.

[9] É similar às certidões simplificadas de pessoas jurídicas expedidas pelas Juntas Comerciais, as quais indicam as principais informações da pessoa jurídica de modo objetivo e, assim, poupam o interessado da leitura integral dos atos constitutivos, que costumam ser longos.

À luz do inc. I do § 10 do art. 19 da LRP, o prazo para a emissão da certidão de inteiro teor da matrícula é de quatro horas. A rigor, como as serventias já estão obrigadas a disponibilizar instantaneamente a visualização das matrículas dos imóveis no *site* do SERP, por força do § 8.º do art. 19 da LRP, o fato é que a emissão da certidão de inteiro teor dessa matrícula não demandaria muito tempo. Bastaria o registrador assinar eletronicamente a imagem da visualização, com os atestos de praxe. Convém que os registradores busquem fornecer as certidões também de modo instantâneo, mas, por cautela, o legislador conferiu-lhe um prazo de quatro horas.

Questão interessante é saber se esse prazo de quatro horas é contado mesmo quando findo o expediente da serventia. Consideramos que não é razoável essa interpretação. Não se pode obrigar a serventia a manter trabalho após o expediente, impondo-lhe o dever de contratar funcionários para esse período ou de gastar com "horas extras". Se o usuário requerer a certidão quando faltar, por exemplo, uma hora para o fim do expediente, as três horas faltantes do prazo voltará a correr do início do expediente do próximo dia útil.

Maior prazo foi deferido para a expedição da certidão da situação jurídica atualizada, em respeito à sua maior complexidade operacional. Ela exige do registrador a atividade de interpretar juridicamente a matrícula do imóvel para identificar quais ônus estão "ativos". Por isso, o inc. II do § 10 do art. 19 da LRP estabeleceu o prazo de um dia para a emissão.

Convém que as serventias mantenham um cadastro atualizado de cada matrícula com os ônus "ativos", de modo a agilizar a expedição da certidão da situação jurídica atualizada. Com esse cadastro eletrônico, a emissão dessa certidão poderá ocorrer de modo instantâneo. Bastará gerar o documento final a partir do sistema eletrônico que vier a ser utilizado, com o lançamento da assinatura eletrônica do registrador e com os atestos de praxe.

No caso de certidão relativa a transcrições ou a outros atos do RI, como de documentos arquivados, o prazo para a emissão da certidão é de cinco dias por força do inc. III do § 10 do art. 19 da LRP. Há justificativa para esse prazo mais longo, pois há inegável dificuldade operacional de o registrador buscar, no seu acervo físico, as informações desses atos.

De qualquer forma, daqui alguns anos, a tendência é que mesmo esse prazo de emissão de certidão poderá ser reduzido por dois motivos: *a)* os casos de transcrições tendem a desaparecer diante da obrigatoriedade de abertura de matrículas com o primeiro ato de registro ou de averbação (art. 176, § 1.º, I, da LRP); e *b)* as serventias tendem a organizar eletronicamente os atos de transcrição e outros atos ou documentos físicos, de modo a agilizar a emissão de certidões.

Esses prazos poderão ser aumentados pela Corregedoria-Geral de Justiça local se houver justo motivo, a exemplo de localidades em que a serventia possui dificuldades de acesso à *internet* por problemas da própria infraestrutura da região (art. 19, § 12, da LRP).

3.6. Pagamento por meio eletrônico dos emolumentos e das despesas e pagamento parcelado (art. 30, XV, da Lei n. 8.935/1994)

> Art. 30. São deveres dos notários e dos oficiais de registro:
>
> (...)
>
> XIV – observar as normas técnicas estabelecidas pelo juízo competente; e (Redação dada pela Lei n. 14.382, de 2022.)
>
> XV – admitir pagamento dos emolumentos, das custas e das despesas por meio eletrônico, a critério do usuário, inclusive mediante parcelamento. (Incluído pela Lei n. 14.382, de 2022.)

Nada mudou no inc. XIV do art. 30 da Lei de Notários e Registradores – LNR (Lei n. 8.935/1994). Aqui apenas se adicionou a conjunção aditiva "e" por questão redacional.

A inovação promovida pela Lei do SERP (Lei n. 14.382/2022) está na inclusão do inc. XV ao art. 30 da LNR. Por esse comando, é admitido que o usuário, a seu critério, pague os emolumentos, as custas e as despesas por meios eletrônicos, com possibilidade de parcelamento.

Está implícito que o detalhamento ocorrerá por lei estadual, por atos infralegais da CN/CNJ ou do tribunal local, de modo que os meios eletrônicos a serem admitidos – como PIX, cartões, entre outros –, a quantidade de parcelas admitidas e os encargos eventualmente cobrados nesses parcelamentos serão esmiuçados posteriormente.

Essa regulamentação posterior é importante, especialmente nos Estados em que parte dos emolumentos é objeto de repasses obrigatórios a outras instituições. É necessário haver clareza se esses repasses podem ou não ser objeto de parcelamento ou de dedução em razão de despesas com o meio eletrônico de pagamento, como ocorre com o percentual cobrado pela operadora de cartão de crédito. A título de exemplo, no Estado de Goiás, no ano de 2020, cerca de 40% dos emolumentos pagos pelos cidadãos eram destinados aos "repasses obrigatórios", seja ao Estado (3%), seja a diversos fundos.[10] O restante pertence ao oficial e será utilizado para as despesas do cartório e para a remuneração do oficial. É preciso haver clareza normativa sobre qual a repercussão que existirá nesses repasses obrigatórios com o pagamento dos emolumentos pelo usuário de modo parcelado e de forma eletrônica.

Seja como for, o fato é que o art. 30, XV, da LNR atualiza os cartórios para a época contemporânea, em que se prepondera a utilização de meios eletrônicos de pagamento. Alerte-se que, mesmo antes dessa mudança legislativa, várias serventias já admitiam pagamentos por meios eletrônicos com base em normas infralegais. O inc. XV do art. 30 da LNR dá o respaldo legal a tanto.

3.7. Procedimento administrativo da Reurb por meio eletrônico (art. 76, § 1.º, da Lei n. 13.465/2017)

> Art. 76. O Sistema de Registro Eletrônico de Imóveis (SREI) será implementado e operado, em âmbito nacional, pelo Operador Nacional do Sistema de Registro Eletrônico de Imóveis (ONR).
>
> § 1.º O procedimento administrativo e os atos de registro decorrentes da Reurb serão feitos por meio eletrônico, nos termos dos arts. 37 a 41 da Lei n. 11.977, de 7 de julho de 2009. (Redação dada pela Lei n. 14.382, de 2022.)
>
> (...)

---

[10] Os valores de repasse foram os seguintes: Fundo da Assembleia Legislativa (2,5%), Fundo da Receita Estadual (1,5%), Fundo da PGE (1,5%), Fundo de Acesso à Justiça (2%), 2,5% (Fundo de Compensação de Atos Gratuitos), Fundo Judiciário (10%), Fundo de Seguridade Social (8%), Fundo Socioeducativo (4%).

Na esteira da desburocratização e de digitalização de procedimentos, o § 1.º do art. 76 da Lei do Reurb (Lei n. 13.465/2017) estabelece que o procedimento administrativo e os atos de registro relativo às regularizações fundiárias urbanas (Reurb) deverão ser feitos por meios eletrônicos.

Trata-se de medida salutar, uma vez que é muito mais fácil aos cidadãos o acesso aos autos eletrônicos. O risco de extravios de peças dos autos é bem menor, visto que as plataformas eletrônicas deixam rastros do paradeiro dos documentos eletrônicos que nele ingressam. A digitalização do procedimento do Reurb é, portanto, elogiável em matéria de eficiência e de transparência.

4
Registro Civil das Pessoas Naturais – RCPN

4.1. Livro "E" no RCPN (art. 33, parágrafo único, da Lei de Registros Públicos)

> Art. 33. Haverá, em cada cartório, os seguintes livros: (Redação dada pela Lei n. 14.382, de 2022.)
>
> I – "A" – de registro de nascimento; (Redação dada pela Lei n.º 6.216, de 1975.)
>
> II – "B" – de registro de casamento; (Redação dada pela Lei n.º 6.216, de 1975.)
>
> III – "B Auxiliar" – de registro de casamento Religioso para Efeitos Civis; (Redação dada pela Lei n.º 6.216, de 1975.)
>
> IV – "C" – de registro de óbitos; (Redação dada pela Lei n.º 6.216, de 1975.)

> V – "C Auxiliar" – de registro de natimortos; (Redação dada pela Lei n.º 6.216, de 1975.)
>
> VI – "D" – de registro de proclama. (Redação dada pela Lei n.º 6.216, de 1975.)
>
> **Parágrafo único. No Cartório do 1.º Ofício ou da 1.ª subdivisão judiciária haverá, em cada comarca, outro livro para inscrição dos demais atos relativos ao estado civil, designado sob a letra 'E'. (Incluído pela Lei n. 14.382, de 2022.)**

A existência de um Livro "E" nos 1º Ofícios de RCPN já era amplamente admitido pela doutrina e pela prática registral. O fundamento era a sua menção pela própria LRP ao apontá-lo como o depositário do registro de determinados atos jurídicos, como os relativos à emancipação, à interdição, à ausência e a assentos estrangeiros (arts. 32 e 89 a 94). As normas infralegais eram no mesmo sentido, a exemplo do Provimento n. 37/2014-CNJ, que indicava o Livro "E" como o *locus* do registro facultativo da união estável.

Na verdade, o Livro "E" fora previsto na redação originária do parágrafo único do art. 33 da LRP.[1] Existia, porém, divergência doutrinária se esse dispositivo havia sido ou não revogado pela Lei n. 6.216/1975 por conta de uma questão de pura técnica de redação legislativa. A doutrina majoritária discordava da revogação. Entretanto, no *site* oficial do Planalto, esse dispositivo aparecia como revogado.

Com a Lei do SERP, essa controvérsia perde sentido. O parágrafo único do art. 33 da LRP passou a contemplar expressamente a existência do Livro "E". No entanto, parece-nos que nada mudou com relação ao seu caráter residual e especial entre os livros do RCPN. A Lei do SERP apenas acabou com a dúvida jurídica a respeito do respaldo legal acerca da existência do Livro "E".

---

[1] Este era o texto do referido preceito na sua redação inicial, na Lei n. 6.015/1973: "Art. 33. (...) Parágrafo único. No Cartório do 1.º Ofício ou da 1.ª Subdivisão judiciária, em cada comarca, haverá outro livro para inscrição dos demais atos relativos ao estado civil, designado sob a letra 'E', com cento e cinquenta (150) folhas, podendo o Juiz competente, nas comarcas de grande movimento, autorizar o seu desdobramento pela natureza dos atos que nele devam ser registrados, em livros especiais".

4.2. Uso da base de dados do Poder Público pelo RCPN no caso de registro tardio de nascimento (art. 46, § 6.º, da Lei de Registros Públicos)

> **Lei de Registros Públicos**
>
> **Art. 46.** As declarações de nascimento feitas após o decurso do prazo legal serão registradas no lugar de residência do interessado. (Redação dada pela Lei n.º 11.790, de 2008.)
>
> § 1.º O requerimento de registro será assinado por 2 (duas) testemunhas, sob as penas da lei. (Redação dada pela Lei n.º 11.790, de 2008.)
>
> § 2.º (Revogado pela Lei n.º 10.215, de 2001.)
>
> § 3.º O oficial do Registro Civil, se suspeitar da falsidade da declaração, poderá exigir prova suficiente. (Redação dada pela Lei n.º 11.790, de 2008.)
>
> § 4.º Persistindo a suspeita, o oficial encaminhará os autos ao juízo competente. (Redação dada pela Lei n.º 11.790, de 2008.)
>
> § 5.º Se o Juiz não fixar prazo menor, o oficial deverá lavrar o assento dentro em cinco (5) dias, sob pena de pagar multa correspondente a um salário mínimo da região.
>
> **§ 6.º Os órgãos do Poder Executivo e do Poder Judiciário detentores de bases biométricas poderão franquear ao oficial de registro civil de pessoas naturais acesso às bases para fins de conferência por ocasião do registro tardio de nascimento. (Incluído pela Lei n. 14.382, de 2022.)**

Tratamos desse assunto no item 2.6 e reportamo-nos ao referido capítulo para estudo.

4.3. Convênio e unidade interligada no hospital para registro de nascimento (art. 54, § 5.º, da Lei de Registros Públicos)

> **Art. 54.** O assento do nascimento deverá conter: (Renumerado do art. 55, pela Lei n.º 6.216, de 1975.)
>
> 1.º) o dia, mês, ano e lugar do nascimento e a hora certa, sendo possível determiná-la, ou aproximada;

2.º) o sexo do registrando; (Redação dada pela Lei n.º 6.216, de 1975.)

3.º) o fato de ser gêmeo, quando assim tiver acontecido;

4.º) o nome e o prenome, que forem postos à criança;

5.º) a declaração de que nasceu morta, ou morreu no ato ou logo depois do parto;

6.º) a ordem de filiação de outros irmãos do mesmo prenome que existirem ou tiverem existido;

7.º) Os nomes e prenomes, a naturalidade, a profissão dos pais, o lugar e cartório onde se casaram, a idade da genitora, do registrando em anos completos, na ocasião do parto, e o domicílio ou a residência do casal. (Redação dada pela Lei n.º 6.140, de 1974.)

8.º) os nomes e prenomes dos avós paternos e maternos;

9.º) os nomes e prenomes, a profissão e a residência das duas testemunhas do assento, quando se tratar de parto ocorrido sem assistência médica em residência ou fora de unidade hospitalar ou casa de saúde; (Redação dada pela Lei n.º 13.484, de 2017.)

10) o número de identificação da Declaração de Nascido Vivo, com controle do dígito verificador, exceto na hipótese de registro tardio previsto no art. 46 desta Lei; e (Redação dada pela Lei n.º 13.484, de 2017.)

11) a naturalidade do registrando. (Incluído pela Lei n.º 13.484, de 2017.)

§ 1.º Não constituem motivo para recusa, devolução ou solicitação de retificação da Declaração de Nascido Vivo por parte do Registrador Civil das Pessoas Naturais: (Incluído pela Lei n.º 12.662, de 2012.)

I – equívocos ou divergências que não comprometam a identificação da mãe; (Incluído pela Lei n.º 12.662, de 2012.)

II – omissão do nome do recém-nascido ou do nome do pai; (Incluído pela Lei n.º 12.662, de 2012.)

III – divergência parcial ou total entre o nome do recém-nascido constante da declaração e o escolhido em manifestação perante o registrador no momento do registro de nascimento, prevalecendo este último; (Incluído pela Lei n.º 12.662, de 2012.)

IV – divergência parcial ou total entre o nome do pai constante da declaração e o verificado pelo registrador nos termos da legislação civil, prevalecendo este último; (Incluído pela Lei n.º 12.662, de 2012.)

V – demais equívocos, omissões ou divergências que não comprometam informações relevantes para o registro de nascimento. (Incluído pela Lei n.º 12.662, de 2012.)

§ 2.º O nome do pai constante da Declaração de Nascido Vivo não constitui prova ou presunção da paternidade, somente podendo ser lançado no registro de nascimento quando verificado nos termos da legislação civil vigente. (Incluído pela Lei n.º 12.662, de 2012.)

§ 3.º Nos nascimentos frutos de partos sem assistência de profissionais da saúde ou parteiras tradicionais, a Declaração de Nascido Vivo será emitida pelos Oficiais de Registro Civil que lavrarem o registro de nascimento, sempre que haja demanda das Secretarias Estaduais ou Municipais de Saúde para que realizem tais emissões. (Incluído pela Lei n.º 12.662, de 2012.)

§ 4.º A naturalidade poderá ser do Município em que ocorreu o nascimento ou do Município de residência da mãe do registrando na data do nascimento, desde que localizado em território nacional, e a opção caberá ao declarante no ato de registro do nascimento. (Incluído pela Lei n.º 13.484, de 2017.)

§ 5.º O oficial de registro civil de pessoas naturais do Município poderá, mediante convênio e desde que não prejudique o regular funcionamento da serventia, instalar unidade interligada em estabelecimento público ou privado de saúde para recepção e remessa de dados, lavratura do registro de nascimento e emissão da respectiva certidão. (Incluído pela Lei n. 14.382, de 2022.)

A fim de dar respaldo legal a práticas que já ocorriam em vários Estados, o § 5.º do art. 54 da LRP autoriza os RCPNs a instalarem espécies de "postos avançados" nos hospitais para coleta de informações necessárias à lavratura do registro de nascimento e à emissão da respectiva certidão. Trata-se de outra medida salutar para a população, por poupar o cidadão de deslocar-se do nosocômio para a sede da serventia de RCPN mais próxima a fim de fazer o registro de nascimento.

Apesar do silêncio legal, entendemos que os convênios feitos pelos RCPNs com os hospitais públicos ou privados precisam aprovação específica do respectivo Tribunal – por meio, geralmente, de sua Corregedoria-Geral de Justiça –, salvo norma local diversa. Aliás, é conveniente que esses convênios sejam feitos por intermédio da entidade representativa dos RCPNs (atualmente, a principal entidade representativa é a Arpen), a fim de viabilizar uma equilibrada distribuição de serviços entre as diferentes serventias da localidade.

4.4. Formação do nome da pessoa no registro de nascimento (art. 55 da Lei de Registros Públicos)

> Art. 55. Toda pessoa tem direito ao nome, nele compreendidos o prenome e o sobrenome, observado que ao prenome serão acrescidos os sobrenomes dos genitores ou de seus ascendentes, em qualquer ordem e, na hipótese de acréscimo de sobrenome de ascendente que não conste das certidões apresentadas, deverão ser apresentadas as certidões necessárias para comprovar a linha ascendente. (Redação dada pela Lei n. 14.382, de 2022.)
>
> § 1.º O oficial de registro civil não registrará prenomes suscetíveis de expor ao ridículo os seus portadores, observado que, quando os genitores não se conformarem com a recusa do oficial, este submeterá por escrito o caso à decisão do juiz competente, independentemente da cobrança de quaisquer emolumentos. (Incluído pela Lei n. 14.382, de 2022.)
>
> § 2.º Quando o declarante não indicar o nome completo, o oficial de registro lançará adiante do prenome escolhido ao menos um sobrenome de cada um dos genitores, na ordem que julgar mais conveniente para evitar homonímias. (Incluído pela Lei n. 14.382, de 2022.)
>
> § 3.º O oficial de registro orientará os pais acerca da conveniência de acrescer sobrenomes, a fim de se evitar prejuízos à pessoa em razão da homonímia. (Incluído pela Lei n. 14.382, de 2022.)
>
> § 4.º Em até 15 (quinze) dias após o registro, qualquer dos genitores poderá apresentar, perante o registro civil onde foi lavrado o assento de nascimento, oposição fundamentada ao prenome e sobrenomes indicados pelo declarante, observado que, se houver manifestação consensual dos genitores, será realizado o procedimento de retificação administrativa do registro, mas, se não houver consenso, a oposição será encaminhada ao juiz competente para decisão. (Incluído pela Lei n. 14.382, de 2022.)

O art. 55 da LRP trata da formação do nome da pessoa no registro de nascimento. O seu *caput* passou a seguir a regra do art. 16 do CC/2002, consagrando o nome como direito da personalidade e prevendo que "toda pessoa tem direito ao nome, nele compreendidos o prenome e o sobrenome". Sobre o tratamento constante da codificação privada, explica Anderson Schreiber que,

> "(...) contemporaneamente, tem-se reconhecido que à pessoa humana deve-se resguardar o direito de ter associado a seu nome aquilo que

lhe diz respeito e, do mesmo modo, de não ter vinculados a si fatos ou coisas que nada digam consigo. Trata-se de enxergar o direito ao nome em uma nova perspectiva, mais ampla e mais substancial, que pode ser denominada de direito à identidade pessoal, abrangendo não só o nome como também os diferentes traços pelos quais a pessoa humana vem representada no meio social".[2]

Adianta-se que nos parece ter a nova lei seguido, pelo menos em parte, essas diretrizes.

Seguindo o que era concretizado pelo costume registral, o mesmo art. 55, *caput,* da Lei de Registros Públicos, na sua segunda parte, passou a enunciar a necessidade de observar o seguinte:

"Ao prenome serão acrescidos os sobrenomes dos genitores ou de seus ascendentes, em qualquer ordem e, na hipótese de acréscimo de sobrenome de ascendente que não conste das certidões apresentadas, deverão ser apresentadas as certidões necessárias para comprovar a linha ascendente".

A título de exemplo, geralmente incluem-se os sobrenomes do pai e da mãe, não importando a ordem de sua inserção. Apesar de ser comum a inclusão primeiro do nome materno e depois do paterno, não há qualquer imposição nesse sentido.

Os §§ 1.º e 2.º do novo art. 55 repetem em parte a antiga redação do parágrafo único e do *caput* do próprio comando, preceituando que o oficial de registro civil não registrará prenomes suscetíveis de expor ao ridículo os seus portadores ou titulares, observado que, quando os genitores não se conformarem com a recusa do oficial, este submeterá por escrito o caso à decisão do juiz competente, independentemente da cobrança de quaisquer emolumentos. Quando o declarante não indicar o nome completo, o oficial de registro civil lançará adiante do prenome escolhido ao menos um sobrenome de cada um dos genitores, na ordem que julgar mais conveniente para evitar homonímias, ou seja, nomes iguais que possam trazer prejuízos ao titular.

---

[2] SCHREIBEIR, Anderson. Comentários aos arts. 1.º ao 79. *In*: SCHREIBER, Anderson; TARTUCE, Flávio; SIMÃO, José Fernando; MELO, Marco Aurélio Bezerra de; DELGADO, Mário Luiz. *Código Civil comentado*: doutrina e jurisprudência. 3. ed. Rio de Janeiro: Forense, 2022. p. 22.

Em continuidade, o oficial de registro civil orientará os pais acerca da conveniência de acrescer sobrenomes, a fim de se evitarem prejuízos à pessoa em razão dessas homonímias (art. 55, § 3.º, da Lei de Registros Públicos, incluído pela Lei n. 14.382/2022). Também é novidade o procedimento de oposição ao registro, prevendo o § 4.º da mesma norma que, em até quinze dias após o registro, qualquer dos genitores poderá apresentar, perante o registro civil onde foi lavrado o assento de nascimento, oposição fundamentada ao prenome e sobrenomes indicados pelo declarante. Se houver manifestação consensual dos genitores, será realizado o procedimento de retificação administrativa do registro. Entretanto, se não houver consenso, a oposição será encaminhada ao juiz competente para que profira decisão.

Esse procedimento visa a evitar que o conflito seja levado ao Poder Judiciário de imediato, sendo a extrajudicialização uma das marcas da norma emergente. A propósito de ilustrar uma situação de conflito, em 2021, noticiou-se no *site* do Superior Tribunal de Justiça o caso de uma autorização judicial de mudança de nome registrado por pai da criança que não respeitou acordo prévio com a mãe, registrando-a com outro prenome. A Terceira Turma do Tribunal, em acórdão relatado pela Ministra Nancy Andrighi, entendeu que o desrespeito a esse acerto prévio seria razão suficiente para a alteração.[3] O número do processo não foi divulgado por segredo de justiça.

4.5. Alteração extrajudicial do nome por vontade imotivada da pessoa após a maioridade (art. 56 da Lei de Registros Públicos)

> Art. 56. A pessoa registrada poderá, após ter atingido a maioridade civil, requerer pessoalmente e imotivadamente a alteração de seu prenome, independentemente de decisão judicial, e a alteração será averbada e publicada em meio eletrônico. (Redação dada pela Lei n. 14.382, de 2022.)
>
> § 1.º A alteração imotivada de prenome poderá ser feita na via extrajudicial apenas 1 (uma) vez, e sua desconstituição dependerá de sentença judicial. (Incluído pela Lei n. 14.382, de 2022.)

---

[3] Notícia disponível em: https://www.stj.jus.br/sites/portalp/Paginas/Comunicacao/Noticias/20052021-autorizada-mudanca-de-registro-feito-por-pai-que-nao-respeitou-acordo-sobre-nome-da-crianca.aspx.

§ 2.º A averbação de alteração de prenome conterá, obrigatoriamente, o prenome anterior, os números de documento de identidade, de inscrição no Cadastro de Pessoas Físicas (CPF) da Secretaria Especial da Receita Federal do Brasil, de passaporte e de título de eleitor do registrado, dados esses que deverão constar expressamente de todas as certidões solicitadas. (Incluído pela Lei n. 14.382, de 2022.)

§ 3.º Finalizado o procedimento de alteração no assento, o ofício de registro civil de pessoas naturais no qual se processou a alteração, a expensas do requerente, comunicará o ato oficialmente aos órgãos expedidores do documento de identidade, do CPF e do passaporte, bem como ao Tribunal Superior Eleitoral, preferencialmente por meio eletrônico. (Incluído pela Lei n. 14.382, de 2022.)

§ 4.º Se suspeitar de fraude, falsidade, má-fé, vício de vontade ou simulação quanto à real intenção da pessoa requerente, o oficial de registro civil fundamentadamente recusará a retificação. (Incluído pela Lei n. 14.382, de 2022.)

O art. 56 da Lei n. 6.015/1973, também modificado pela Lei n. 14.382/2022, trata da alteração extrajudicial do nome por vontade imotivada da pessoa após a sua maioridade. Além de modificações no *caput*, o comando recebeu novos parágrafos.

De início, está previsto que a pessoa registrada poderá, depois de ter atingido a maioridade civil, requerer pessoal e imotivadamente a alteração de seu prenome, independentemente de decisão judicial, sendo a modificação averbada e publicada em meio eletrônico. Não há mais menção ao prazo decadencial de um ano, a contar da maioridade. Isso, porque o prazo vinha sendo afastado em hipóteses concretas da presença de justificativas para a alteração posterior.

Como um primeiro aresto, destacamos: "admite-se a alteração do nome civil após o decurso do prazo de um ano, contado da maioridade civil, somente por exceção e motivadamente, nos termos do art. 57, *caput,* da Lei 6.015/73" (STJ, REsp 538.187/RJ, 3.ª Turma, Rel. Min. Nancy Andrighi, j. 02.12.2004, *DJ* 21.02.2005, p. 170).

Ou, mais recentemente, em hipótese fática envolvendo a modificação do nome de pessoa trans e confirmando as palavras de Schreiber antes transcritas:

"O nome de uma pessoa faz parte da construção de sua própria identidade. Além de denotar um interesse privado, de autorreconhecimento, visto que o nome é um direito de personalidade (art. 16 do Código Civil de 2002), também compreende um interesse público, pois é o modo pelo qual se dá a identificação do indivíduo perante a sociedade. (...). A Lei de Registros Públicos (Lei n. 6.015/1973) consagra, como regra, a imutabilidade do prenome, mas permite a sua alteração pelo próprio interessado, desde que solicitada no período de 1 (um) ano após atingir a maioridade, ou mesmo depois desse período, se houver outros motivos para a mudança" (REsp 1.860.649/SP, 3.ª Turma, Rel. Min. Ricardo Villas Bôas Cueva, j. 12.05.2020, *DJe* 18.05.2020).

De todo modo, a grande novidade da norma passa a ser a extrajudicialização da troca do prenome, perante o Cartório de Registro Civil, o que vem em boa hora e sem a necessidade de motivação. A título de exemplo, a pessoa pode pedir a alteração para um prenome segundo o qual é conhecida no meio social, uma vez que sempre rejeitou o seu nome registral, escolhido por seus pais, o que é até comum na prática. Há, contudo, uma limitação, pois a alteração imotivada de prenome poderá ser feita na via extrajudicial apenas uma vez, e a sua desconstituição dependerá de sentença judicial (art. 56, § 1.º, da Lei n. 6.015/1973, incluído pela Lei n. 14.382/2022).

Também sobre a alteração extrajudicial imotivada, a averbação de mudança de prenome conterá, obrigatoriamente, o prenome anterior, os números de documento de identidade, de inscrição no Cadastro de Pessoas Físicas, de passaporte e de título de eleitor do registrado; tais dados deverão constar expressamente de todas as certidões solicitadas (art. 56, § 2.º, da Lei n. 6.015/1973, incluído pela Lei n. 14.382/2022). Finalizado o procedimento extrajudicial de modificação no assento, o ofício de registro civil de pessoas naturais no qual se processou tal alteração, a expensas do requerente, comunicará o ato oficialmente aos órgãos expedidores do documento de identidade, do CPF e do passaporte, bem como ao Tribunal Superior Eleitoral, preferencialmente por meio eletrônico (art. 56, § 3.º, da Lei n. 6.015/1973, incluído pela Lei n. 14.382/2022).

Entretanto, se suspeitar de fraude, falsidade, má-fé, vício de vontade – como erro, dolo ou coação –, ou simulação quanto à real intenção da pessoa requerente, o oficial de registro civil, de forma fundamentada, recusará a retificação do nome (art. 56, § 4.º, da Lei n. 6.015/1973, incluído pela Lei n. 14.382/2022).

4.6. Alteração extrajudicial do nome por justo motivo (arts. 57 e 69 da Lei de Registros Públicos; e art. 20, III, *a*, da Lei n. 14.382/2022)

> **Lei de Registros Públicos (Lei n. 6.015/1973)**
>
> Art. 57. A alteração posterior de sobrenomes poderá ser requerida pessoalmente perante o oficial de registro civil, com a apresentação de certidões e de documentos necessários, e será averbada nos assentos de nascimento e casamento, independentemente de autorização judicial, a fim de: (Redação dada pela Lei n. 14.382, de 2022.)
>
> I – inclusão de sobrenomes familiares; (Incluído pela Lei n. 14.382, de 2022.)
>
> II – inclusão ou exclusão de sobrenome do cônjuge, na constância do casamento; (Incluído pela Lei n. 14.382, de 2022.)
>
> III – exclusão de sobrenome do ex-cônjuge, após a dissolução da sociedade conjugal, por qualquer de suas causas; (Incluído pela Lei n. 14.382, de 2022.)
>
> IV – inclusão e exclusão de sobrenomes em razão de alteração das relações de filiação, inclusive para os descendentes, cônjuge ou companheiro da pessoa que teve seu estado alterado. (Incluído pela Lei n. 14.382, de 2022).
>
> § 1.º Poderá, também, ser averbado, nos mesmos termos, o nome abreviado, usado como firma comercial registrada ou em qualquer atividade profissional. (Incluído pela Lei n.º 6.216, de 1975.)
>
> § 2.º Os conviventes em união estável devidamente registrada no registro civil de pessoas naturais poderão requerer a inclusão de sobrenome de seu companheiro, a qualquer tempo, bem como alterar seus sobrenomes nas mesmas hipóteses previstas para as pessoas casadas. (Redação dada pela Lei n. 14.382, de 2022.)
>
> ~~§ 3.º O juiz competente somente processará o pedido, se tiver expressa concordância do companheiro, e se da vida em comum houverem decorrido, no mínimo, 5 (cinco) anos ou existirem filhos da união.~~ (Revogado pela Lei n. 14.382, de 2022.)
>
> § 3.º-A O retorno ao nome de solteiro ou de solteira do companheiro ou da companheira será realizado por meio da averbação da extinção de união estável em seu registro. (Incluído pela Lei n. 14.382, de 2022.)
>
> ~~§ 4.º O pedido de averbação só terá curso, quando desquitado o companheiro, se a ex-esposa houver sido condenada ou tiver renunciado ao uso~~

~~dos apelidos do marido, ainda que dele receba pensão alimentícia~~ (Revogado pela Lei n. 14.382, de 2022.)

~~§ 5.º O aditamento regulado nesta Lei será cancelado a requerimento de uma das partes, ouvida a outra.~~ (Revogado pela Lei n. 14.382, de 2022.)

~~§ 6.º Tanto o aditamento quanto o cancelamento da averbação previstos neste artigo serão processados em segredo de justiça.~~ (Revogado pela Lei n. 14.382, de 2022.)

§ 7.º Quando a alteração de nome for concedida em razão de fundada coação ou ameaça decorrente de colaboração com a apuração de crime, o juiz competente determinará que haja a averbação no registro de origem de menção da existência de sentença concessiva da alteração, sem a averbação do nome alterado, que somente poderá ser procedida mediante determinação posterior, que levará em consideração a cessação da coação ou ameaça que deu causa à alteração. (Incluído pela Lei n.º 9.807, de 1999.)

§ 8.º O enteado ou a enteada, se houver motivo justificável, poderá requerer ao oficial de registro civil que, nos registros de nascimento e de casamento, seja averbado o nome de família de seu padrasto ou de sua madrasta, desde que haja expressa concordância destes, sem prejuízo de seus sobrenomes de família. (Redação dada pela Lei n. 14.382, de 2022.)

Lei n. 14.382/2022

Art. 20. Ficam revogados:

(...)

III – os seguintes dispositivos da Lei n. 6.015, de 31 de dezembro de 1973 (Lei de Registros Públicos):

a) §§ 3.º, 4.º, 5.º e 6.º do art. 57;

(...)

A Lei do SERP (Lei n. 14.382/2022) modificou o art. 57 da LRP no tocante à alteração extrajudicial do nome por justo motivo, elencando hipóteses – consolidadas pela doutrina e pela jurisprudência superior – em que esta é viável juridicamente. Mais uma vez, nota-se a concretização do caminho da extrajudicialização. Nesse contexto, a mudança posterior de sobrenomes poderá ser requerida pessoalmente perante o oficial de registro civil, com a apresentação de certidões e de documentos necessários, e será averbada nos assentos de nascimento e casamento, independentemente de autorização judicial.

As situações previstas nos incisos do *caput* do art. 57 da LRP são as seguintes: *a)* inclusão de sobrenomes familiares, como nomes remotos que não constam do registro; *b)* inclusão ou exclusão de sobrenome do cônjuge, na constância do casamento; *c)* exclusão de sobrenome do ex-cônjuge, após a dissolução da sociedade conjugal, por qualquer de suas causas, seja consensual ou litigiosa, o que confirma tratar-se de um direito da personalidade do cônjuge que o incorporou; *d)* inclusão e exclusão de sobrenomes em razão de alteração das relações de filiação, inclusive para os descendentes, cônjuge ou companheiro da pessoa que teve seu estado alterado.

Também se manteve a permissão de averbação no registro do nome abreviado da pessoa, usado como firma comercial registrada ou em qualquer atividade profissional (art. 57, § 1.º, da LRP). Essa hipótese constava do antigo parágrafo único do art. 57 da Lei de Registros Públicos, o qual foi renumerado para § 1.º pela Lei n. 14.382/2022. Exemplificando, poderia um dos coautores averbar a abreviação FT de "Flávio Tartuce", sigla utilizada por ele em sua atividade profissional de advocacia.

Igualmente a merecer elogios, passou a ser possível a inclusão extrajudicial de sobrenomes em virtude da união estável. Nos termos do novo § 2.º do art. 57 da Lei de Registros Públicos, "os conviventes em união estável devidamente registrada no registro civil de pessoas naturais poderão requerer a inclusão de sobrenome de seu companheiro, a qualquer tempo, bem como alterar seus sobrenomes nas mesmas hipóteses previstas para as pessoas casadas". Como se pode perceber, a inclusão do sobrenome diz respeito às uniões estáveis registradas e não se aplica às meras uniões de fato.

Foi totalmente revogada a regulamentação do tema que existia anteriormente e que não vinha sendo aplicada na prática. O antigo § 2.º do art. 57 da Lei de Registros Públicos previa que:

> "A mulher solteira, desquitada ou viúva, que viva com homem solteiro, desquitado ou viúvo, excepcionalmente e havendo motivo ponderável, poderá requerer ao juiz competente que, no registro de nascimento, seja averbado o patronímico de seu companheiro, sem prejuízo dos apelidos próprios, de família, desde que haja impedimento legal para o casamento, decorrente do estado civil de qualquer das partes ou de ambas".

Esse preceito era duramente criticado, por somente tratar da possibilidade de a companheira incluir o sobrenome do companheiro, e não o oposto, violando a isonomia constitucional, prevista no art. 5.º, § 1.º, do Texto Maior. Também havia problema na exigência de um motivo ponderável, pois a união estável é entidade familiar protegida pelo art. 226 da Constituição Federal de 1988, havendo nesse tratamento uma motivação.

Além disso, o § 3.º do mesmo preceito enunciava que "o juiz competente somente processará o pedido, se tiver expressa concordância do companheiro, e se da vida em comum houverem decorrido, no mínimo, 5 (cinco) anos ou existirem filhos da união". Houve revogação expressa dessa norma pela Lei n. 14.382/2022, sendo certo que aqui o dispositivo exigia requisitos hoje considerados superados para a caracterização da união estável, não constantes do art. 1.723 do Código Civil. Nesse contexto, a jurisprudência do Superior Tribunal de Justiça vinha entendendo que, diante da não incidência dos últimos dois preceitos, seria aplicada por analogia a mesma regra de uso de nome prevista para os cônjuges, nos termos do art. 1.565, § 1.º, do Código Civil: "Qualquer dos nubentes, querendo, poderá acrescer ao seu o sobrenome do outro". Vejamos trecho da ementa do precedente superior que parece ter inspirado a alteração da lei:

> "A redação do art. 57, § 2.º, da Lei 6.015/73 outorgava, nas situações de concubinato, tão somente à mulher, a possibilidade de averbação do patronímico do companheiro, sem prejuízo dos apelidos próprios, desde que houvesse impedimento legal para o casamento, situação explicada pela indissolubilidade do casamento, então vigente. A imprestabilidade desse dispositivo legal para balizar os pedidos de adoção de sobrenome dentro de uma união estável, situação completamente distinta daquela para qual foi destinada a referida norma, reclama a aplicação analógica das disposições específicas do Código Civil relativas à adoção de sobrenome dentro do casamento, porquanto se mostra claro o elemento de identidade entre os institutos e a parelha *ratio legis* relativa à união estável, com aquela que orientou o legislador na fixação, dentro do casamento, da possibilidade de acréscimo do sobrenome de um dos cônjuges, pelo outro. Assim, possível o pleito de adoção do sobrenome dentro de uma união estável, em aplicação analógica do art. 1.565, § 1.º, do CC-02, devendo-se, contudo, em atenção às peculiaridades dessa relação familiar, ser feita sua prova documental, por instrumento público, com anuência do companheiro cujo nome será adotado"

(STJ, REsp 1.206.656/GO, 3.ª Turma, Rel. Min. Nancy Andrighi, j. 16.10.2012, *DJe* 11.12.2012).

Foram revogados, diante desse novo tratamento inserido no art. 57 da Lei de Registros Públicos, os antigos §§ 4.º ("o pedido de averbação só terá curso, quando desquitado o companheiro, se a ex-esposa houver sido condenada ou tiver renunciado ao uso dos apelidos do marido, ainda que dele receba pensão alimentícia"; 5.º ("o aditamento regulado nesta Lei será cancelado a requerimento de uma das partes, ouvida a outra") e 6.º ("tanto o aditamento quanto o cancelamento da averbação previstos neste artigo serão processados em segredo de justiça").

Por outro lado, inseriu-se um novo § 3.º-A no comando, que segue a linha de ser o nome adotado pelo companheiro um direito da personalidade daquele que o incorporou, podendo ser mantido ou renunciado, assim como se tem reconhecido nos casos de casamento: "o retorno ao nome de solteiro ou de solteira do companheiro ou da companheira será realizado por meio da averbação da extinção de união estável em seu registro".

Foi mantida a possibilidade de alteração do nome em virtude de fundada coação ou ameaça decorrente de colaboração com a apuração de crime (art. 57, § 7.º, da Lei de Registros Públicos, incluído pela Lei n. 9.807/1999).

A última alteração quanto à norma pela Lei n. 14.382/2022 diz respeito à inclusão do sobrenome por enteado ou enteada, de padrasto ou madrasta, o que havia sido incluído pela *Lei Clodovil* (Lei n. 11.924/2009). No texto atual, não há mais menção aos parágrafos anteriores, possibilitando-se também a averbação na certidão de casamento e que a modificação seja feita pela via extrajudicial, perante o oficial de registro civil, na linha de todo o tratamento consagrado pela norma emergente. Nos termos atuais do § 8.º do art. 57 da Lei n. 6.015/1973:

> "O enteado ou a enteada, se houver motivo justificável, poderá requerer ao oficial de registro civil que, nos registros de nascimento e de casamento, seja averbado o nome de família de seu padrasto ou de sua madrasta, desde que haja expressa concordância destes, sem prejuízo de seus sobrenomes de família".

Como se percebe, o rol previsto em lei diz respeito à alteração do sobrenome pela via extrajudicial, sendo meramente exemplificativo ou *numerus apertus*, em nossa opinião. Não afasta, portanto, a possibilidade de alteração pela via judicial em outras situações, como no caso do abandono afetivo, admitido pela jurisprudência. Nesse sentido:

> "O nome civil, conforme as regras dos artigos 56 e 57 da Lei de Registros Públicos, pode ser alterado no primeiro ano após atingida a maioridade, desde que não prejudique os apelidos de família, ou, ultrapassado esse prazo, por justo motivo, mediante apreciação judicial e após ouvido o Ministério Público. Caso concreto no qual se identifica justo motivo no pleito do recorrente de supressão do patronímico paterno do seu nome, pois, abandonado pelo pai desde tenra idade, foi criado exclusivamente pela mãe e pela avó materna. Precedentes específicos do STJ, inclusive da Corte Especial" (STJ, REsp 1.304.718/SP, 3.ª Turma, Rel. Min. Paulo de Tarso Sanseverino, j. 18.12.2014, *DJe* 05.02.2015).

Acrescentamos que a jurisprudência superior admitiu até a mudança do prenome em virtude do citado abandono:

> "O caso dos autos, há justificado motivo para alteração do prenome, seja pelo fato de a recorrente ser conhecida em seu meio social e profissional por nome diverso do constante no registro de nascimento, seja em razão da escolha do prenome pelo genitor remetê-la a história de abandono paternal, causa de grande sofrimento" (STJ, REsp 1.514.382/DF, 4.ª Turma, Rel. Min. Antonio Carlos Ferreira, j. 1.º.09.2020, *DJe* 27.10.2020).

Pensamos que a fundamentação para outras situações de alteração do nome pela via judicial terá esteio, principalmente, na existência de um direito da personalidade, como antes se expôs, na linha do que têm reconhecido a doutrina e a própria jurisprudência aqui colacionada.

Acrescentamos, ainda, uma situação que poderá ocorrer. No caso de eventual conflito entre cônjuges, poderá acontecer de um dos cônjuges, por raiva, retirar do próprio nome o sobrenome do outro. Tal poderá ser feito pela via extrajudicial (art. 57, II, da LRP). No entanto, havendo futura reconciliação do casal, esse cônjuge poderá arrepender-se. Nesse caso, indaga-se: seria ou não viável esse cônjuge, pela via extrajudicial, restituir o seu estado anterior, retomando o sobrenome do outro consorte? Entendemos que tal é possível extrajudicialmente por força do inc. II do art. 57 da LRP. Não há motivos para negar a via extrajudicial nesse caso, sob pena de impor uma burocracia desnecessária a esse cônjuge.

4.7. Desburocratização da habilitação e da celebração do casamento (arts. 67 e 69 da Lei de Registros Públicos; e art. 20, III, *b* e *c*, da Lei n. 14.382/2022)

Lei n. 6.015/1973

Art. 67. Na habilitação para o casamento, os interessados, apresentando os documentos exigidos pela lei civil, requererão ao oficial do registro do distrito de residência de um dos nubentes, que lhes expeça certidão de que se acham habilitados para se casarem. (Renumerado do art. 68, pela Lei n.º 6.216, de 1975.)

§ 1.º Se estiver em ordem a documentação, o oficial de registro dará publicidade, em meio eletrônico, à habilitação e extrairá, no prazo de até 5 (cinco) dias, o certificado de habilitação, podendo os nubentes contrair matrimônio perante qualquer serventia de registro civil de pessoas naturais, de sua livre escolha, observado o prazo de eficácia do art. 1.532 da Lei n.º 10.406, de 10 de janeiro de 2002 (Código Civil). (Redação dada pela Lei n.º 14.382, de 2022.)

§ 2.º ~~Se o órgão do Ministério Público impugnar o pedido ou a documentação, os autos serão encaminhados ao Juiz, que decidirá sem recurso.~~ (Revogado pela Lei n. 14.382, de 2022.)

§ 3.º ~~Decorrido o prazo de quinze (15) dias a contar da afixação do edital em cartório, se não aparecer quem oponha impedimento nem constar algum dos que de ofício deva declarar, ou se tiver sido rejeitada a impugnação do órgão do Ministério Público, o oficial do registro certificará a circunstância nos autos e entregará aos nubentes certidão de que estão habilitados para se casar dentro do prazo previsto em lei.~~ (Revogado pela Lei n. 14.382, de 2022.)

§ 4.º ~~Se os nubentes residirem em diferentes distritos do Registro Civil, em um e em outro se publicará e se registrará o edital.~~ (Revogado pela Lei n. 14.382, de 2022.)

§ 4.º-A A identificação das partes e a apresentação dos documentos exigidos pela lei civil para fins de habilitação poderão ser realizadas eletronicamente mediante recepção e comprovação da autoria e da integridade dos documentos. (Incluído pela Lei n. 14.382, de 2022.)

§ 5.º Se houver impedimento ou arguição de causa suspensiva, o oficial de registro dará ciência do fato aos nubentes, para que indiquem, em 24 (vinte e quatro) horas, prova que pretendam produzir, e remeterá os autos a juízo, e, produzidas as provas pelo oponente e pelos nubentes, no prazo de 3 (três) dias, com ciência do Ministério Público, e ouvidos os interessados e o órgão do Ministério Público em 5 (cinco) dias, decidirá o juiz em igual prazo. (Redação dada pela Lei n. 14.382, de 2022.)

§ 6.º Quando a celebração do casamento ocorrer perante oficial de registro civil de pessoas naturais diverso daquele da habilitação, deverá ser comunicado o oficial de registro em que foi realizada a habilitação, por meio eletrônico, para a devida anotação no procedimento de habilitação. (Redação dada pela Lei n. 14.382, de 2022.)

§ 7.º Expedido o certificado de habilitação, celebrar-se-á o casamento, no dia, hora e lugar solicitados pelos nubentes e designados pelo oficial de registro. (Incluído ela Lei n. 14.382, de 2022.)

§ 8.º A celebração do casamento poderá ser realizada, a requerimento dos nubentes, em meio eletrônico, por sistema de videoconferência em que se possa verificar a livre manifestação da vontade dos contraentes. (Incluído ela Lei n. 14.382, de 2022.)

Art. 69. Para a dispensa da publicação eletrônica dos proclamas, nos casos previstos em lei, os contraentes, em petição dirigida ao oficial de registro, deduzirão os motivos de urgência do casamento, provando o alegado, no prazo de 24 (vinte e quatro) horas, com documentos. (Redação dada pela Lei n. 14.382, de 2022.)

§ 1.º ~~Quando o pedido se fundar em crime contra os costumes, a dispensa de proclamas será precedida da audiência dos contraentes, separadamente e em segredo de justiça.~~ (Revogado pela Lei n. 14.382, de 2022.)

§ 2.º O oficial de registro, no prazo de 24 (vinte quatro) horas, com base nas provas apresentadas, poderá dispensar ou não a publicação eletrônica, e caberá recurso da decisão ao juiz corregedor. (Redação dada pela Lei n. 14.382, de 2022.)

Lei n. 14.382/2022

Art. 20. Ficam revogados:

(...)

III – os seguintes dispositivos da Lei n. 6.015, de 31 de dezembro de 1973 (Lei de Registros Públicos):

(...)

b) §§ 2.º, 3.º e 4.º do art. 67;

c) § 1.º do art. 69;

(...)

O casamento é um ato jurídico formal, disciplinado nos arts. 1.525 ao 1.542 do CC e nos arts. 67 ao 76 da LRP. O procedimento a ser adotado para sua realização pode ser dividido em três fases: fase da habilitação, fase da celebração e fase do registro do casamento (art. 1.536 do CC; arts. 44, 70 e 71 ao 75, 76, § 1.º, da LRP).

A fase da habilitação é aquela pela qual é verificado se os nubentes estão juridicamente aptos a casar. Apura-se se há algum impedimento, causa matrimonial ou outro obstáculo jurídico ao casamento dos nubentes. Concretizada a habilitação, os nubentes recebem o certificado de habilitação com prazo de eficácia de 90 dias (art. 1.532 do CC) e, assim, podem promover a celebração do casamento dentro desse lapso temporal. Celebrado o casamento, procede-se ao seu registro no RCPN.

A Lei do SERP (Lei n. 14.382/2022) buscou desburocratizar a fase de habilitação e a fase de celebração do casamento, promovendo ajustes nos arts. 67 ao 69 da LRP.

Antecipamos que o ideal teria sido que a nova norma fosse além e extinguisse a publicação de proclamas, dada a sua inutilidade, pelo que se observa na prática. Parece-nos ser extremamente raro – senão inexistente – caso de impugnação apresentada por terceiros que tomaram ciência do edital de proclamas. Aliás, o próprio Código Civil já dispensa o proclama no caso de urgência (art. 1.527, parágrafo único[4]) ou de formas especiais de casamento (arts. 1.540 e 1.541 do CC). Entendemos que a fase de habilitação deveria ser resumida à qualificação do requerimento e dos documentos pelo próprio registrador, sem a necessidade de publicação de edital de proclamas. Cabe ao legislador avançar mais ainda no futuro, na eliminação de procedimentos de pouca utilidade.

Seja como for, passamos a destacar as principais mudanças feitas pela Lei do SERP no procedimento do casamento. Ao final, à guisa de resumo, exporemos como ficará o procedimento do casamento.

Em primeiro lugar, é prestigiada a prática de atos de modo eletrônico ao longo do procedimento do casamento. Por essa razão, é assegurado aos nubentes, eletronicamente, apresentar a documentação exigida no momento

---

[4] CC/2002. "Art. 1.527. Estando em ordem a documentação, o oficial extrairá o edital, que se afixará durante quinze dias nas circunscrições do Registro Civil de ambos os nubentes, e, obrigatoriamente, se publicará na imprensa local, se houver. Parágrafo único. A autoridade competente, havendo urgência, poderá dispensar a publicação."

do requerimento da habilitação do casamento (art. 67, § 4.º-A, da LRP), bem como celebrar o casamento por sistema de videoconferência que assegure a livre manifestação de vontade dos nubentes (art. 67, § 8.º, da LRP).

No tocante a essa última hipótese, é preciso interpretar o art. 67, § 8.º, da LRP sistematicamente com o art. 1.534 do CC, que exige que a celebração ocorra com "toda publicidade, a portas abertas, presentes, pelo menos, duas testemunhas" ou, no caso de qualquer dos nubentes não puder ou não souber escrever, "quatro testemunhas".[5] As portas devem permanecer abertas mesmo se o casamento ocorrer em edifício particular, tendo em vista a necessidade de publicidade do ato (art. 1.534 do CC).

Entendemos que, no caso de celebração eletrônica do casamento, é forçoso garantir similar publicidade. Assim, é preciso disponibilizar publicamente o acesso de qualquer pessoa à cerimônia eletrônica, o que poderá ser feito de diferentes formas, como pela transmissão ao vivo da cerimônia em plataformas abertas e gratuitas de transmissão de vídeos (como o *YouTube* ou uma *live* no *Instagram*) ou pela publicação, na internet (como no *site* do cartório pertinente), da data, do horário e do *link* de acesso à "sala virtual" de videoconferência em que a cerimônia ocorrerá. Caberá às normas de serviço locais regulamentar esse aspecto, com olhos na preservação da ampla publicidade da cerimônia nos termos exigidos pelo art. 1.534 do Código Civil.

Além disso, apesar do silêncio do art. 67, § 8.º, da LRP, a plataforma virtual de videoconferência da cerimônia do casamento deverá permitir a manifestação de vontade das testemunhas e da autoridade celebrante. Trata-se de decorrência lógica, pois eles são participantes diretos da cerimônia.

Não há necessidade de garantir o direito de voz aos demais presentes, como ao público. Isso, porque não há previsão legal de apresentação de impugnação ao casamento por terceiros no momento da cerimônia de casamento. A insurgência de terceiros deveria ter sido manifestada durante o procedimento de habilitação do casamento ou poderá vir a ser formulada posteriormente pela via cabível, se envolver algum vício de ordem pública.

---

[5] CC/2002. "Art. 1.534. A solenidade realizar-se-á na sede do cartório, com toda publicidade, a portas abertas, presentes pelo menos duas testemunhas, parentes ou não dos contraentes, ou, querendo as partes e consentindo a autoridade celebrante, noutro edifício público ou particular. § 1.º Quando o casamento for em edifício particular, ficará este de portas abertas durante o ato. § 2.º Serão quatro as testemunhas na hipótese do parágrafo anterior e se algum dos contraentes não souber ou não puder escrever."

Cite-se, a título de exemplo, uma ação judicial ou uma denúncia às instâncias públicas competentes.

Em segundo lugar, a celebração do casamento deverá ser anotada nos autos do procedimento de habilitação. Se os atos ocorrerem perante serventias diferentes, caberá ao oficial da celebração do casamento comunicar eletronicamente o fato ao oficial da habilitação para que este promova a devida anotação nos autos do procedimento de habilitação (art. 67, § 6.º, da LRP). Se os atos sucederem na mesma serventia, entendemos que a anotação da celebração do casamento no procedimento de habilitação é obrigatória, apesar do silêncio do § 6.º do art. 67 da LRP, uma vez que esse dispositivo apenas trata da anotação quando a celebração ocorrer em serventia diferente da do procedimento de habilitação. No entanto, a finalidade da anotação é permitir, por meio da consulta ao procedimento de habilitação, a fácil identificação de que o casamento foi celebrado. Por isso, a anotação deve dar-se mesmo se a celebração realizar-se no mesmo RCPN da habilitação, o que constitui uma interpretação teleológica do referido dispositivo.

A propósito, o dever de comunicação da serventia anterior para a anotação da celebração nos autos do procedimento de habilitação do casamento já era previsto em normas locais, a exemplo do item 68 do Capítulo XVII das NSCGJ-SP.[6] O § 6.º do art. 67 da LRP apenas positivou em lei federal o que já estava em atos infralegais, tática comum adotada pelo legislador na norma emergente.

Em terceiro lugar, não há mais obrigação de duplo registro e de dupla publicação do edital de proclamas na hipótese de os nubentes residirem em diferentes distritos do RCPN. Foi revogado o § 4.º do art. 67 da LRP. Basta o registro dos proclamas no RCPN escolhido pelos nubentes para o procedimento de habilitação. O RCPN necessariamente terá de ser o da residência de qualquer um dos nubentes, conforme estabelece o *caput* do art. 67 da LRP.

Realmente, a duplicidade de registro e de publicação dos proclamas era desnecessária, especialmente pelo fato de eles, na maior parte dos Estados brasileiros, serem publicados na internet com base em normas locais.[7] Essa

---

[6] NSCGJ/SP. "68. Quando o casamento se der em circunscrição diferente daquela da habilitação, o Oficial do registro comunicará o fato ao Oficial processante da habilitação, com os elementos necessários às anotações nos respectivos autos."

[7] Em São Paulo, veja, por exemplo, os itens 59.1 e 59.2 do Capítulo XVII das NSCGJ/SP (dispositivos que precisam ser atualizados para o novo cenário normativo desenhado pela Lei do SERP): "59.1. O Oficial mandará, a seguir, afixar os proclamas de casamento em

publicação na internet confere um alcance que vai além dos limites territoriais de uma serventia registral. Não há a menor dúvida de que é muito mais eficiente e muito menos onerosa do que a publicação em jornais físicos.

Em quarto lugar, também é abolida a obrigação de afixação do edital de proclamas na serventia. A Lei do SERP (Lei n.º 14.382/2022) revogou expressamente o § 3.º do art. 67 da LRP. E, de modo tácito, parece ter revogado o *caput* do art. 1.527 do CC por incompatibilidade, nos termos do art. 2.º da Lei de Introdução à Normas do Direito Brasileiro. Nesse sentido, o legislador, do ponto de vista da técnica de redação legislativa, pecou em não ter promovido a revogação expressa.

De todo modo, entendemos que a eliminação desse ato é bem-vinda, dada a sua inutilidade no mundo real. Ninguém, na prática, frequenta serventias de RCPN para ler editais de proclamas, salvo – conforme se têm notícias – empresários do ramo de festas de casamento interessados em buscar clientes. Além disso, com o inegável alcance da publicação eletrônica dos proclamas na internet, nenhuma outra medida de publicidade seria necessária.

Em quinto lugar, fica extinta a ultrapassada exigência de publicação de proclamas na imprensa local. O § 1.º do art. 67 da LRP foi substancialmente alterado. E, de modo tácito, revogou-se o *caput* do art. 1.527 do CC por incompatibilidade com a Lei do SERP. Vale a mesma crítica feita há pouco, no sentido de não ter o legislador revogado expressamente a norma do Código Civil. Assim, basta a publicação eletrônica dos proclamas, na internet.

Na prática, os Estados já seguiam essa postura com base nas normas de serviço local. A Lei do SERP, ao alterar o § 1º do art. 67 da LRP, mais uma vez apenas positivou em lei federal o que já era realidade nas normas de serviço locais.

Em sexto lugar, talvez por um lapso legislativo, o art. 67 da LRP é omisso com relação ao prazo disponibilizado aos terceiros para apresentarem impugnação após a publicação dos editais de proclamas.

De um lado, no revogado § 3.º do art. 67 da LRP, havia previsão de um prazo de 15 dias da afixação do edital de proclamas na serventia. De outro,

---

lugar ostensivo de sua Unidade de Serviço e fará publicá-los na imprensa local, se houver, certificando o ato nos respectivos autos do processo de habilitação. (Acrescentado pelo Provimento CG n.º 41/2012). 59.2. A publicação mencionada no subitem 59.1 poderá, a critério dos nubentes, ser realizada em jornal eletrônico, de livre e amplo acesso ao público. (Alterado pelo Provimento CG n.º 02/2018.)"

o *caput* do art. 1.527 do CC, apesar de veicular o mesmo prazo, tem de ser considerado revogado implicitamente por incompatibilidade com a Lei do SERP. Isso, porque o referido dispositivo prevê a afixação do edital de proclamas na serventia, o que foi abolido pela nova norma.

De toda sorte, é preciso suprir essa lacuna legal. Consideramos, assim, que deve ser aplicado, por analogia, o § 4.º do art. 216-A da LRP, que prevê um prazo de 15 dias da publicação do edital para terceiros interessados manifestarem-se no procedimento de usucapião extrajudicial. As hipóteses são semelhantes, pois tratam de prazo para terceiros convocados por editais a se manifestarem, o que justifica o uso da analogia, nos termos do art. 4.º da Lei de Introdução às Normas do Direito Brasileiro (LINDB).

Por essa razão, o prazo para terceiros apresentarem impugnação no procedimento de habilitação do casamento é de 15 dias, contados da publicação do edital. Esse prazo deve ser contado em dias úteis, conforme expusemos no item 3.3. Há, porém, entendimentos contrários.

De um lado, há quem sustente simplesmente inexistir prazo para terceiros apresentarem impugnação. Embora esta tenha sido a intenção que circulou pelos corredores do Parlamento, o fato é que não foram revogados dispositivos que tratam do direito de terceiros de oferecerem impugnação (como os arts. 1.527 ao 1.531 do CC[8]), além de a parte inicial do § 5.º do art. 67 da LRP sinalizar a favor do cabimento dessa hipótese.

Assim, não haveria mais prazo para terceiros se manifestarem após a publicação do edital de proclamas, a qual seria apenas para conferir uma publicidade geral do casamento. Eventuais denúncias de terceiros quanto

---

[8] Veja os dispositivos do Código Civil destacados: "Art. 1.527. Estando em ordem a documentação, o oficial extrairá o edital, que se afixará durante quinze dias nas circunscrições do Registro Civil de ambos os nubentes, e, obrigatoriamente, se publicará na imprensa local, se houver. Parágrafo único. A autoridade competente, havendo urgência, poderá dispensar a publicação. Art. 1.528. É dever do oficial do registro esclarecer os nubentes a respeito dos fatos que podem ocasionar a invalidade do casamento, bem como sobre os diversos regimes de bens. Art. 1.529. Tanto os impedimentos quanto as causas suspensivas serão opostos em declaração escrita e assinada, instruída com as provas do fato alegado, ou com a indicação do lugar onde possam ser obtidas. Art. 1.530. O oficial do registro dará aos nubentes ou a seus representantes nota da oposição, indicando os fundamentos, as provas e o nome de quem a ofereceu. Parágrafo único. Podem os nubentes requerer prazo razoável para fazer prova contrária aos fatos alegados, e promover as ações civis e criminais contra o oponente de má-fé. Art. 1.531. Cumpridas as formalidades dos arts. 1.526 e 1.527 e verificada a inexistência de fato obstativo, o oficial do registro extrairá o certificado de habilitação".

à existência de impedimento ou causa suspensiva seriam tratadas como fruto de mero direito de petição, de modo que caberá ao registrador avaliar a denúncia antes da expedição do certificado de habilitação ou, até mesmo, cancelar esse certificado no caso de o casamento não ter sido realizado. Essa é a posição para a qual a Arpen/BR acena, conforme este excerto extraído de sua cartilha:

> "A principal alteração diz respeito ao prazo do edital que deixa de existir, devendo o Oficial certificar a regularidade da documentação de habilitação para o casamento em até 5 dias, recomendando-se prazo não inferior a 24 (vinte e quatro) horas em razão da possibilidade de oposição de impedimento".

De outro lado, há quem sustente que o prazo para a apresentação de impugnação é de cinco dias, como fruto de interpretação do § 1.º do art. 67 da LRP. Esse dispositivo, ao estabelecer o prazo de cinco dias para a emissão do certificado de habilitação, também teria, implicitamente, deixado esse lapso temporal para a apresentação de impugnações por terceiros.

Em sétimo lugar, o § 5.º do art. 67 da LRP – que deve ser lido com os arts. 1.527 ao 1.531 do Código Civil – detalha o que se denomina como incidente de impugnação da habilitação do casamento. Esse incidente consiste em submeter ao juiz o julgamento da pertinência ou não de suspeita de existência de obstáculos jurídicos ao casamento, caso dos impedimentos matrimoniais, previstos no art. 1.521 do Código Civil.[9]

Em suma, essa suspeita é levantada por meio de nota de oposição do oficial – a qual, em nosso entendimento, pode ser oferecida antes mesmo da publicação do edital de proclamas – ou mediante impugnação de terceiro convocado pelo edital de proclamas. Confere-se o curto prazo de 24 horas da intimação para os nubentes indicarem as provas que pretendem produzir. Em seguida, eles terão apenas três dias para produzirem essas provas. Compreendemos que esse prazo pode ser prorrogado mediante pedido fundamentado dos nubentes, por força do parágrafo único do art. 1.530 do CC.

---

[9] CC/2002. "Art. 1.521. Não podem casar: I – os ascendentes com os descendentes, seja o parentesco natural ou civil; II – os afins em linha reta; III – o adotante com quem foi cônjuge do adotado e o adotado com quem o foi do adotante; IV – os irmãos, unilaterais ou bilaterais, e demais colaterais, até o terceiro grau inclusive; V – o adotado com o filho do adotante; VI – as pessoas casadas; VII – o cônjuge sobrevivente com o condenado por homicídio ou tentativa de homicídio contra o seu consorte".

O juiz, então, decidirá, após ouvir, no prazo de cinco dias, o Ministério Público e os interessados.

Em oitavo lugar, não há mais a necessidade de manifestação do Ministério Público nos procedimentos de habilitação de casamento, salvo quando tiver sido instaurado o incidente de impugnação. A oitiva do *Parquet* em qualquer procedimento de habilitação era prevista no § 1.º do art. 67 da LRP e no art. 1.526 do CC.[10]

Ambos os dispositivos foram alcançados pela Lei do SERP: o primeiro de modo expresso e o segundo de modo tácito. Mais uma vez, é de merecer crítica a não revogação expressa do preceito do Código Civil, distante da boa técnica de redação legislativa. A revogação tácita do art. 1.526 do CC ocorre, mais uma vez, por conta de sua incompatibilidade com a Lei do SERP, que, além de alterar substancialmente o § 1º do art. 67 da LRP, restringiu a invocar a oitiva do Ministério Público se houver o incidente de impugnação. A incompatibilidade de uma norma com uma lei superveniente acarreta revogação tácita (art. 2.º, § 1º, LINDB).

Em nono lugar, o art. 69 da LRP – que deve ser lido com o parágrafo único do art. 1.527 do CC – detalha o procedimento para o pedido de dispensa de publicação de edital de proclamas perante o RCPN. Essa dispensa só pode acontecer nas hipóteses previstas em lei. Não é qualquer caso de urgência que autoriza a dispensa de proclamas, mas só aqueles *"previstos em lei"* (art. 69, *caput*, da LRP).

Atualmente, a única principal hipótese de incidência desse procedimento é a de casamento no caso de moléstia grave (art. 1.539 do CC). Os nubentes deverão comprovar, perante o RCPN, a moléstia grave de, ao menos, um deles, a recomendar a adoção do rito especial. Deferido o pedido pelo RCPN na forma do art. 69 da LRP, a autoridade competente celebrará o casamento no local onde o nubente enfermo estiver perante duas testemunhas, com registro do respectivo termo de celebração nos cinco dias seguintes (arts. 69 da LRP e 1.539, *caput* e § 1.º, do CC).

Alerte-se que, no caso de casamento nuncupativo, não há publicação de proclamas, mas o procedimento dá-se na via judicial, o que afasta a incidência do procedimento extrajudicial do art. 69 da LRP.

---

[10] CC/2002. "Art. 1.526. A habilitação será feita pessoalmente perante o oficial do Registro Civil, com a audiência do Ministério Público. Parágrafo único. Caso haja impugnação do oficial, do Ministério Público ou de terceiro, a habilitação será submetida ao juiz".

O procedimento é simples. Em suma, cabe aos nubentes apresentar ao oficial petição de dispensa de publicação dos proclamas. Por conta do silêncio do art. 69 da LRP, entendemos que o momento de apresentação da petição pode ser qualquer um anterior à publicação do edital de proclamas. Assim, não há a necessidade de que seja obrigatoriamente no momento do requerimento inicial de habilitação. O silêncio do legislador foi intencional, com o objetivo de acudir, entre outras situações, a de a urgência sobrevir após o início do procedimento de habilitação.

Após a apresentação da petição de dispensa, os nubentes terão o prazo curto de 24 horas para oferecer documentos comprobatórios, complementando a petição anterior. O registrador, então, decidirá no prazo de 24 horas, sendo ele a autoridade competente para decidir esse pedido. Não há necessidade de prévia consulta ao Ministério Público nem ao juiz nessa hipótese, em nosso entender.

Da decisão do registrador caberá recurso ao juiz corregedor. Aqui, não há a necessidade de oitiva prévia do Ministério Público, seja por falta de previsão legal no art. 69 da LRP, seja porque a situação de urgência que ronda o caso não acomoda a espera por um parecer do Ministério Público. Compete ao juiz corregedor decidir o recurso no prazo mais breve possível.

A legitimidade para interpor o recurso da decisão do registrador é dos nubentes. Caso, porém, por qualquer motivo, o Ministério Público tenha tomado ciência da decisão – o que, na prática, será raro –, entendemos que ele também terá legitimidade recursal.

O art. 69 da LRP é omisso acerca do prazo recursal. À vista dessa lacuna legal, a nossa posição é pela aplicação, por analogia, do prazo recursal no procedimento de dúvida, na forma do art. 202 da LRP. Esse prazo é o mesmo do recurso de apelação previsto no Código de Processo Civil, ou seja, é de 15 dias da intimação, contados em dias úteis.

Por fim, entendemos que o procedimento do art. 69 da LRP tende ao completo desuso, por sua pouca utilidade prática. É que a publicação de proclamas não é uma etapa que alongue muito o procedimento de casamento. Para alguns doutrinadores, inexiste sequer a necessidade de aguardar qualquer prazo após a publicação dos proclamas: o RCPN deveria, em cinco dias, emitir o certificado de habilitação. Mesmo para os que – como os presentes autores – entendem pela necessidade de aguardar o prazo de 15 dias depois da publicação dos proclamas, o tempo consumido para o procedimento de dispensa de proclamas do art. 69 da LRP não representa um ganho significativo, ainda mais levando em conta o risco de demora do oficial na análise do requerimento e de eventual morosidade do juiz em decidir eventual recurso.

À guisa de resumo, o procedimento de casamento seguirá necessitando observar três fases: *a)* fase de habilitação; *b)* fase da celebração; e *c)* fase do registro.

Com relação à fase de habilitação, a primeira delas, ela é dividida nas seguintes subfases: *subfase da documentação, subfase de proclamas e impugnações e subfase do certificado de habilitação.*

Na *subfase da documentação,* os nubentes requererão ao RCPN a habilitação para o casamento e poderão apresentar a documentação cabível por meio eletrônico (art. 67, § 4.º-A, da LRP; art. 1.525 do CC).

Na *subfase de proclamas e impugnações*, o oficial publicará proclamas, salvo se houver urgência, e receberá, se existirem, impugnações. Os proclamas serão registrados no Livro "D" (Livro de Proclamas) do RCPN e custeados pelos nubentes (art. 1.530 do CC; arts. 33, VI, e 43 da LRP). Os proclamas são editais que serão publicados para convocar terceiros legitimados a apresentarem impugnação ao casamento, o que deve ser feito mediante a indicação de algum obstáculo jurídico ao casamento, caso dos impedimentos matrimoniais. A informação acerca da data de publicação dos proclamas e dos seus dados de registro no Livro "D" constarão futuramente do registro de casamento (art. 1.536, IV, do CC; e arts. 44 e 70, item 4.º, da LRP).

Conforme entendimento ora defendido, os terceiros interessados terão 15 dias da publicação dos proclamas para apresentarem impugnação (aplicação analógica do art. 216-A, § 4.º, da LRP, diante da lacuna legal no art. 67 da LRP e da revogação tácita do *caput* do art. 1.527 do CC). Há, porém, duas posições divergentes: uma de que inexiste prazo para terceiros oferecerem impugnação e outra de que seriam aplicados a eles o prazo de cinco dias para a expedição do certificado de habilitação nos termos do § 1.º do art. 67 da LRP.

Publicado o edital de proclamas e transcorrido o prazo de 15 dias para terceiros apresentarem impugnação (considerando-se que a posição ora defendida prevaleça), o oficial terá o prazo de cinco dias para expedir o certificado de habilitação (art. 67, § 1.º, da LRP), desde que não tenha havido impugnação de terceiros.

Se, porém, houver impugnações de terceiros ou se o próprio oficial oferecer nota de oposição indicando a existência de óbices ao casamento, cabe-lhe deflagrar o incidente a ser julgado pelo juiz, tudo nos termos do art. 67, § 5.º, da LRP e dos arts. 1.526 e 1.530 do CC. Os nubentes serão cientificados pelo oficial para que, em 24 horas, indiquem a prova que pretendem produzir. Terão, então, mais três dias para apresentarem essas provas, assegurado o direito a prazo maior mediante pedido fundamentado na forma do art. 1.530 do CC. O Ministério Público e os interessados serão ouvidos no prazo de cinco dias. E, por fim, o juiz decidirá pela procedência ou não da impugnação do terceiro ou da nota de oposição do registrador. O juiz decidindo-se pela inexistência de obstáculos ao casamento, caberá ao oficial, no prazo de cinco dias da sua cientificação acerca do trânsito em julgado do incidente, expedir o certificado de habilitação (art. 67, § 1.º, da LRP).

A LRP não é clara acerca de quem promoverá o processamento desse incidente, realizando as intimações, recebendo as petições e tramitando os autos. Assim, será preciso conferir as normas de cada Estado. Entendemos que, embora o § 5.º do art. 67 da LRP implicitamente atribua esse processamento ao próprio órgão judicial, por questões operacionais e de respeito aos nubentes, cabe ao registrador cuidar do processamento até o recebimento da petição de indicação de provas pelos nubentes.

Isso porque o prazo para a apresentação dessa petição é muito curto, sendo de apenas 24 horas. As partes teriam dificuldades operacionais de protocolar essa petição perante o órgão judiciário dentro desse exíguo lapso temporal, pois não terão, com facilidade, acesso à identificação do juízo competente e do número de autuação do procedimento perante o Poder Judiciário.

Entendemos, pois, que a tarefa do registrador é de cuidar dos atos iniciais do processamento do incidente: deflagrar o incidente, intimar os nubentes para apresentar petição de indicação de provas e receber essa petição. Em seguida, cabe ao registrador remeter os autos ao órgão judicial, perante o qual prosseguirá o processamento do incidente, com o recebimento da petição de produção de provas pelos nubentes, com a intimação do Ministério Público e dos interessados e com a decisão judicial.

Caso o juiz rejeite a impugnação do terceiro ou a nota de oposição do registrador ou caso o juiz reconheça a existência de causa suspensiva, os autos retornarão ao registrador para a última fase do procedimento: a fase do certificado de habilitação.

Na *subfase do certificado de habilitação*, o registrador expedirá o certificado de habilitação, cuja eficácia será de 90 dias (art. 1.532 do CC). Dentro desse prazo, caberá aos nubentes agendar e realizar a celebração do casamento.

Esse agendamento e celebração serão feitos perante a autoridade celebrante, a qual, no caso de casamento civil, costuma ser representada e designada pelo próprio registrador (art. 1.533 do CC; art. 67, § 7.º, da LRP). Nesse ponto, o § 7.º do art. 67 da LRP precisa ser interpretado sistematicamente com o art. 1.516 do CC,[11] uma vez que aquele dispositivo se limita a tratar da hipótese de casamento civil, afirmando que o agendamento do casamento será realizado perante o registrador.

No entanto, no caso de casamento religioso com efeitos civis, o agendamento dar-se-á diretamente com a autoridade religiosa celebrante, e não com o registrador. Após a celebração do casamento religioso, deverá ser promovido o registro do casamento perante o RCPN competente no prazo de 90 dias. Ultrapassado esse lapso temporal, o registro dependerá de nova habilitação (art. 1.516 do CC).

No tocante à *fase da celebração*, a segunda delas, é admitido que ela ocorra em meio eletrônico, por sistema de videoconferência que assegure, de modo síncrono (ao vivo), a manifestação de vontade dos nubentes e da autoridade celebrante, bem como a possibilidade de qualquer pessoa acompanhar a cerimônia (art. 67, § 8º, da LRP; art. 1.534 do CC). A autoridade celebrante procederá na forma do art. 1.534 do CC e lavrará a ata da celebração com a assinatura dos nubentes e das testemunhas.[12]

---

[11] CC/2002. "Art. 1.516. O registro do casamento religioso submete-se aos mesmos requisitos exigidos para o casamento civil. § 1.º O registro civil do casamento religioso deverá ser promovido dentro de noventa dias de sua realização, mediante comunicação do celebrante ao ofício competente, ou por iniciativa de qualquer interessado, desde que haja sido homologada previamente a habilitação regulada neste Código. Após o referido prazo, o registro dependerá de nova habilitação. § 2.º O casamento religioso, celebrado sem as formalidades exigidas neste Código, terá efeitos civis se, a requerimento do casal, for registrado, a qualquer tempo, no registro civil, mediante prévia habilitação perante a autoridade competente e observado o prazo do art. 1.532. § 3.º Será nulo o registro civil do casamento religioso se, antes dele, qualquer dos consorciados houver contraído com outrem casamento civil".

[12] CC/2002. "Art. 1.535. Presentes os contraentes, em pessoa ou por procurador especial, juntamente com as testemunhas e o oficial do registro, o presidente do ato, ouvida aos nubentes a afirmação de que pretendem casar por livre e espontânea vontade, declarará efetuado o casamento, nestes termos: 'De acordo com a vontade que ambos acabais de afirmar perante mim, de vos receberdes por marido e mulher, eu, em nome da lei, vos declaro casados'."

Por fim, celebrado o casamento, passa-se à *fase do registro do casamento* ou de lavratura do assento de casamento. Esse registro deverá ser feito logo depois de celebrado o casamento (art. 1.536 do CC) ou, no caso de casamento religioso com efeitos civis, assim que apresentada a ata de celebração pertinente à serventia nos termos e nos prazos do art. 1.516 do CC.

4.8. Desjudicialização da conversão da união estável em casamento (art. 70-A da Lei de Registros Públicos)

> Art. 70-A. A conversão da união estável em casamento deverá ser requerida pelos companheiros perante o oficial de registro civil de pessoas naturais de sua residência. (Incluído pela Lei n. 14.382, de 2022.)
>
> § 1.º Recebido o requerimento, será iniciado o processo de habilitação sob o mesmo rito previsto para o casamento, e deverá constar dos proclamas que se trata de conversão de união estável em casamento. (Incluído pela Lei n. 14.382, de 2022.)
>
> § 2.º Em caso de requerimento de conversão de união estável por mandato, a procuração deverá ser pública e com prazo máximo de 30 (trinta) dias. (Incluído pela Lei n. 14.382, de 2022.)
>
> § 3.º Se estiver em termos o pedido, será lavrado o assento da conversão da união estável em casamento, independentemente de autorização judicial, prescindindo o ato da celebração do matrimônio. (Incluído pela Lei n. 14.382, de 2022.)
>
> § 4.º O assento da conversão da união estável em casamento será lavrado no Livro B, sem a indicação da data e das testemunhas da celebração, do nome do presidente do ato e das assinaturas dos companheiros e das testemunhas, anotando-se no respectivo termo que se trata de conversão de união estável em casamento. (Incluído pela Lei n. 14.382, de 2022.)
>
> § 5.º A conversão da união estável dependerá da superação dos impedimentos legais para o casamento, sujeitando-se à adoção do regime patrimonial de bens, na forma dos preceitos da lei civil. (Incluído pela Lei n. 14.382, de 2022.)
>
> § 6.º Não constará do assento de casamento convertido a partir da união estável a data do início ou o período de duração desta, salvo no caso de prévio procedimento de certificação eletrônica de união estável realizado perante oficial de registro civil. (Incluído pela Lei n. 14.382, de 2022.)

> § 7.º Se estiver em termos o pedido, o falecimento da parte no curso do processo de habilitação não impedirá a lavratura do assento de conversão de união estável em casamento. (Incluído pela Lei n. 14.382, de 2022.)

A Lei do SERP (Lei n. 14.382/2022) promoveu a facilitação de procedimentos, sobretudo no âmbito extrajudicial, como no caso da conversão da união estável em casamento, tendo sido incluído um novo art. 70-A na Lei n. 6.015/1973 a respeito do tema.

No que concerne à conversão da união estável em casamento, o art. 226, § 3.º, da Constituição Federal de 1988, além de proteger a união estável como entidade familiar, estabelece que deverá "a lei facilitar sua conversão em casamento". O Código Civil de 2002, em seu art. 1.726, tratou dessa conversão, prevendo que "a união estável poderá converter-se em casamento, mediante pedido dos companheiros ao juiz e assento no Registro Civil". Como sempre destacamos, o dispositivo apresentava graves inconvenientes.

Isso, porque a lei não possibilitava expressamente a conversão administrativa ou extrajudicial, pois haveria a necessidade de autorização judicial, o que a tornava dificultosa, contrariando a *ordem constitucional*, que, como visto, fala em sua *facilitação*. Justamente por isso, o antigo Projeto Ricardo Fiuza (PL n. 699/2011) há tempos pretendia alterar o dispositivo, no sentido de prever que a conversão deveria ocorrer "perante o oficial do Registro Civil do domicílio dos cônjuges, mediante processo de habilitação com manifestação favorável do Ministério Público e respectivo assento". No mesmo sentido, em complemento, era o projeto de *Estatuto das Famílias* do IBDFAM, pela previsão do art. 65.

Nessa realidade, os Estados da Federação regulamentaram a conversão extrajudicial, mediante provimentos das corregedorias dos Tribunais de Justiça. Era o caso do Rio Grande do Sul, pelo antigo Provimento n. 27/2003; do Mato Grosso do Sul, via o antigo Provimento n. 7/2003; e de São Paulo, por meio do antigo Provimento n. 25/2005. Quanto ao último, é a sua redação, constante das Normas de Serviço da Corregedoria-Geral de Justiça do Estado de São Paulo:

> "Da Conversão da União Estável em Casamento
>
> 87. A conversão da união estável em casamento deverá ser requerida pelos companheiros perante o Oficial de Registro Civil das Pessoas Naturais de seu domicílio.

87.1 Recebido o requerimento, será iniciado o processo de habilitação sob o mesmo rito previsto para o casamento, devendo constar dos editais que se trata de conversão de união estável em casamento.

87.1.1 Em caso de requerimento de conversão de união estável por mandato, a procuração deverá ser pública e obedecer aos requisitos do item 83, do Capítulo XVII destas Normas.

87.2 Estando em termos o pedido, será lavrado o assento da conversão da união estável em casamento, independentemente de autorização do Juiz Corregedor Permanente, prescindindo o ato da celebração do matrimônio.

87.3. O assento da conversão da união estável em casamento será lavrado no Livro 'B', exarando-se o determinado no item 80 deste Capítulo, sem a indicação da data da celebração, do nome do presidente do ato e das assinaturas dos companheiros e das testemunhas, cujos espaços próprios deverão ser inutilizados, anotando-se no respectivo termo que se trata de conversão de união estável em casamento.

87.4 A conversão da união estável dependerá da superação dos impedimentos legais para o casamento, sujeitando-se à adoção do regime matrimonial de bens, na forma e segundo os preceitos da lei civil.

87.5 Não constará do assento de casamento convertido a partir da união estável a data do início ou período de duração desta, salvo nas hipóteses em que houver reconhecimento judicial dessa data ou período.

87.6 Estando em termos o pedido, o falecimento da parte no curso do processo de habilitação não impede a lavratura do assento de conversão de união estável em casamento.

87.7 Antes da lavratura do assento, qualquer um dos companheiros poderá desistir da conversão de união estável em casamento, manifestando o arrependimento por escrito ao Oficial responsável".

Nota-se que o provimento paulista já dispensava a ação judicial, *desobedecendo* ao que consta do Código Civil de 2002. Entretanto, o citado provimento sempre esteve de acordo com o Texto Maior, pois facilitava a conversão ao mencionar a via administrativa ou extrajudicial. Em suma, chegava-se a afirmar que o provimento seria *ilegal* com relação à codificação privada, mas *legal* e *constitucional* se fosse levada em conta a Constituição Federal. Essas conclusões revelavam certo *caos legislativo* a respeito da temática da conversão da união estável em casamento, que agora foi resolvido.

No âmbito da doutrina, igualmente existiam manifestações no sentido de dispensar a ação judicial. Quando do *XII Congresso Brasileiro de Direito das Famílias e das Sucessões do Instituto de Direito de Família e das Sucessões*, realizado em Belo Horizonte em outubro de 2019, aprovou-se o Enunciado n. 31 do IBDFAM, estabelecendo que:

> "A conversão da união estável em casamento é um procedimento consensual, administrativo ou judicial, cujos efeitos serão *ex tunc*, salvo nas hipóteses em que o casal optar pela alteração do regime de bens, o que será feito por meio de pacto antenupcial, ressalvados os direitos de terceiros".

Seguindo o que estava nas normas administrativas dos Estados e o *clamor doutrinário*, a Lei n. 14.382/2022 tratou de forma correta e precisa da questão, sofrendo grande influência da norma paulista e praticamente reproduzindo os procedimentos aqui antes transcritos em destaque. Conforme o novo art. 70-A da LRP, a conversão da união estável em casamento deverá ser requerida pelos companheiros perante o oficial de registro civil de pessoas naturais de sua residência. Dispensa-se, portanto, a ação judicial, para tanto seguindo-se, finalmente e por meio de norma jurídica, a *ordem constitucional* de sua *facilitação*.

Consoante o seu § 1.º, recebido o requerimento de conversão, será iniciado o processo de habilitação sob o mesmo rito previsto para o casamento e deverá constar dos proclamas que se trata de conversão de união estável em casamento. Além disso, em caso de requerimento de conversão de união estável por mandato, a procuração deverá ser por escritura pública e com prazo máximo de trinta dias (art. 70-A, § 2.º, da Lei de Registros Públicos).

Se estiver em termos o pedido, ou seja, sem qualquer problema de forma ou de essência, será lavrado o assento da conversão da união estável em casamento, independentemente de autorização judicial, prescindindo-se ou dispensando-se o ato da celebração do matrimônio (art. 70-A, § 3.º, da Lei de Registros Públicos). O assento da conversão da união estável em casamento será lavrado no Livro B, sem a indicação da data e das testemunhas da celebração, do nome do presidente do ato e das assinaturas dos companheiros e das testemunhas, anotando-se no respectivo termo que se trata de conversão de união estável em casamento (art. 70-A, § 4.º, da Lei de Registros Públicos).

Além disso, a conversão da união estável dependerá da superação dos impedimentos legais para o casamento, previstos no art. 1.521 do Código Civil, sujeitando-se à adoção do regime patrimonial de bens, na forma dos preceitos da lei civil (art. 70-A, § 4.º, da Lei de Registros Públicos). Assim, em regra, na citada conversão será adotado o regime da comunhão parcial de bens, que é o *regime legal* ou *supletório* do casamento (art. 1.640 do Código Civil).

Questão interessante diz respeito à imposição do regime da separação legal ou obrigatória de bens, tratado no art. 1.641 do Código Civil, havendo a citada conversão, como na hipótese de ser um dos cônjuges ou ambos maiores de 70 anos. Sobre a dúvida, o Enunciado n. 261, da *III Jornada de Direito Civil*, prevê que "a obrigatoriedade do regime da separação de bens não se aplica a pessoa maior de sessenta anos, quando o casamento for precedido de união estável iniciada antes dessa idade". Da jurisprudência superior, aplicando a premissa constante da ementa doutrinária, do Superior Tribunal de Justiça, posição que deve ser mantida com o surgimento da Lei n. 14.382/2022:

> "O reconhecimento da existência de união estável anterior ao casamento é suficiente para afastar a norma, contida no CC/16, que ordenava a adoção do regime da separação obrigatória de bens nos casamentos em que o noivo contasse com mais de sessenta, ou a noiva com mais de cinquenta anos de idade, à época da celebração. As idades, nessa situação, são consideradas reportando-se ao início da união estável, não ao casamento" (STJ, REsp 918.643/RS, 3.ª Turma, Rel. Min. Massami Uyeda, j. 26.04.2011, *DJe* 13.05.2011).

Pontue-se que o acórdão menciona idades diversas do homem e da mulher, porque diz respeito a fatos que ocorreram na vigência do Código Civil de 1916, incidindo a última norma. Mais recentemente, do mesmo Tribunal Superior, entendeu-se que:

> "(...) afasta-se a obrigatoriedade do regime de separação de bens quando o matrimônio é precedido de longo relacionamento em união estável, iniciado quando os cônjuges não tinham restrição legal à escolha do regime de bens, visto que não há que se falar na necessidade de proteção do idoso em relação a relacionamentos fugazes por interesse exclusivamente econômico. Interpretação da legislação ordinária que melhor a compatibiliza com o sentido do art. 226, § 3.º, da CF, segundo o qual a lei deve facilitar a conversão da união estável em casamento" (STJ, REsp 1.318.281/PE, 4.ª Turma, Rel. Min. Maria Isabel Gallotti, j. 1.º.12.2016, *DJe* 07.12.2016).

Reafirmo que essa conclusão tende a ser mantida com o novo tratamento legislativo.

Voltando-se ao art. 70-A da Lei de Registros Públicos, o seu § 6.º enuncia que "não constará do assento de casamento convertido a partir da união estável a data do início ou o período de duração desta, salvo no caso de prévio procedimento de certificação eletrônica de união estável realizado perante oficial de registro civil". Nessa previsão, como bem aponta Márcia Fidelis Lima, parece haver um erro material, ou "a sua redação não deixou clara a intenção do legislador".[13] Interroga a autora: "o que seria o 'procedimento de certificação eletrônica'? Seria algo que apontasse o prévio procedimento de registro no Livro E? Seria algo parecido com um processo judicial de justificação? Não ficou clara essa redação, a menos que a linguagem seja específica e tecnicamente utilizada em sede de tecnologia da informação". Entendo que caberá às Corregedorias de Justiça dos Estados ou mesmo ao Conselho Nacional de Justiça regulamentar esse novo procedimento.

Como última norma a respeito da conversão, o § 7.º do novo art. 70-A da Lei n. 6.015/1973 enuncia que, se estiver em termos o pedido, o falecimento da parte no curso do processo de habilitação não impedirá a lavratura do assento de conversão de união estável em casamento. Trata-se de norma que mais uma vez segue solução dada no Estado de São Paulo, por meio de decisão de sua Corregedoria-Geral de Justiça, no ano de 2005:

> "Registro Civil de Pessoas Naturais. Conversão de união estável em casamento. Requerimento conjunto dos conviventes. Falecimento do varão no curso do processo de habilitação que, apesar disso, foi concluído. Inexistência de impedimento para o casamento. Desnecessidade de celebração e de assinatura dos cônjuges no assento. Possibilidade de sua lavratura. Ato do Oficial. Necessidade, apenas, de ser o requerimento submetido ao Juiz Corregedor Permanente. Antecedente desta E. Corregedoria-Geral da Justiça. Recurso provido para permitir a conversão pretendida" (Portaria de Decisão da Corregedoria-Geral da Justiça – Atos do Registro Civil – Conversão de união estável em casamento – Falecimento no curso de processo de habilitação, Proc. 834/2004 (328/2004-E), Recurso Administrativo, recorrente: Excelentíssimo Senhor Corregedor-Geral da Justiça: São Paulo,

---

[13] LIMA, Márcia Fidelis. Lei n. 14.382/2002 – primeiras reflexões interdisciplinares do registro civil das pessoas naturais e o direito das famílias. *Revista IBDFAM – Famílias e Sucessões*, Belo Horizonte, n. 51, p. 35, maio/jun. 2022.

30 de dezembro de 2004, José Marcelo Tossi Silva – Juiz Auxiliar da Corregedoria. Aprovo o parecer do MM. Juiz Auxiliar da Corregedoria e por seus fundamentos, que adoto, dou provimento ao recurso interposto. Publique-se. São Paulo, 04.01.2005. José Mário Antonio Cardinale – Corregedor-Geral da Justiça).

Expostas as novas previsões legais, observamos que o art. 1.726 do CC não foi revogado expressamente pela Lei n. 14.382/2022. Ademais, não nos parece ter havido revogação tácita – nos termos do art. 2.º da LINDB –, pois a Lei de Registros Públicos trata apenas da conversão extrajudicial da união estável em casamento. Sendo assim, pensamos que ainda restará aos companheiros a opção de efetivarem a conversão judicial, apesar de ser importante reconhecer que essa solução será esvaziada, na prática, pela via extrajudicial.

A esse propósito, entendeu o Superior Tribunal de Justiça, em 2017, que os companheiros poderiam fazer uso de qualquer uma das duas vias, não havendo obrigatoriedade na conversão extrajudicial. Nos termos do aresto,

> "(...) os arts. 1.726 do CC e 8.º da Lei 9.278/96 não impõem a obrigatoriedade de que se formule pedido de conversão de união estável em casamento exclusivamente pela via administrativa. A interpretação sistemática dos dispositivos à luz do art. 226, § 3.º, da Constituição Federal confere a possibilidade de que as partes elejam a via mais conveniente para o pedido de conversão de união estável em casamento" (STJ, REsp 1.685.937/RJ, 3.ª Turma, Rel. Min. Nancy Andrighi, j. 17.08.2017, *DJe* 22.08.2017).

Como se percebe, o acórdão superior reconheceu, no sistema anterior, a possibilidade da via administrativa para a conversão da união estável em casamento, mas concluiu não ser ela exclusiva. Acreditamos que esse entendimento será mantido pela Corte, mesmo com o novo texto do art. 70-A, *caput*, da Lei n. 6.015/1973.

4.9. Registro da união estável no RCPN (art. 94-A da Lei de Registros Públicos)

> Art. 94-A. Os registros das sentenças declaratórias de reconhecimento e dissolução, bem como dos termos declaratórios formalizados perante o oficial de registro civil e das escrituras públicas declaratórias e dos dis-

tratos que envolvam união estável, serão feitos no Livro E do registro civil de pessoas naturais em que os companheiros têm ou tiveram sua última residência, e dele deverão constar: (Incluído pela Lei n. 14.382, de 2022.)

I – data do registro; (Incluído pela Lei n. 14.382, de 2022.)

II – nome, estado civil, data de nascimento, profissão, CPF e residência dos companheiros; (Incluído pela Lei n. 14.382, de 2022.)

III – nome dos pais dos companheiros; (Incluído pela Lei n. 14.382, de 2022.)

IV – data e cartório em que foram registrados os nascimentos das partes, seus casamentos e uniões estáveis anteriores, bem como os óbitos de seus outros cônjuges ou companheiros, quando houver; (Incluído pela Lei n. 14.382, de 2022.)

V – data da sentença, trânsito em julgado da sentença e vara e nome do juiz que a proferiu, quando for o caso; (Incluído pela Lei n. 14.382, de 2022.)

VI – data da escritura pública, mencionados o livro, a página e o tabelionato onde foi lavrado o ato; (Incluído pela Lei n. 14.382, de 2022.)

VII – regime de bens dos companheiros; (Incluído pela Lei n. 14.382, de 2022.)

VIII – nome que os companheiros passam a ter em virtude da união estável. (Incluído pela Lei n. 14.382, de 2022.)

§ 1.º Não poderá ser promovido o registro, no Livro E, de união estável de pessoas casadas, ainda que separadas de fato, exceto se separadas judicialmente ou extrajudicialmente, ou se a declaração da união estável decorrer de sentença judicial transitada em julgado. (Incluído pela Lei n. 14.382, de 2022.)

§ 2.º As sentenças estrangeiras de reconhecimento de união estável, os termos extrajudiciais, os instrumentos particulares ou escrituras públicas declaratórias de união estável, bem como os respectivos distratos, lavrados no exterior, nos quais ao menos um dos companheiros seja brasileiro, poderão ser levados a registro no Livro E do registro civil de pessoas naturais em que qualquer dos companheiros tem ou tenha tido sua última residência no território nacional. (Incluído pela Lei n. 14.382, de 2022.)

§ 3.º Para fins de registro, as sentenças estrangeiras de reconhecimento de união estável, os termos extrajudiciais, os instrumentos particulares ou escrituras públicas declaratórias de união estável, bem como os respectivos distratos, lavrados no exterior, deverão ser devidamente legalizados ou apostilados e acompanhados de tradução juramentada. (Incluído pela Lei n. 14.382, de 2022.)

Natureza declaratória e facultativa do registro da união estável

A união estável é uma situação de fato com efeitos jurídicos. Constitui-se com a presença dos requisitos legais fáticos do art. 1.723 do CC, sendo marcada por uma informalidade na convivência *more uxorio* do casal.

Essa característica de informalidade acaba gerando dificuldades operacionais práticas aos conviventes, especialmente para comprovar essa situação fático-jurídica perante entidades públicas e privadas para diversos efeitos. Citamos, como exemplos, as dificuldades para inserir o companheiro como dependente em plano de saúde ou em entidade previdenciária.

Com o objetivo de atenuar essas dificuldades, mesmo sem previsão legal expressa, o Provimento n. 37/2014 do CNJ havia autorizado o registro facultativo da sentença ou da escritura pública declaratória de união estável no Livro "E" do 1.º Ofício de RCPN do domicílio dos companheiros (art. 33, parágrafo único, da Lei de Registros Públicos – Lei n. 6.015/1973).

Esse registro não desfrutava de eficácia constitutiva, porque a constituição da união estável dá-se com a mera presença dos requisitos fáticos do art. 1.723 do CC. A eficácia do registro era apenas declaratória e prestava-se, na prática, a reduzir as dificuldades operacionais dos companheiros em provar a união estável perante terceiros.

O art. 94-A da LRP, introduzido pela Lei do SERP (Lei n. 14.382/2022), finalmente positiva em lei federal o que era permitido no supracitado ato infralegal do CNJ, mas o faz com alguns ajustes adicionais, o que, inclusive, exigirá que o referido ato do CNJ venha a ser atualizado, na nossa opinião.

À luz da leitura sistemática dos arts. 33, parágrafo único, e 94-A da LRP com os arts. 1.723 e seguintes do Código Civil, podemos descrever o procedimento de registro da união estável. Houve lapsos cometidos pelo legislador do ponto de vista da técnica da redação legislativa, os quais podem ser contornados por meio da interpretação sistemática ora defendida.

Os companheiros têm a faculdade, e não um dever jurídico, de registrarem união estável no Livro "E" do 1.º Ofício do RCPN. O motivo é que a união estável se constitui com a presença dos mencionados requisitos fáticos do art. 1.723 do CC e se extingue com o desaparecimento desses mesmos elementos, quais sejam a presença de uma relação pública – notória –, contínua, duradoura e estabelecida com o objetivo de constituição de família. O registro *lato sensu*, portanto, é apenas declaratório. Nesse ponto, a redação do *caput* do art. 94-A da LRP foi atécnica por não deixar clara essa facultatividade, o que conduz o jurista a ter de lançar mão de uma interpretação sistemática com o art. 1.723 do CC.

Qualificação registral: impedimentos matrimoniais, causas suspensivas ou outros obstáculos

Os efeitos jurídicos do casamento devem ser estendidos à união estável, salvo naquilo que for incompatível em razão da natureza informal da união estável. Trata-se de um relativo paralelismo jurídico entre o casamento e a união estável. Essa é a diretriz do nosso ordenamento, à luz da jurisprudência e da doutrina brasileira. A esse propósito, destacamos o Enunciado n. 641, aprovado na *VIII Jornada de Direito Civil*, que traz a necessidade de diferenciação dos institutos em suas regras de formalidade ou solenidade:

> "A decisão do Supremo Tribunal Federal que declarou a inconstitucionalidade do art. 1.790 do Código Civil não importa equiparação absoluta entre o casamento e a união estável. Estendem-se à união estável apenas as regras aplicáveis ao casamento que tenham por fundamento a solidariedade familiar. Por outro lado, é constitucional a distinção entre os regimes, quando baseada na solenidade do ato jurídico que funda o casamento, ausente na união estável".

Por esse motivo, cabe ao RCPN, na qualificação registral do título declaratório de existência de união estável, avaliar se o casal incorre ou não em algum impedimento matrimonial, causa suspensiva ou outro obstáculo ao casamento, observadas as particularidades da união estável. Se houver impedimento matrimonial, o oficial deve negar o registro da união estável. No entanto, existem *duas ressalvas* que merecem ser aqui destacadas.

A *primeira ressalva* é para o caso de impedimento matrimonial ser o fato de um dos companheiros ser casado (art. 1.521, inc. VI, do CC). Nessa hipótese, é preciso lembrar que esse impedimento não inviabilizará a caracterização da união estável na hipótese de esse companheiro casado estar separado de fato (art. 1.723, § 1.º, CC).[14] Todavia, como o registro público

---

[14] CC/2002. "Art. 1.723. É reconhecida como entidade familiar a união estável entre o homem e a mulher, configurada na convivência pública, contínua e duradoura e estabe-

envolve uma situação de formalidade, o registro facultativo da união estável de pessoa casada só poderá ocorrer se ela estiver "formalmente" separada, seja por meio de uma separação judicial, seja por intermédio de uma separação extrajudicial, tudo devidamente averbado no assento de casamento. Mera separação de fato (sem a devida formalização) impede o registro facultativo. Por essa razão, o § 1.º do art. 94-A da LRP autoriza o registro da união estável mesmo se qualquer dos companheiros for casado, desde que a separação esteja devidamente formalizada. Entendemos que, para efeitos de comprovação da separação judicial ou extrajudicial, é necessário comprovar que ela foi averbada no assento de casamento.

A *segunda ressalva* é a de que, nada obstante a existência de algum impedimento matrimonial, pode ocorrer de um juiz reconhecer a união estável. Por exemplo, um juiz reconhece a união estável entre um genro e uma sogra, apesar de tal situação ser considerada um impedimento patrimonial à luz de uma interpretação literal do art. 1.521, inc. II, do CC.[15] Nessa ilustração hipotética, o juiz pode ter adotado alguma interpretação teleológica ou ter seguido outro caminho argumentativo no caso concreto. Nessa situação, é forçoso respeitar a autoridade jurisdicional. Nenhum impedimento matrimonial eventualmente existente antes da data da sentença pode ser invocado como obstáculo à união estável, em respeito à autoridade da coisa julgada.

Não há obrigatoriedade de a sentença ser expressa acerca do afastamento de eventual impedimento matrimonial, seja porque a coisa julgada recai sobre a parte dispositiva da sentença, seja porque a coisa julgada goza de eficácia preclusiva e, assim, faz presumir repelido qualquer argumento de mérito em contrário (arts. 504 ao 508 do CPC/2015). Somente fatos supervenientes à sentença poderiam ser considerados não alcançados por ela, pois a coisa julgada limita-se ao cenário fático de sua época.

---

lecida com o objetivo de constituição de família. § 1.º A união estável não se constituirá se ocorrerem os impedimentos do art. 1.521; não se aplicando a incidência do inciso VI no caso de a pessoa casada se achar separada de fato ou judicialmente. § 2.º As causas suspensivas do art. 1.523 não impedirão a caracterização da união estável."

[15] CC/2002. "Art. 1.521. Não podem casar: I – os ascendentes com os descendentes, seja o parentesco natural ou civil; II – os afins em linha reta; III – o adotante com quem foi cônjuge do adotado e o adotado com quem o foi do adotante; IV – os irmãos, unilaterais ou bilaterais, e demais colaterais, até o terceiro grau inclusive; V – o adotado com o filho do adotante; VI – as pessoas casadas; VII – o cônjuge sobrevivente com o condenado por homicídio ou tentativa de homicídio contra o seu consorte."

Por essa razão, entendemos ser cabível o registro da união estável com base em sentença que tenha declarado a existência de uma união estável. É vedado ao oficial recusar-se a esse registro a pretexto da presença de impedimento matrimonial nascido antes da data da sentença. A recusa só poderia ocorrer se o impedimento matrimonial tivesse aparecido após a data da sentença declaratória. Imagine, por exemplo, que, após a sentença, um dos companheiros tenha casado com outrem. Nesse caso, não terão os companheiros o direito ao registro da união estável com base na sentença declaratória, pois, após a prolação desta, surgiu um impedimento matrimonial. Essa é a inteligência do art. 94-A, § 1.º, parte final, da LRP.

Havendo causa suspensiva do casamento, em uma das situações descritas no art. 1.523 do Código Civil, o registro da união estável poderá ser feito, com uma advertência, qual seja a de que o regime de bens necessariamente será o da separação legal ou obrigatória de bens (arts. 1.641, inc. I, e 1.723 do CC).[16] Vale pontuar que a jurisprudência superior tem entendido pela aplicação do art. 1.523 do Código Civil também para a união estável. Nesse sentido:

> "A hipótese em que ainda não se decidiu sobre a partilha de bens do casamento anterior de convivente, é obrigatória a adoção do regime da separação de bens na união estável, como é feito no matrimônio, com aplicação do disposto no inciso III do art. 1.523 c/c 1.641, I, do CC/02. (...). Determinando a Constituição Federal (art. 226, § 3.º) que a lei deve facilitar a conversão da união estável em casamento, não se pode admitir uma situação em que o legislador, para o matrimônio, entendeu por bem estabelecer uma restrição e não aplicá-la também para a união estável" (STJ, REsp 1.616.207/RJ, 3.ª Turma, Rel. Min. Moura Ribeiro, j. 17.11.2020, *DJe* 20.11.2020).

---

[16] CC/2002. "Art. 1.523. Não devem casar: I – o viúvo ou a viúva que tiver filho do cônjuge falecido, enquanto não fizer inventário dos bens do casal e der partilha aos herdeiros; II – a viúva, ou a mulher cujo casamento se desfez por ser nulo ou ter sido anulado, até dez meses depois do começo da viuvez, ou da dissolução da sociedade conjugal; III – o divorciado, enquanto não houver sido homologada ou decidida a partilha dos bens do casal; IV – o tutor ou o curador e os seus descendentes, ascendentes, irmãos, cunhados ou sobrinhos, com a pessoa tutelada ou curatelada, enquanto não cessar a tutela ou curatela, e não estiverem saldadas as respectivas contas. Parágrafo único. É permitido aos nubentes solicitar ao juiz que não lhes sejam aplicadas as causas suspensivas previstas nos incisos I, III e IV deste artigo, provando-se a inexistência de prejuízo, respectivamente, para o herdeiro, para o ex-cônjuge e para a pessoa tutelada ou curatelada; no caso do inciso II, a nubente deverá provar nascimento de filho, ou inexistência de gravidez, na fluência do prazo."

Acresça-se que, se o registrador identificar outro óbice jurídico que comprometa a validade ou a eficácia da união estável, cabe-lhe negar o registro. Por exemplo, se um dos companheiros tiver 14 anos de idade, seria vedada a caracterização de união estável, tendo em vista que a proibição de casamento infantil – o que envolve menor de 16 anos, nos termos do art. 1.520 do Código Civil[17] – seria extensível à união estável. A exceção é para o caso de o título ser uma sentença judicial declaratória de união estável envolvendo um suposto óbice jurídico existente antes da data dessa sentença, conforme expusemos anteriormente.

Registro, averbação e anotação envolvendo união estável

O *caput* do art. 94-A da LRP prevê o registro *lato sensu* e abrange tanto a declaração da união estável quanto a sua extinção. O termo "registro" é empregado no referido dispositivo na sua acepção ampla (*lato sensu*). Assim, registro *lato sensu* – que, por vezes, é mencionado também como "inscrição" (ex.: art. 33, parágrafo único, da LRP) – compreende, em regra, três espécies: o registro *stricto sensu*, a averbação e a anotação.

O registro diz respeito a atos que constituem uma situação jurídico-registral e possuem natureza principal. Já a averbação ostenta natureza acessória, por destinar-se a alterar um registro anterior. A anotação, por fim, serve para lançar remissões recíprocas em diferentes assentos da mesma pessoa, a fim de permitir a notícia atualizada do estado civil da pessoa em qualquer dos seus assentos de registro civil. É o que se retira da Lei de Registros Públicos (arts. 97 ao 108; e art. 246 por analogia) e do Código Civil (arts. 9.º e 10).

Do ponto de vista da técnica registral, a declaração da união estável deverá ser objeto de ato de registro *stricto sensu*, porque gera uma situação jurídico-registral, isto é, cria um assento de registro civil, qual seja o assento de união estável.

A extinção da união estável, por sua vez, deverá ser objeto de averbação no assento de união estável, pois destina-se a alterar o registro anterior.

A Lei do SERP foi atécnica em matéria de redação legislativa, pois convinha que esse detalhamento tivesse sido deixado claro tanto no art. 94-A

---

[17] CC/2002. "Art. 1.520. Não será permitido, em qualquer caso, o casamento de quem não atingiu a idade núbil, observado o disposto no art. 1.517 deste Código. (Redação dada pela Lei n.º 13.811, de 2019.)"

da LRP quanto em outros dispositivos correlatos – como no art. 100 da LRP e nos arts. 9.º e 10 do CC –, o que acabou não ocorrendo.

Além disso, apesar do silêncio do legislador, é forçoso concluir que o registro da declaração de união estável ou a averbação de sua extinção sejam anotados nos assentos anteriores de cada um dos companheiros, como no assento de nascimento.

Igualmente, fatos jurídicos-registrais posteriores – como eventual registro de óbito de qualquer dos companheiros – devem ser anotados no assento de união estável. Cabe ao registrador promover as comunicações devidas para tanto.

O fundamento é a aplicação analógica dos arts. 106 e 107 da LRP, que tratam desse dever de anotação e de comunicação para o assento de casamento e que, por conta da semelhança, devem ser estendidos para o assento de união estável. A Lei do SERP padeceu de atecnia em matéria de redação legislativa por não ter sido expresso nesse ponto.

Título inscritível

O *caput* do art. 94-A da LRP indica os títulos inscritíveis no RCPN envolvendo a união estável. Para o registro da declaração da união estável ou para averbação de sua extinção, admitem-se um título judicial e dois títulos extrajudiciais.

O título judicial é uma sentença declaratória. Essa sentença declarará a existência ou a extinção – dissolução – da união estável. Enfatize-se que a sentença tem natureza declaratória, pois a constituição e a desconstituição da união estável dão-se automaticamente com a presença ou o desaparecimento dos tão mencionados requisitos fáticos do art. 1.723 do CC.

Os títulos extrajudiciais podem ser uma escritura pública declaratória ou um termo declaratório. Esses títulos declararão a existência ou a extinção da união estável. Nesse ponto, consideramos atécnico o termo "distrato" utilizado pelo *caput* do art. 94-A da LRP para se referir à extinção da união estável por consenso dos companheiros.[18] Isso, porque não se trata

---

[18] Lei n. 6.015/1973. "Art. 94-A. Os registros das sentenças declaratórias de reconhecimento e dissolução, bem como dos termos declaratórios formalizados perante o oficial de registro civil e das escrituras públicas declaratórias e dos distratos que envolvam união estável, serão feitos no Livro E do registro civil de pessoas naturais em que os companheiros têm ou tiveram sua última residência, e dele deverão constar."

propriamente de um "distrato", assim entendido o negócio jurídico bilateral por meio do qual as partes, por comum acordo, extinguem um contrato (art. 472 do CC). Cuida-se, na verdade, de um mero ato declaratório de ambos os companheiros, expressando que os requisitos fáticos do art. 1.723 do CC desapareceram, o que acarretou automaticamente a extinção da união estável.

A escritura pública declaratória de reconhecimento da união estável ou de sua dissolução é lavrada por qualquer tabelião de notas, de livre escolha dos companheiros (art. 8.º da Lei n. 8.935/1994).[19]

O termo declaratório de união estável é a coleta, por escrito, pelo oficial de RCPN, da declaração de ambos os companheiros acerca da existência ou da extinção da união estável.

Como se vê, os companheiros possuem a faculdade de lavrar uma escritura pública perante o Tabelião de Notas ou de comparecer diretamente ao RCPN para que o registrador colha, por escrito, a declaração de existência ou de extinção da união estável.

É intuitivo concluir que as partes haverão de preferir declarar sua vontade diretamente perante o oficial de RCPN, que lavrará o pertinente termo declaratório. Além de menos burocrática, essa via tende a ser menos onerosa. Em princípio, esse ato não geraria o pagamento de emolumentos adicionais àqueles que são cobrados pelo registro da união estável, salvo previsão diversa na pertinente lei de emolumentos.

Isso, porém, não significa que a escritura pública declaratória tenda ao desuso. A *expertise* técnica do Tabelião de Notas em auxiliar as partes e a eventual preferência dos companheiros na portabilidade de uma escritura parecem-nos elementos indicativos de que muitos casais ainda haverão de lançar mão dos serviços do notário.

Conteúdo e dispensa de advogado nos títulos extrajudiciais

Os títulos extrajudiciais (escritura pública declaratória ou termo declaratório) relativos à existência ou à extinção da união estável não dependem da assistência de advogado. Inexiste exigência legal a esse respeito.

No caso de título declaratório da existência da união estável, o seu conteúdo abrangerá, no mínimo, as informações essenciais à lavratura do

---

[19] Lei n. 8.935/1994. "Art. 8.º É livre a escolha do tabelião de notas, qualquer que seja o domicílio das partes ou o lugar de situação dos bens objeto do ato ou negócio."

registro. Este, por sua vez, deverá obrigatoriamente conter dados indispensáveis para a identificação: *a)* da data do registro (art. 94-A, I, da LRP); *b)* dos envolvidos (art. 94-A, II a IV, da LRP); *c)* da origem do título (art. 94-A, V e VI, da LRP); *d)* do regime de bens (art. 94-A, VII, da LRP); e *e)* do novo nome dos companheiros, se for o caso (art. 94-A, VIII, da LRP).

No caso de título declaratório da extinção da união estável, entendemos que bastará haver a declaração dos companheiros, acompanhada das informações necessárias à identificação deles, com a qualificação dos declarantes. Parece-nos ser conveniente que o título mencione expressamente os dados do assento da união estável. A falta dessa menção, porém, não impedirá a averbação desse título nesse assento, pois inexiste exigência legal dessa informação.

Igualmente, não há obrigatoriedade de o título declaratório de extinção da união estável ter tratado de questões jurídicas conexas, como partilha de bens, alimentos, guarda de filhos, entre outras consequências da dissolução. Além de algumas dessas questões poderem exigir decisão judicial – como a guarda de filhos menores –, inexiste dever legal de todas essas questões serem resolvidas no mesmo ato.

Títulos estrangeiros de união estável, problemas de adaptação de direito estrangeiro e casos de atos consulares

O registro *lato sensu* do título judicial ou extrajudicial de declaração da existência ou de extinção da união estável pode ser feito mesmo se tiverem sido lavrados no exterior, desde que qualquer dos companheiros seja brasileiro (art. 94-A, § 2.º, da LRP). É o caso, por exemplo, de uma escritura pública lavrada perante um notário norte-americano nos EUA envolvendo, ao menos, um brasileiro como companheiro. Nesse caso, essa escritura pública estrangeira poderá ser levada a registro diretamente no Livro "E" do 1.º Ofício de RCPN do domicílio atual de qualquer dos companheiros no Brasil ou do último domicílio que qualquer deles teve no Brasil.

Bastará que o título se submeta às seguintes formalidades (arts. 94-A, § 3.º, da LRP): *a)* a tradução juramentada; e *b)* a sua legalização ou, se se tratar de país signatário da Convenção da Apostila, o seu apostilamento. Ademais, especificamente para o efeito de registro da união estável, a tradução desse título estrangeiro não precisará ser registrada no RTD, ao contrário do que sucede com os documentos estrangeiros em geral que serão utilizados para produzir efeitos no Brasil (art. 148 da LRP).[20] O § 3.º do art. 94-A da LRP é norma especial, a afastar a regra geral do art. 148 da LRP.

Alertamos que o registrador precisará estar atento à natureza jurídica da "união estável" reconhecida no título estrangeiro. Se o título estrangeiro se referir à união estável disciplinada pela legislação brasileira, não haverá obstáculos. Todavia, se se referir à "união estável" da legislação estrangeira, o registrador deverá enfrentar um problema típico de direito internacional privado e conhecido como *adaptação* lato sensu *de direitos estrangeiros*. Caberá ao registrador averiguar se a "união estável" da legislação estrangeira pode ou não ser equiparada à união estável da lei brasileira. Caso a resposta seja negativa, o registrador deve qualificar negativamente o título estrangeiro, ou seja, terá que negar o registro da "união estável estrangeira".

Para ilustrar, a "união de fato" da legislação portuguesa pouca semelhança tem com a união estável brasileira. Em termos sucessórios, por exemplo, a união de fato portuguesa não confere quase nenhum direito ao convivente supérstite. Em um caso como esse de dessemelhança dos institutos, entendemos pela inviabilidade da adaptação *lato sensu* do direito estrangeiro e, por consequência, consideramos inviável o registro da união estável. Para aprofundamentos acerca da adaptação de direitos estrangeiros – a qual pode ser feita pelos notários e registradores sem necessidade de decisão judicial, conforme defendido por um dos coautores[21] –, reportamo-nos à tese

---

[20] Lei n. 6.015/1973. "Art. 148. Os títulos, documentos e papéis escritos em língua estrangeira, uma vez adotados os caracteres comuns, poderão ser registrados no original, para o efeito da sua conservação ou perpetuidade. Para produzirem efeitos legais no País e para valerem contra terceiros, deverão, entretanto, ser vertidos em vernáculo e registrada a tradução, o que, também, se observará em relação às procurações lavradas em língua estrangeira. Parágrafo único. Para o registro resumido, os títulos, documentos ou papéis em língua estrangeira, deverão ser sempre traduzidos."

[21] Veja este excerto da tese de doutorado de um dos coautores (OLIVEIRA, Carlos Eduardo Elias de. *O princípio da harmonização internacional dos direitos reais*: fundamento, adaptação de direitos reais estrangeiros, *lex rei sitae, numerus clausus* e outros desdobramentos. 2022. Tese (Doutorado) – Faculdade de Direito da Universidade de Brasília (UnB), Brasília, 2022, p. 266. Disponível em: https://independent.academia.edu/CarlosOliveira32/Papers): "Quem fará a adaptação do direito real estrangeiro? Será o decisor nos termos da legislação local. No Brasil, por exemplo, pode ser um notário (ao lavrar uma escritura pública de inventário e partilha), um registrador de imóveis (ao qualificar um título) ou um juiz (ao ser chamado a julgar uma causa). Entendemos que não há necessidade de prévio pronunciamento judicial no Brasil por falta de exigência legal: não há reserva de jurisdição para 'traduzir' direitos reais estrangeiros. No máximo, quando se tratar de adaptação *stricto sensu*, caso inexista consenso entre todos os interessados, pode-se exigir manifestação judicial. Isso, porque cabe ao Judiciário resolver litígios e porque a adaptação *stricto sensu* tende a alterar o conteúdo das regras internacionais envolvidas para eliminar contradições lógicas".

de doutorado de autoria do primeiro coautor deste texto e que contou com a presença do segundo coautor na banca examinadora: *O princípio da harmonização internacional dos direitos reais: fundamento, adaptação de direitos reais estrangeiros,* lex rei sitae, numerus clausus *e outros desdobramentos.*[22]

Por fim, não se pode confundir a hipótese exposta com a de títulos extrajudiciais lavrados em consulado brasileiro. Os consulados oferecem aos brasileiros que estão no exterior serviços notariais e registrais. Nesses casos, o consulado brasileiro atuará como um "verdadeiro" RCPN ou um Tabelionato de Notas perante o brasileiro que está no exterior. Terá, portanto, se isso for pedido pelo brasileiro, de lavrar escritura pública declaratória de união estável ou colher o termo declaratório de união estável. Terá, também, de registrar a existência ou averbar a extinção da união estável.

Nesse ponto, pecou o legislador em não ter sido explícito sobre essa hipótese. Diante dessa omissão, entendemos que devem ser aplicadas, por analogia, *mutatis mutandi*, as regras previstas para casamento consular de brasileiro, o que atrairá a incidência do art. 32 da LRP, além de outras normas conexas.[23]

---

[22] OLIVEIRA, Carlos Eduardo Elias de. *O princípio da harmonização internacional dos direitos reais*: fundamento, adaptação de direitos reais estrangeiros, *lex rei sitae, numerus clausus* e outros desdobramentos. 2022. Tese (Doutorado) – Faculdade de Direito da Universidade de Brasília (UnB), Brasília, 2022. Disponível em: https://independent.academia.edu/CarlosOliveira32/Papers.

[23] Lei n. 6.015/1973. "Art. 32. Os assentos de nascimento, óbito e de casamento de brasileiros em país estrangeiro serão considerados autênticos, nos termos da lei do lugar em que forem feitos, legalizadas as certidões pelos cônsules ou quando por estes tomados, nos termos do regulamento consular.
§ 1.º Os assentos de que trata este artigo serão, porém, transladados nos cartórios de 1.º Ofício do domicílio do registrado ou no 1.º Ofício do Distrito Federal, em falta de domicílio conhecido, quando tiverem de produzir efeito no País, ou, antes, por meio de segunda via que os cônsules serão obrigados a remeter por intermédio do Ministério das Relações Exteriores. § 2.º O filho de brasileiro ou brasileira, nascido no estrangeiro, e cujos pais não estejam ali a serviço do Brasil, desde que registrado em consulado brasileiro ou não registrado, venha a residir no território nacional antes de atingir a maioridade, poderá requerer, no juízo de seu domicílio, se registre, no livro 'E' do 1.º Ofício do Registro Civil, o termo de nascimento. § 3.º Do termo e das respectivas certidões do nascimento registrado na forma do parágrafo antecedente constará que só valerão como prova de nacionalidade brasileira, até quatro (4) anos depois de atingida a maioridade. § 4.º Dentro do prazo de quatro anos, depois de atingida a maioridade pelo interessado referido no § 2.º deverá ele manifestar a sua opção pela nacionalidade brasileira perante o juízo federal. Deferido o pedido, proceder-se-á ao registro no livro 'E' do Cartório do 1.º Ofício do domicílio do optante. § 5.º Não se verificando a hipótese prevista no parágrafo anterior, o oficial cancelará, de ofício, o registro provisório efetuado na forma do § 2.º."

5
Registro Civil das Pessoas Jurídicas – RCPJ

5.1. Livros virtuais e serviço virtual (arts. 116 e 121 da Lei de Registros Públicos; e art. 20, V, da Lei n. 14.382/2022)

Lei de Registros Públicos (Lei n. 6.015/1973)

Art. 116. Haverá, para o fim previsto nos artigos anteriores, os seguintes livros:

I – Livro A, para os fins indicados nos incisos I e II do *caput* do art. 114 desta Lei; e (Redação dada pela Lei n. 14.382, de 2022.)

II – Livro B, para matrícula das oficinas impressoras, jornais, periódicos, empresas de radiodifusão e agências de notícias. (Redação dada pela Lei n. 14.382, de 2022.)

Art. 121. O registro será feito com base em uma via do estatuto, compromisso ou contrato, apresentada em papel ou em meio eletrônico, a requerimento do representante legal da pessoa jurídica. (Redação dada pela Lei n. 14.382, de 2022.)

§ 1.º É dispensado o requerimento de que trata o *caput* deste artigo caso o representante legal da pessoa jurídica tenha subscrito o estatuto, compromisso ou contrato. (Incluído pela Lei n. 14.382, de 2022.)

§ 2.º Os documentos apresentados em papel poderão ser retirados pelo apresentante nos 180 (cento e oitenta) dias após a data da certificação do registro ou da expedição de nota devolutiva. (Incluído pela Lei n. 14.382, de 2022.)

§ 3.º Decorrido o prazo de que trata o § 2.º deste artigo, os documentos serão descartados. (Incluído pela Lei n. 14.382, de 2022.)

Lei n. 14.382/2022

Art. 20. Ficam revogados:

(...)

V – a Lei n. 9.042, de 9 de maio de 1995;

(...)

O art. 116, I e II, da LRP é ajustado para deixar de prever a quantidade de folhas dos Livros do RCPJ, tendo em vista a virtualização do acervo. Tratamos do assunto item 3.2, para o qual remetemos quem queira se aprofundar no tema.

Na mesma esteira de desburocratização e de digitalização dos serviços registrais no RTD, o art. 121 da LRP elimina exigências dispensáveis. Não há mais necessidade de duas vias do ato constitutivo da pessoa jurídica para o registro; basta uma, que pode ser em papel ou em meio eletrônico. O apresentante terá 180 dias do registro ou da expedição de nota devolutiva para recolher o documento, se apresentado em papel. Além disso, o requerimento para registro é dispensado, se o representante legal da pessoa jurídica houver subscrito o ato constitutivo.

Sobre o tema, cabe o alerta de que houve atecnia de redação legislativa na revogação da Lei n. 9.042/1995 pela Lei do SERP. Referida lei havia dado a anterior redação do art. 121 da LRP. O caminho correto em técnica de redação legislativa é simplesmente o de nova redação ao art. 121 da LRP, sem necessidade de revogar a lei que lhe havia dado a anterior redação. A atecnia, porém, é inofensiva: não gera nenhuma repercussão prática.

6
Registro Civil de Títulos e Documentos

6.1. Registro facultativo para conservação, cobrança de dívida, sigilo parcial e livro próprio (arts. 127-A e 132, V, da Lei de Registros Públicos)

> Art. 127-A. O registro facultativo para conservação de documentos ou conjunto de documentos de que trata o inciso VII do *caput* do art. 127 desta Lei terá a finalidade de arquivamento de conteúdo e data, não gerará efeitos em relação a terceiros e não poderá servir como instrumento para cobrança de dívidas, mesmo que de forma velada, nem para protesto, notificação extrajudicial, medida judicial ou negativação nos serviços de proteção ao crédito ou congêneres. (Incluído pela Lei n. 14.382, de 2022.)
>
> § 1.º O acesso ao conteúdo do registro efetuado na forma prevista no *caput* deste artigo é restrito ao requerente, vedada a utilização do registro para qualquer outra finalidade, ressalvadas: (Incluído pela Lei n. 14.382, de 2022.)

I – requisição da autoridade tributária, em caso de negativa de autorização sem justificativa aceita; e (Incluído pela Lei n. 14.382, de 2022.)

II – determinação judicial. (Incluído pela Lei n. 14.382, de 2022.)

§ 2.º Quando se tratar de registro para fins de conservação de documentos de interesse fiscal, administrativo ou judicial, o apresentante poderá autorizar, a qualquer momento, a sua disponibilização para os órgãos públicos pertinentes, que poderão acessá-los por meio do SERP, sem ônus, nos termos estabelecidos pela Corregedoria Nacional de Justiça do Conselho Nacional de Justiça, dispensada a guarda pelo apresentante. (Incluído pela Lei n. 14.382, de 2022.)

§ 3.º A certificação do registro será feita por termo, com indicação do número total de páginas registradas, dispensada a chancela ou rubrica em qualquer uma delas. (Incluído pela Lei n. 14.382, de 2022.)

§ 4.º (VETADO.) (Incluído pela Lei n. 14.382, de 2022.)

Art. 132. No registro de títulos e documentos, haverá os seguintes livros: (Redação dada pela Lei n. 14.382, de 2022.)

I – Livro A – protocolo para apontamentos de todos os títulos, documentos e papéis apresentados, diariamente, para serem registrados, ou averbados;

II – Livro B – para trasladação integral de títulos e documentos, sua conservação e validade contra terceiros, ainda que registrados por extratos em outros livros;

III – Livro C – para inscrição, por extração, de títulos e documentos, a fim de surtirem efeitos em relação a terceiros e autenticação de data;

IV – Livro D – indicador pessoal, substituível pelo sistema de fichas, a critério e sob a responsabilidade do oficial, o qual é obrigado a fornecer com presteza as certidões pedidas pelos nomes das partes que figurarem, por qualquer modo, nos livros de registros; (Redação dada pela Lei n. 14.382, de 2022.)

V – Livro E – indicador real, para matrícula de todos os bens móveis que figurarem nos demais livros, devendo conter sua identificação, referência aos números de ordem dos outros livros e anotações necessárias, inclusive direitos e ônus incidentes sobre eles; (Incluído pela Lei n. 14.382, de 2022.)

VI – Livro F – para registro facultativo de documentos ou conjunto de documentos para conservação de que tratam o inciso VII do *caput* do art. 127 e o art. 127-A desta Lei; e (Incluído pela Lei n. 14.382, de 2022.)

> VII – Livro G – indicador pessoal específico para repositório dos nomes dos apresentantes que figurarem no Livro F, do qual deverá constar o respectivo número do registro, o nome do apresentante e o seu número de inscrição no Cadastro de Pessoas Físicas da Secretaria Especial da Receita Federal do Brasil do Ministério da Economia ou, no caso de pessoa jurídica, a denominação do apresentante e o seu número de inscrição no Cadastro Nacional da Pessoa Jurídica da Secretaria Especial da Receita Federal do Brasil do Ministério da Economia. (Incluído pela Lei n. 14.382, de 2022.)

Sigilo parcial e Livros "F" e "G" para o registro facultativo no RTD

O RTD é uma serventia registral residual por praticar atos registrais não outorgados às demais especialidades registrais. Um retrato disso é a previsão genérica de registro facultativo de qualquer documento para efeito de conservação no inc. VII do *caput* do art. 127 da LRP. Com base nessa previsão, os cidadãos podem registrar qualquer documento para efeito de conservação, como um contrato particular, uma carta pessoal e um comprovante de pagamento. Feito esse registro, o cidadão, a rigor, poderia até descartar o documento original, pois a certidão do RTD terá a mesma força probante do original (art. 161 da LRP)[1].

O fato de esse registro facultativo ser de acesso público e irrestrito era um obstáculo. Diversos cidadãos deixavam de fazer esse registro com receio de expor informações de sua vida privada a bisbilhotices de terceiros.

Ao introduzir o art. 127-A na LRP, a Lei do SERP buscou estimular esse registro facultativo, restringindo a publicidade dos registros facultativos. Como o registro facultativo poderá ser feito pelo cidadão de modo remoto por meio do SERP e como o sigilo parcial será assegurado, a aposta da Lei do SERP é que os cidadãos serão estimulados a utilizarem mais o RTD para conservação de seus documentos.

À luz do *caput* e do § 1.º do art. 127-A da LRP, o registro de documentos para fins de conservação no RTD é parcialmente sigiloso. Assim, só

---

[1] Lei n. 6.015/1973. "Art. 161. As certidões do registro de títulos e documentos terão a mesma eficácia e o mesmo valor probante dos documentos originais registrados, físicos ou nato-digitais, ressalvado o incidente de falsidade destes, oportunamente levantado em juízo."

o requerente, ente público – com autorização ou, no caso de autoridade fiscal, diante de negativa indevida de autorização –, ou quem obtenha ordem judicial podem ter acesso a seu conteúdo.

Ademais, é cabível convênio para viabilizar o acesso ao registro por entes públicos, tudo nos termos do regulamentado pelo CNJ (art. 127, § 2.º, da LRP). Por exemplo, um servidor público poderia registrar sua declaração de imposto de renda no RTD e autorizar o ente público empregador a acessar esse registro.

Para facilitar a operacionalização do registro facultativo, os incs. VI e VII do art. 132 da LRP preveem dois livros específicos: o Livro "F" para o registro facultativo e o Livro "G" como indicador pessoal destinado a facilitar as buscas dos registros facultativos. Na prática, esses livros são instrumentalizados em meio eletrônico, por meio de *softwares* que permitem as buscas das informações e o acesso aos registros. Os registros costumam ser instrumentalizados em um arquivo PDF/A, que fica arquivado nos computadores e em *backup* das serventias.

Desnecessidade de chancela em cada página no caso do registro facultativo

Em sintonia com o espírito de desburocratização e de digitalização dos serviços registrais, o § 3.º do art. 127-A da LRP dispensa a necessidade de o registrador lançar chancelas ou rubricas em cada página do documento que foi registrado. Basta-lhe lavrar um termo, atestando a realização do registro com a indicação do número de páginas registradas e as demais informações de identificação do registro.

Trata-se de medida desburocratizante para dar maior celeridade à prestação do serviço. Basta imaginar o tempo que seria despendido pelo registrador para apor chancela ou rubrica em documentos volumosos, de mais de mil páginas, que venham a ser submetidos ao registro facultativo. Tal procedimento já era admitido em alguns Estados antes da Lei do SERP, a exemplo de São Paulo, conforme item 9.2. das Normas de Serviço da Corregedoria-Geral de Justiça de São Paulo (NSCGJ-SP).[2]

---

[2] Normas de Serviço da Corregedoria-Geral de Justiça de São Paulo (NSCGJ-SP). "9.2. A fim de preservar a integralidade do documento, fica dispensada a chancela e a rubrica de cada uma das páginas do conjunto de documentos, bastando que seja feita a certi-

Preocupação com uso do registro facultativo como meio de cobrança

Entre os serviços notariais e registrais, o tabelionato de protesto é a via adequada para a cobrança de dívidas. No entanto, provavelmente para evitar o pagamento dos emolumentos pertinentes, muitos credores passaram a, no RTD, praticar um ato que costuma ser mais barato, o de efetuar o registro facultativo de cartas de cobrança e a requerer a notificação do devedor quanto a esse registro. Na prática, o usuário, ao receber a notificação do registro feito no RTD, passava a ter a impressão de uma cobrança de dívida como se fosse um protesto. Essa medida passou a ser vista como uma burla ao regime do protesto e uma malversação do registro facultativo.

Por conta disso, o *caput* do art. 127-A da LRP estabelece que o registro facultativo para fins de conservação não poderá ser utilizado como meio de cobrança, nem mesmo de forma velada. Sua finalidade é apenas para arquivamento de conteúdo e para efeito de prova de data mediante o termo de registro lavrado pelo registrador com indicação da data da prática do ato. O dispositivo destacado inspirou-se em normas já vigentes em alguns Estados, como o item 9 do Capítulo XIX das Normas de Serviço da Corregedoria-Geral de Justiça de São Paulo (NSCGJ-SP).[3]

Apesar da previsão legal, entendemos que não há obstáculo algum a que o usuário faça registros facultativos de cartas de cobrança e requeira a notificação extrajudicial do devedor por meio do RTD. Convém, porém, que o registrador, nessas hipóteses, advirta o devedor de que a notificação não representa um protesto, o que poderá ser feito por intermédio de uma advertência lançada na própria notificação extrajudicial. Convém, igualmente, que o registrador advirta o apresentante dos reais efeitos do registro facultativo, esclarecendo a sua finalidade de mera conservação. Aliás, no próprio termo de registro, convém o registrador deixar a advertência nesse sentido.

---

ficação do registro em folha de registro avulsa adicionada ao conjunto de documentos ou em etiqueta de registro aposta no conjunto de documentos, contendo a indicação do número total de páginas registradas e a declaração acima referida."

[3] Normas de Serviço da Corregedoria-Geral de Justiça de São Paulo (NSCGJ-SP). "9. O registro facultativo exclusivamente para fins de mera conservação, tanto de documentos em papel como de documentos eletrônicos, terá apenas a finalidade de arquivamento, bem como de autenticação da data, da existência e do conteúdo do documento ou do conjunto de documentos, não gerando publicidade nem eficácia em face de terceiros, circunstância que deve ser previamente esclarecida ao interessado, sendo vedada qualquer indicação que possa ensejar dúvida sobre a natureza do registro ou confusão com a eficácia decorrente do registro para fins de publicidade e/ou eficácia contra terceiros."

Esse nosso entendimento decorre do fato de o Presidente da República ter vetado o § 4.º do art. 127-A da LRP, o qual previa a necessidade de as certidões do registro facultativo conter advertências graficamente destacadas quanto à finalidade de mero arquivamento do registro facultativo. Veja as razões do veto, além do texto vetado:

> "Art. 11 do Projeto de Lei de Conversão, na parte em que inclui o 4.º ao art. 127-A da Lei n. 6.015, de 31 de dezembro de 1973
>
> § 4.º A certidão do registro efetuado na forma prevista no *caput* deste artigo ou qualquer outro documento expedido deverá conter a informação expressa e em destaque de que o registro referido não gerará efeitos em relação a terceiros, e as vedações ressalvadas na parte final do *caput* deste artigo deverão constar em destaque de forma transversal, em quíntuplo do tamanho da fonte de seu texto, em cada página da certidão ou de qualquer outro documento expedido.
>
> Razões do veto
>
> A proposição legislativa prevê que a certidão do registro efetuado na forma prevista no *caput* do art. 127-A da Lei 6.015, de 31 de dezembro de 1973, ou qualquer outro documento expedido deveria conter a informação expressa e em destaque de que o registro referido não geraria efeitos em relação a terceiros, e que as vedações ressalvadas na parte final do *caput* do referido artigo deveriam constar em destaque de forma transversal, em quíntuplo do tamanho da fonte de seu texto, em cada página da certidão ou de qualquer outro documento expedido.
>
> Entretanto, apesar de meritória a intenção do legislador, a proposição contraria o interesse público, uma vez que a exigência de que o tamanho da fonte da advertência seja cinco vezes maior que a fonte normal do texto da certidão mostra-se manifestamente excessiva e tecnicamente inviável, tendo em vista que demandaria a utilização de mais da metade da folha da certidão somente com essa informação, o que tornaria, ainda, ilegível o texto original.
>
> Além disso, os registradores deverão respeitar as vedações referidas no *caput* do art. 127-A da Lei n. 6.015, de 1973, o que indica a desnecessidade da inserção da advertência em todas as folhas de todas as certidões registrais".

Apesar do nosso entendimento, é preciso que o registrador esteja atento às normas de serviço do respectivo Tribunal sobre o registro facultativo de cartas de cobrança com notificação extrajudicial pelo RTD.

Importância do "registro residual" diante do regime jurídico de publicidade para o "registro facultativo" e a necessidade de balancear a tabela de emolumentos

O registro facultativo (art. 127, VII, da LRP) é aquele destinado à conservação do documento e, de forma indireta – por conta da fé pública do ato registral –, à prova de existência e de data do documento. Seu regime jurídico de publicidade é de sigilo na forma do art. 127-A da LRP, ao contrário dos demais registros feitos no RTD (que são marcados pela publicidade ampla). Por causa desse regime jurídico de publicidade, o legislador, inclusive, dedicou um livro específico para esses registros, o Livro "F".

O problema é que esse regime de publicidade restrita nem sempre é interessante ao usuário. É comum haver usuários interessados em registrar documentos tanto para conservação quanto para publicidade, fora das hipóteses dos específicos dos incs. I a VII do art. 127 e do art. 129 da LRP. É o caso, por exemplo, de registro de atas de condomínio como forma de abrir acesso a qualquer interessado. Indaga-se: qual é o fundamento legal para esses registros?

Antes da alteração feita na LRP pela Lei do SERP, esses registros eram feitos com fundamento no próprio inc. VII do art. 127 da LRP, que prevê o registro facultativo para conservação. Todavia, com a mudança legislativa tornando sigiloso esse registro, não é mais viável utilizar esse mesmo fundamento.

Consideramos que esses registros de publicidade ampla para conservação podem ser encaixados nas hipóteses de "registro residual", previsto no parágrafo único do art. 127 da LRP.[4] Apesar da existência de certa imprecisão de alguns doutrinadores sobre essa hipótese – havendo quem a confunda com o "registro facultativo" do inc. VII do art. 127 da LRP –, preferimos entender pela autonomia dessa hipótese de registro.

O "registro residual" dá-se para acomodar o registro de qualquer documento ou título fora das hipóteses de competência das demais especialidades registrais e das hipóteses específicas dos incs. I a VII do art. 127 e do art. 129 da LRP. Pensamos e sustentamos que registros de documentos

---

[4] Lei n. 6.015/1973. "Art. 127. No Registro de Títulos e Documentos será feita a transcrição: (...). Parágrafo único. Caberá ao Registro de Títulos e Documentos a realização de quaisquer registros não atribuídos expressamente a outro ofício."

para efeito de conservação sob um regime de publicidade ampla deverão ingressar na tábua registral do RTD como um "registro residual" do parágrafo único do art. 127 da LRP.

Convém que o legislador local atente ao valor dos emolumentos a serem devidos no caso de "registro residual", a fim de torná-los atrativos aos usuários.

Em São Paulo, por exemplo, antes da Lei do SERP, havia acontecido uma significativa redução de emolumentos para os registros eletrônicos somente para o "registro facultativo", o qual, à época, era de publicidade ampla. Em 2022, o valor total dos emolumentos para esse registro eletrônico era de apenas R$ 0,97, ao passo que o registro não eletrônico sem conteúdo financeiro era de R$ 71,29, acrescido de R$ 10,19 por página.[5] Aproveita-se para recomendar a atualização das normas paulistas de redução de emolumentos para estender esse valor mais módico para os casos de registro eletrônico residual (parágrafo único do art. 127 da LRP), visto que, com o regime de sigilo para os "registros facultativos" com o advento do art. 127-A da LRP, provavelmente haverá uma migração para o "registro residual".

A aposta da Lei do SERP é que o RTD seria mais demandado pelos cidadãos para registro de documentos que atualmente, na prática, ficam de fora da sua órbita. A título de ilustração, praticamente ninguém registra no RTD declarações de imposto de renda, comprovantes de pagamentos ou outros documentos pessoais ou fiscais. Com a disponibilização do serviço eletrônico de "registro facultativo" e de "registro residual", a tendência é atrair os cidadãos a valerem-se do RTD como um seguro depósito desses documentos pessoais. O sucesso dessa aposta, porém, não depende apenas da facilidade gerada pela digitalização do serviço, que permite o cidadão, sem sair de casa, promover o registro, mas também de o valor dos emolumentos serem palatáveis aos usuários, o que foi muito bem observado pela supracitada experiência paulista de redução de emolumentos.

Livros "D" e "E"

Trataremos dos Livros "D" e "E" do RTD no item 6.6 deste livro.

---

[5] Vejam-se as tabelas de emolumentos de SP desde 2018 neste *site*: http://www.irtdpj-sp.com.br/tabela_custas.php.

6.2. Fim da exigência de reconhecimento de firma para registro de procurações no RTD (art. 158 da Lei de Registros Públicos e art. 20, III, *i*, da Lei n. 14.382/2022)

Lei de Registros Públicos (Lei n. 6.015/1973)
~~Art. 158. As procurações deverão trazer reconhecidas as firmas dos outorgantes.~~ (Revogado pela Lei n. 14.382, de 2022.)

Lei n. 14.382/2022
Art. 20. Ficam revogados:
(...)
III – os seguintes dispositivos da Lei n. 6.015, de 31 de dezembro de 1973 (Lei de Registros Públicos):
(...)
i) art. 158;
(...)

Há uma tendência do ordenamento em eliminar a exigência de reconhecimento de firma, sendo a revogação do art. 158 da LRP um reflexo disso. Com essa revogação, não poderá mais o RTD condicionar o registro de procurações à presença do reconhecimento de firma do mandante – do outorgante –, ao menos quando se tratar de registro autônomo da procuração. Explicaremos, com mais detalhes e aprofundamentos, essa assertiva a seguir.

O revogado dispositivo exigia esse reconhecimento de firma como uma forma de garantir maior segurança a terceiros, que estariam vulneráveis a procurações com "assinaturas falsas" e que poderiam depositar uma frágil credibilidade nesses documentos só por terem sido registrados no RTD. Além do mais, o referido dispositivo inspirava-se no art. 654, § 2.º, do CC, que autoriza o terceiro a exigir reconhecimento de firma na procuração que lhe for apresentada. Como o registro de uma procuração no RTD pode ser acessível a terceiros, a ideia do art. 158 da LRP era já se antecipar na exigência do reconhecimento de firma e, assim, reduzir os riscos de procurações falsas ludibriarem terceiros.

Nesse contexto, é importante, porém, distinguir as hipóteses em que se dá o registro da procuração no RTD. Existem *três hipóteses*.

A *primeira hipótese* é como registro facultativo, para fins de conservação (art. 127, VII, da LRP). Nesse caso, a publicidade desse registro será restrita diante do sigilo que recai sobre os registros facultativos por força do § 1.º do art. 127-A da LRP (*vide* item 6.1 do livro). Tem-se aí um caso do que chamamos de "registro autônomo" da procuração: ela é registrada desacompanhada de outros documentos.

A *segunda hipótese* é o registro da procuração como registro residual previsto no parágrafo único do art. 127 da LRP. É sabido que, na doutrina, há quem confunda essa hipótese de registro residual com a do registro facultativo do inc. VII do art. 127 da LRP. Não nos compete, neste momento, adentrar nessa controvérsia doutrinária. O que importa é deixar essa hipótese indicada para compreensão dos casos de ingresso da procuração no RTD. O fato é que, a rigor, o registro da procuração como registro residual pode dar-se como um "registro autônomo" ou como um "registro acessório", conforme ela esteja ou não sendo registrada como parte complementar de um título principal.

A terceira hipótese diz respeito ao registro da procuração com os títulos inscritíveis nos termos da LRP (incs. I a VI do art. 127 e art. 129) ou de leis especiais. O fundamento dessa assertiva é o de que o contrato de mandato, instrumentalizado pela procuração, é acessório do negócio principal representado pelo título a ser inscrito. Para exemplificar, a procuração outorgada pelo locador e a procuração outorgada pelo locatário devem ser registradas com o contrato de locação de imóveis na hipótese do item 1.º do art. 129 da LRP.[6] Tem-se aí um caso do que chamamos de "registro acessório" da procuração, uma vez que ela é registrada como peça acessória e complementar do registro do título inscritível.

Entendemos que a revogação do art. 128 da LRP deve ser interpretada restritivamente para alcançar apenas os casos de "registro autônomo" da procuração, ou se seja, as duas primeiras hipóteses antes destacadas. O motivo é que, quando a procuração é registrada como complemento de um título principal ("registro acessório"), ela tem de adotar a mesma for-

---

[6] Lei n. 6.015/1973. "Art. 129. Estão sujeitos a registro, no Registro de Títulos e Documentos, para surtir efeitos em relação a terceiros: 1.º) os contratos de locação de prédios, sem prejuízo do disposto do artigo 167, I, n. 3; (...)."

ma exigida para esse título por força do princípio do paralelismo da forma, também chamado de princípio da atração da forma (art. 657 do CC).[7] Logo, quando o RTD tiver de exigir reconhecimento de firma para um título, ele também deverá fazê-lo nas procurações utilizadas pelos sujeitos envolvidos no negócio instrumentalizado pelo título.

Dessas afirmações surge a seguinte pergunta: quais são as hipóteses em que o RTD tem de exigir o reconhecimento de firma para os títulos inscritíveis? A resposta estará no item 6.5 da obra.

6.3. Fim (ou não?) do registro de penhor de animais (art. 127, IV, da Lei de Registros Públicos e art. 20, III, *d*, da Lei n. 14.382/2022)

Lei de Registros Públicos (Lei n. 6.015/1973)

Art. 127. No Registro de Títulos e Documentos será feita a transcrição:

(...)

~~IV – do contrato de penhor de animais, não compreendido nas disposições do art. 10 da Lei n. 492, de 30-8-1934;~~ (Revogado pela Lei n. 14.382, de 2022.)

Lei n. 14.382/2022

Art. 20. Ficam revogados:

(...)

III – os seguintes dispositivos da Lei n. 6.015, de 31 de dezembro de 1973 (Lei de Registros Públicos):

(...)

d) inciso IV do *caput* do art. 127;

(...)

---

[7] CC/2002. "Art. 657. A outorga do mandato está sujeita à forma exigida por lei para o ato a ser praticado. Não se admite mandato verbal quando o ato deva ser celebrado por escrito."

O penhor de animais é recorrente no ambiente do agronegócio, com a oferta de gados e de outros semoventes em garantia de dívida. Há, porém, embora nem sempre com tanta recorrência, o oferecimento de penhor de animais em outros contextos negociais.

A questão diz respeito à formalização desse penhor: há ou não necessidade de registro público? Há *dois cenários* principais.

O *primeiro cenário* é o do penhor pecuário, assim entendido aquele que recai sobre animais envolvidos na indústria pastoril, agrícola e de laticínios, como os gados. Para esse caso, a disciplina legal está na Lei n. 492/1937[8] e nos arts. 1.438 ao 1.446 do Código Civil. A constituição desse direito real de penhor dá-se com seu registro no Registro de Imóveis (art. 2.º da Lei n. 492/1937; e art. 1.438 do Código Civil). A escolha do Registro de Imóveis é pelo fato de esses animais serem "pertenças" (art. 93 do CC), por estarem destinados, de modo duradouro, ao uso da fazenda do seu titular. A publicidade acerca de ônus sobre esses bens chegaria mais facilmente ao conhecimento de terceiros por consulta ao Cartório de RI do local desse imóvel.

O *segundo cenário* diz respeito ao penhor comum de animais, assim entendido aquele que recai sobre animais que não estejam sendo empregados na atividade pastoril, agrícola ou de laticínios. A rigor, um gado até poderia ser objeto de penhor comum, se não estivesse sendo utilizado nessas atividades pecuárias, o que é raro na prática. Se, por exemplo, ofereço em penhor um cavalo de corrida avaliado em R$ 500.000,00, ter-se-á um penhor comum, porque seu uso não é na atividade pecuária.

Para o penhor comum de animais, antigamente, era pacífico que a sua constituição ocorresse mediante o registro do título no RTD por força do art. 127, inc. IV, da LRP. Com a revogação desse preceito, pode haver uma controvérsia jurídica sobre a necessidade de registro e o local do registro.

---

[8] Essa lei, entre outras, contém regras para a execução de cédulas de crédito rurais pignoratícias, exigindo o protesto prévio e prevendo, inclusive, a prisão civil do depositário infiel. Alguns pontos desta lei, como a prisão civil, são considerados pacificamente revogados. Outros, porém, já envolvem discussão. Há precedentes no sentido da subsistência da vigência da Lei n. 492/1937, conforme este excerto do voto do Desembargador Pereira Calças do TJSP: "Com a devida vênia, entendo que o penhor rural, apesar de disciplinado entre os diversos tipos de penhor elencados no Código Civil, continua a ser regulado como modalidade de penhor especial, que também é disciplinado pela Lei n.º 492, de 30 de setembro de 1937, o qual além de regulamentar o penhor rural (agrícola e pecuário), trata da cédula rural pignoratícia" (excerto do voto do relator; TJSP, AG 990100677241/SP, Câmara Reservada à Falência e Recuperação, Rel. Des. Pereira Calças, data de publicação: 20.07.2010).

Pensamos que o legislador foi atécnico nesse ponto, porque se esqueceu de fazer afastar a regra geral do art. 1.432 do Código Civil, que exige o registro, no RTD, do penhor comum.

Existem, pois, dois entendimentos juridicamente possíveis, quais sejam, pela obrigatoriedade do registro no RTD e pela sua dispensa. Compreendemos pela obrigatoriedade, porque o art. 1.432 do Código Civil exige o registro do penhor comum, seja sobre animais, seja sobre outros bens móveis. O afastamento dessa regra geral de obrigatoriedade de registro dependeria de previsão legal expressa. Isso se justifica pelo fato de que, na dúvida, deve-se interpretar favoravelmente aos terceiros de boa-fé, com destaque para o fato de que a publicidade dos direitos reais nos registros públicos protege-os de surpresas.

6.4. Mudanças nas hipóteses de registros no RTD para produção de efeitos *erga omnes* (art. 129 da Lei de Registros Públicos e art. 20, III, *e*, da Lei n. 14.382/2022)

Lei de Registros Públicos (Lei n. 6.015/1973)

Art. 129. Estão sujeitos a registro, no Registro de Títulos e Documentos, para surtir efeitos em relação a terceiros:

....

2.º) ~~os documentos decorrentes de depósitos, ou de cauções feitos em garantia de cumprimento de obrigações contratuais, ainda que em separado dos respectivos instrumentos;~~ (Revogado pela Lei n. 14.382, de 2022.)

(...)

5.º) os contratos de compra e venda em prestações, com reserva de domínio ou não, qualquer que seja a forma de que se revistam, e os contratos de alienação ou de promessas de venda referentes a bens móveis; (Redação dada pela Lei n. 14.382, de 2022.)

(...)

9.º) os instrumentos de sub-rogação e de dação em pagamento; (Redação dada pela Lei n. 14.382, de 2022.)

10.º) a cessão de direitos e de créditos, a reserva de domínio e a alienação fiduciária de bens móveis; e (Incluído pela Lei n. 14.382, de 2022.)

11.º) as constrições judiciais ou administrativas sobre bens móveis corpóreos e sobre direitos de crédito. (Incluído pela Lei n. 14.382, de 2022.)

> § 1.º A inscrição em dívida ativa da Fazenda Pública não se sujeita ao registro de que trata o *caput* deste artigo para efeito da presunção de fraude de que trata o art. 185 da Lei n. 5.172, de 25 de outubro de 1966 (Código Tributário Nacional). (Incluído pela Lei n. 14.382, de 2022.)
>
> § 2.º O disposto no *caput* deste artigo não se aplica ao registro e à constituição de ônus e de gravames previstos em legislação específica, inclusive o estabelecido: (Incluído pela Lei n. 14.382, de 2022.)
>
> I – na Lei n. 9.503, de 23 de setembro de 1997 (Código de Trânsito Brasileiro); e (Incluído pela Lei n. 14.382, de 2022.)
>
> II – no art. 26 da Lei n. 12.810, de 15 de maio de 2013. (Incluído pela Lei n. 14.382, de 2022.)

Lei n. 14.382/2022

> Art. 20. Ficam revogados:
>
> (...)
>
> III – os seguintes dispositivos da Lei n. 6.015, de 31 de dezembro de 1973 (Lei de Registros Públicos):
>
> (...)
>
> e) item 2.º do *caput* do art. 129;
>
> (...)

O art. 129 da LRP lista atos jurídicos que precisam ser registrados no RTD para produzir efeitos contra terceiros. A Lei do SERP promoveu alguns ajustes, sobre os quais comentaremos nos próximos subcapítulos.

6.4.1. Fim do registro de depósito e caução no RTD e o procedimento de registro de penhor e parceria (revogação do item 2.º do art. 129, bem como dos arts. 144 e 145 da Lei de Registros Públicos; e art. 20, III, *e*, *g* e *h*, da Lei n. 14.382/2022)

Lei de Registros Públicos (Lei n. 6.015/1973)

> Art. 129. Estão sujeitos a registro, no Registro de Títulos e Documentos, para surtir efeitos em relação a terceiros:
>
> ....

~~2.º) os documentos decorrentes de depósitos, ou de cauções feitos em garantia de cumprimento de obrigações contratuais, ainda que em separado dos respectivos instrumentos;~~ **(Revogado pela Lei n. 14.382, de 2022.)**

(...)

~~Art. 144. O registro de contratos de penhor, caução e parceria será feito com declaração do nome, profissão e domicílio do credor e do devedor, valor da dívida, juros, penas, vencimento e especificações dos objetos apenhados, pessoa em poder de quem ficam, espécie do título, condições do contrato, data e número de ordem.~~ **(Revogado pela Lei n. 14.382, de 2022.)**

~~Parágrafo único. Nos contratos de parceria, serão considerados credor o parceiro proprietário e devedor, o parceiro cultivador ou criador.~~ **(Revogado pela Lei n. 14.382, de 2022.)**

~~Art. 145. Qualquer dos interessados poderá levar a registro os contratos de penhor ou caução.~~ **(Revogado pela Lei n. 14.382, de 2022.)**

Lei n. 14.382/2022

Art. 20. Ficam revogados:

(...)

III – os seguintes dispositivos da Lei n. 6.015, de 31 de dezembro de 1973 (Lei de Registros Públicos):

(...)

e) item 2.º do *caput* do art. 129;

(...)

g) art. 144;

h) art. 145;

(...)

Depósito e caução no RTD

Na prática contratual, observa-se, por vezes, o oferecimento de um depósito ou de uma caução em garantia. Cite-se, por exemplo, o fato de no *check in* de um hotel o hóspede ter que deixar um valor em dinheiro como garantia pelo pagamento dos consumos internos que tiver durante a hospedagem. Outra ilustração seria a de um locador de veículo que exige um valor em dinheiro como garantia do pagamento da dívida.

Essa prática contratual, porém, vem assumindo diferentes maneiras, especialmente com a expansão do uso do cartão de crédito. No lugar de o interessado exigir uma caução ou um depósito de um bem em garantia, bloqueia-se, no cartão de crédito, um valor a ser liberado após a cessação do receio de inadimplência. Trata-se, na verdade, de uma das novas formas de operacionalização de depósito ou caução, envolvendo créditos.

Do ponto de vista técnico, há discussões jurídicas acerca da natureza da caução e até do depósito. Não convém aprofundar esse aspecto, eis que o foco aqui é sobre a formalidade exigida para esses negócios jurídicos. Transcrevemos, de qualquer forma, o resumo de artigo sobre o tema, escrito pelo primeiro coautor deste livro:[9]

> "O texto detalha aspectos pouco explorados pela legislação e pela doutrina sobre a 'caução de bens'. A caução é muito usual no quotidiano, mas o seu regime jurídico é obscuro. O texto pretende contribuir com a sistematização desse instituto. Em suma, entre outras questões, estabelece o seguinte:
>
> 1) Em regra, a caução de bens pode ser estipulada com base no princípio da autonomia da vontade. Se, porém, houver lei específica, ela poderá ser tanto um direito obrigacional com eficácia real ou como um direito real, a depender do que for previsto na lei (capítulo 2).
>
> 2) Na caução em dinheiro como direito obrigacional, se houver inadimplemento da dívida garantia, o caucionário pode simplesmente abster-se de pagar ao caucionante o valor equivalente ao da caução com base na *exceptio non adimpleti contractus*. Não há necessidade da propositura de ação judicial de execução da caução (capítulo 3.1.)
>
> 3) Na caução de dinheiro, se o credor caucionário não tiver dever legal ou contratual de manter segregados os valores em um determinado local (conta bancária, aplicação financeira etc.), a propriedade do dinheiro continua sendo do devedor caucionante, de maneira que: (a) a não devolução do valor por dolo pode configurar crime

---

[9] OLIVEIRA, Carlos Eduardo Elias de. A natureza jurídica da caução e repercussões civis, processuais, penais, notariais e de registro público. *JusBrasil*, 2018. Disponível em: https://flaviotartuce.jusbrasil.com.br/artigos/679048610/a-natureza-juridica-da-caucao-e-repercussoes-civis-processuais-penais-notariais-e-de-registro-publico.

de apropriação indébita; (b) o dinheiro não poderá ser penhorado por dívidas pessoais do credor caucionário; (c) o credor caucionário não poderá valer-se da impenhorabilidade da poupança prevista no art. 833, X, do CPC; e (d) não haverá proteção do bem de família se este tiver sido adquirido após o recebimento da caução pecuniária (capítulo 3).

4) Se a caução em dinheiro não tiver sido acompanhada de um dever legal ou contratual de o credor caucionário guardar a coisa em um local específico, a propriedade do dinheiro passará a ser do credor caucionário, que terá uma obrigação de dar (e não restituir) um valor equivalente ao final do contrato se não houver inadimplemento. Daí decorre que: (a) não há falar em crime de apropriação indébita; (b) dívidas pessoais do credor caucionário poderão acarretar penhora do dinheiro que o caucionário tiver consigo; (c) o credor caucionário pode valer-se da impenhorabilidade da poupança na forma do art. art. 833, X, do CPC; e do bem de família (capítulo 3).

5) Se inexistir lei dando eficácia erga omnes, a caução de imóveis é devida como simples direito obrigacional, mas não poderá ingressar na matrícula do imóvel. Se, porém, houver lei, a caução de imóvel será um direito obrigacional com eficácia real ou um direito real e, nessa condição, poderá ingressar no álbum imobiliário no Cartório de Imóveis. No caso de locação predial urbana, a caução de imóveis é um direito obrigacional com eficácia real, pode ser instituída por instrumento particular (não se aplica o art. 108 do CC) e é objeto de ato de averbação na matrícula do imóvel (capítulo 4).

6) A caução de direitos aquisitivos e creditórios relativos a imóveis é direito real e deve ser averbada na matrícula do imóvel (capítulos 5 e 6).

7) A caução de direitos de créditos pode livremente ser estipulada como simples direitos obrigacionais. Se houver lei específica, ela será um "direito obrigacional com eficácia real" ou um direito real. Se o crédito for hipotecário ou pignoratício, é necessária a averbação no registro público competente (capítulo 7).

O fato é que há diferentes aplicações práticas para a caução e o depósito oferecido em garantia de contratos.

Antigamente, o item 2.º do art. 129 da LRP previa, como regra geral, a obrigatoriedade do registro do instrumento de caução e de depósito para sua eficácia *erga omnes*. Esse dispositivo foi revogado pela Lei do SERP (Lei

n. 14.382/2022). Não há mais obrigatoriedade desse registro nem mais uma previsão genérica de eficácia *erga omnes* da caução ou do depósito. Essa revogação justificou-se pelo fato de desuso, uma vez que era raro os credores levarem a registro no RTD instrumentos de caução ou de depósito em garantia de obrigações.

Daí o melhor entendimento ser o de que, em regra, a caução e o depósito em garantia são direitos meramente obrigacionais, sem eficácia *erga omnes* e, portanto, sem necessidade de registro no RTD. As partes podem até promover o registro do instrumento no RTD, mas este não conferirá eficácia *erga omnes* ao negócio jurídico. O registro aí será apenas para conservação, seja como registro facultativo (inc. VII do art. 127 da LRP), seja como registro residual (parágrafo único do art. 127 da LRP).

A exceção dá-se no caso de haver lei em sentido contrário. É o que ocorre com a caução de bens móveis ou imóveis em locações prediais urbanas. O art. 38 da Lei de Locação (Lei n. 8.245/1991) impõe-lhes a inscrição nos registros públicos: RTD, para a caução de móvel; e RI, para caução de imóvel.[10] Ter-se-á, nesse caso, um direito obrigacional com eficácia real.

Outra exceção é se as partes formalizarem a caução ou o depósito mediante a instituição de um direito real.[11] Nessa hipótese, a caução ou o depósito será o próprio direito real instituído.

Mais uma exceção poderá ser obtida à luz da doutrina do terceiro cúmplice em cada caso concreto. Se, em algum caso concreto, for comprovado que o terceiro agiu de má-fé com relação ao contrato de caução ou de depósito em garantia, ele poderá ser alcançado em nome da doutrina do ter-

---

[10] Lei n. 8.245/1991. "Art. 38. A caução poderá ser em bens móveis ou imóveis.
§ 1.º A caução em bens móveis deverá ser registrada em cartório de títulos e documentos; a em bens imóveis deverá ser averbada à margem da respectiva matrícula. § 2.º A caução em dinheiro, que não poderá exceder o equivalente a três meses de aluguel, será depositada em caderneta de poupança, autorizada, pelo Poder Público e por ele regulamentada, revertendo em benefício do locatário todas as vantagens dela decorrentes por ocasião do levantamento da soma respectiva. § 3.º A caução em títulos e ações deverá ser substituída, no prazo de trinta dias, em caso de concordata, falência ou liquidação das sociedades emissoras."

[11] OLIVEIRA, Carlos Eduardo Elias de. A natureza jurídica da caução e repercussões civis, processuais, penais, notariais e de registro público. *JusBrasil*, 2018. Disponível em: https://flaviotartuce.jusbrasil.com.br/artigos/679048610/a-natureza-juridica-da-caucao-e-repercussoes-civis-processuais-penais-notariais-e-de-registro-publico.

ceiro cúmplice. Imagine-se, por exemplo, alguém que, de má-fé, adquire um computador que havia sido oferecido em caução. Esse terceiro adquirente de má-fé poderá ser obrigado a restituir o computador ao proprietário, apesar de não ter sido parte do contrato de caução, tudo em nome da doutrina do terceiro cúmplice.

Contratos de penhor, caução e parceria: inocuidade da revogação dos arts. 144 e 145 da LRP

Conforme antes exposto, com a revogação do item 2.º do art. 129 da LRP, o registro da caução no RTD deixou de ser obrigatório para produzir efeitos contra terceiros. Em decorrência disso, o legislador buscou ajustar outros dispositivos que tratavam do registro da caução, especificamente os arts. 144 e 145 da LRP. Esses dispositivos cuidavam do conteúdo mínimo do registro e de quem poderia apresentá-lo a registro. O legislador resolveu revogar esses preceitos com o objetivo de deixar clara a sua opção de afastar a regra do registro da caução no RTD.

Acontece que esses preceitos legais também tratavam de outros fatos jurídicos inscritíveis no RTD. O art. 144 da LRP cuidava do conteúdo mínimo do registro do penhor e da parceria agrícola. O art. 145 da LRP lidava com a legitimidade subjetiva para apresentar o título do penhor a registro. Com a revogação, indaga-se: houve ou não alguma mudança com relação ao registro do penhor e da parceria agrícola?

Entendemos que nada mudou. A obrigatoriedade do registro desses títulos segue respaldada pelo art. 127, II e V, da LRP.[12] O conteúdo mínimo do registro do contrato de parceria e do penhor continua implícito a partir do princípio da especialidade objetiva, subjetiva e do fato jurídico, além das normas específicas, como o art. 1.424 do CC para o penhor. A legitimidade de qualquer das partes em apresentar o título a registro é inerente ao próprio negócio jurídico. Enfim, os arts. 144 e 145 da LRP eram dispensáveis; tinham função mais didática do que de inovação legislativa.

---

[12] Lei n. 6.015/1973. "Art. 127. No Registro de Títulos e Documentos será feita a transcrição:
(...); II – do penhor comum sobre coisas móveis; (...); V – do contrato de parceria agrícola ou pecuária."

6.4.2. Ajuste redacional para registro, no RTD, do extrato em caso de alienação fiduciária de móveis, de cessão de direitos e de créditos e da reserva de domínio (art. 129, itens 5.º, 9.º e 10.º, da Lei de Registros Públicos)

> **Lei de Registros Públicos (Lei n. 6.015/1973)**
>
> Art. 129. Estão sujeitos a registro, no Registro de Títulos e Documentos, para surtir efeitos em relação a terceiros:
>
> (...)
>
> 5.º) os contratos de compra e venda em prestações, com reserva de domínio ou não, qualquer que seja a forma de que se revistam, e os contratos de alienação ou de promessas de venda referentes a bens móveis; (Redação dada pela Lei n. 14.382, de 2022.)
>
> (...)
>
> 9.º) os instrumentos de sub-rogação e de dação em pagamento; (Redação dada pela Lei n. 14.382, de 2022.)
>
> 10.º) a cessão de direitos e de créditos, a reserva de domínio e a alienação fiduciária de bens móveis; e (Incluído pela Lei n. 14.382, de 2022.)
>
> (...)

Com a Lei do SERP (Lei n. 14.382/2022), o registro da alienação fiduciária em garantia sobre móveis foi deslocado do item "5.º" para o item "10.º" do art. 129 da LRP, com um ajuste redacional: no lugar de mencionar o registro dos "contratos" de alienação fiduciária, alude-se ao registro da alienação fiduciária, sem se referir ao substantivo contrato.

A mudança parece meramente estética em uma primeira análise, mas não o é, ao menos puramente. A eliminação do substantivo "contrato" é para deixar claro que o registro poderá ser do extrato do contrato, e não apenas do instrumento contratual, tudo em sintonia com o que já expusemos quando tratamos do SERP no item 2.5. Ademais, a alienação fiduciária em garantia não é um contrato propriamente dito, mas um direito real de garantia sobre coisa própria.

Similar ajuste redacional foi feito com relação à cessão de direitos e de créditos. Ela estava prevista na antiga redação do item "9.º" como "instrumentos de cessão de direitos e de créditos". O legislador suprimiu o substantivo "instrumentos" e, por estética, deslocou a previsão do registro dessa cessão para o item "10.º". O objetivo é apenas afastar interpretações contrárias ao registro do extrato da cessão de direitos e de crédito, em consonância com o que expusemos no item 2.5.

Igual raciocínio recai sobre a "reserva de domínio", eis que era prevista apenas no item "5.º" do art. 129 da LRP, vinculada ao registro do "contrato de compra e venda". A Lei do SERP resolveu prever o registro da reserva de domínio no item "10.º" sem o substantivo "contratos". O objetivo foi deixar claro que o título *lato sensu* pode ser o extrato, e não apenas o título *stricto sensu*.

Nesse ponto, entendemos que a mudança legislativa gera confusão, especialmente por ter mantido a previsão da reserva de domínio no item 5.º do art. 129 da LRP. Isso, porque a reserva de domínio é uma cláusula especial ou pacto adjeto do contrato de compra e venda, conforme reconhece o Código Civil. Consiste em uma condição suspensiva que vincula a transferência do bem móvel vendido ao pagamento do preço. Precisa ser registrada no RTD do domicílio do comprador para produzir efeitos *erga omnes,* como se retira do art. 522 do Código Civil. O item "10.º"do art. 129 da LRP está em consonância com essa previsão.

No entanto, o item 5.º do art. 129 da LRP segue prevendo que, para produzir efeitos contra terceiros, é necessário o registro, no RTD, dos "contratos de compra e venda em prestações, com reserva de domínio ou não, qualquer que seja a forma de que se revistam". Daí surgem duas dúvidas: *a)* seria ou não necessário haver um duplo registro do contrato de compra e venda com cláusula especial de retrovenda?; e *b)* a compra e venda a preço parcelado sem cláusula de retrovenda também precisa ser registrada no RTD para produzir efeitos contra terceiros? Importante lembrar que estamos tratando aqui apenas de venda de bens móveis, porque os de imóveis são registráveis no RI.

Entendemos que tudo não passa de um lapso legislativo. O item 5.º deveria ter sido revogado, mas não o foi. Afinal, o que se registra é a cláusula de retrovenda, e não o contrato de compra e venda de móvel, sendo descabido interpretar que o registro do contrato de compra e venda sobre móvel é essencial. Na compra e venda de móvel, a transferência da propriedade dá-se com a tradição, e não com o registro, pelo que se extrai do art. 1.226 do Código Civil: "Os direitos reais sobre coisas móveis, quando constituídos, ou transmitidos por atos entre vivos, só se adquirem com a tradição".

Desse modo, destacamos *duas conclusões* a respeito do tema.

A primeira delas é que basta o registro da cláusula de retrovenda no RTD com fundamento no item "10.º" do art. 129 da LRP, dispensada a realização cumulativa e burocrática do contrato de compra e venda, ou seja, não há necessidade de duplo registro no RTD.

A segunda conclusão é a de que, no caso de compra e venda de móvel sem retrovenda a preço parcelado, o item "5.º" do art. 129 da LRP deve ser submetido à técnica do *diálogo das fontes* com o Código Civil, a fim de estabelecer que: *a)* na compra e venda de móvel, a eficácia *erga omnes* é alcançada com as hipóteses legais de transmissão do direito real mobiliário, ou seja, a tradição (art. 1.226 do CC); *b)* o contrato de compra e venda de móvel sem retrovenda não goza de eficácia *erga omnes*, ainda que registrado no RTD; e *c)* o registro no RTD desse contrato é previsto no item "5.º" do art. 129 da LRP apenas para, se futuramente o legislador passar a dar eficácia *erga omnes* a esse contrato, haver fundamento legal para seu registro.

6.4.3. Exclusão de gravames em lei específica: veículo e valores mobiliários (art. 129, § 2.º, da Lei de Registros Públicos)

Lei de Registros Públicos (Lei n. 6.015/1973)

Art. 129. Estão sujeitos a registro, no Registro de Títulos e Documentos, para surtir efeitos em relação a terceiros:

(...)

§ 2.º O disposto no *caput* deste artigo não se aplica ao registro e à constituição de ônus e de gravames previstos em legislação específica, inclusive o estabelecido: (Incluído pela Lei n. 14.382, de 2022.)

I – na Lei n. 9.503, de 23 de setembro de 1997 (Código de Trânsito Brasileiro); e (Incluído pela Lei n. 14.382, de 2022.)

II – no art. 26 da Lei n. 12.810, de 15 de maio de 2013. (Incluído pela Lei n. 14.382, de 2022.)

O § 2.º do art. 129 da LRP é dispositivo meramente didático, eis que mais uma vez não inova no ordenamento jurídico brasileiro. Ele apenas deixa claro que o registro no RTD estabelecido na LRP não se aplica quando houver leis especiais prevendo outro tipo de ato registral para a instituição de ônus reais.

Entre essas leis especiais, há as hipóteses em que as anotações nos certificados de propriedade dos veículos perante os órgãos de trânsito – os famosos Detrans – são consideradas relevantes do ponto de vista jurídico-real. Foi a essa situação que se referiu o inc. I do § 2.º do art. 129 da LRP, ao fazer menção ao Código de Trânsito Brasileiro, que dá base legal aos Detrans.

Outro caso de lei especial é relativo às hipóteses de ônus sobre valores mobiliários, para os quais o art. 26 da Lei n. 12.810/2013 prevê o registro nas entidades registradoras ou nos depositários centrais.[13] A B3, por exemplo, é uma das empresas brasileiras que atuam como entidade registradora e depositária central e, nessa condição, realiza registros, tal como de penhor de ações de sociedades anônimas. É a essa hipótese que alude o inc. II do § 2.º do art. 129 da LRP.

Feita essa explicação, convém aprofundar o tema. A instituição de direitos reais sobre bens móveis dá-se, em regra, com a tradição (arts. 1.226

---

[13] Lei n. 12.810/2013 "Art. 26. A constituição de gravames e ônus, inclusive para fins de publicidade e eficácia perante terceiros, sobre ativos financeiros e valores mobiliários objeto de registro ou de depósito centralizado será realizada, exclusivamente, nas entidades registradoras ou nos depositários centrais em que os ativos financeiros e valores mobiliários estejam registrados ou depositados, independentemente da natureza do negócio jurídico a que digam respeito. (Redação dada pela Lei n. 13.476, de 2017.) § 1.º Para fins de constituição de gravames e ônus sobre ativos financeiros e valores mobiliários que não estejam registrados ou depositados nas entidades registradoras ou nos depositários centrais, aplica-se o disposto nas respectivas legislações específicas. (Incluído pela Lei n. 13.476, de 2017.) § 2.º A constituição de gravames e ônus de que trata o *caput* deste artigo poderá ser realizada de forma individualizada ou universal, por meio de mecanismos de identificação e agrupamento definidos pelas entidades registradoras ou pelos depositários centrais de ativos financeiros e valores mobiliários. (Incluído pela Lei n. 13.476, de 2017.) § 3.º Nas hipóteses em que a lei exigir instrumento ou disposição contratual específica para a constituição de gravames e ônus, deverá o instrumento ser registrado na entidade registradora ou no depositário central, para os fins previstos no *caput* deste artigo. (Incluído pela Lei n. 13.476, de 2017.) § 4.º Compete ao Banco Central do Brasil e à Comissão de Valores Mobiliários, no âmbito de suas competências, estabelecer as condições para a constituição de gravames e ônus prevista neste artigo pelas entidades registradoras ou pelos depositários centrais, inclusive no que concerne ao acesso à informação. (Incluído pela Lei n. 13.476, de 2017.) § 5.º Compete ao Banco Central do Brasil, no âmbito de suas atribuições legais, monitorar as operações de crédito afetadas pelo disposto neste artigo, com a verificação do nível de redução do custo médio dessas operações, a ser divulgado mensalmente, na forma do regulamento."

e 1.267 do CC). Existem, porém, exceções, entre as quais aquelas situações que exigem o registro público para tal efeito. É preciso definir cada caso para identificar qual o órgão de registro público competente.

O RTD costuma ser a serventia registral de excelência para esses casos excepcionais de registro de direitos reais mobiliários, a exemplo do penhor comum (art. 1.432 do CC) e do penhor de direitos (art. 1.452 do CC). Há, porém, outras instâncias admitidas pela lei no lugar do RTD. Podem ser citadas, como exemplos, algumas situações bem pontuais de direitos reais sobre veículos. Existem circunstâncias em que basta a anotação perante os órgãos de trânsito (Detran), os quais são previstos genericamente no Código de Trânsito Brasileiro (Lei n. 9.503/1997).

De modo mais específico, estamos a nos referir à alienação fiduciária em garantia sobre veículos, a qual, na prática, satisfaz-se com a anotação do ônus real no órgão de trânsito, de modo que o registro no RTD é inócuo, conforme interpretação do STJ (ver: REsp 875.634/PB, 2.ª Turma, Rel. Min. Eliana Calmon, *DJe* 04.03.2009 e Ag. Int. no AREsp 1.601.152/RN, 2.ª Turma, Rel. Min. Francisco Falcão, *DJe* 22.10.2020). No mesmo sentido é a Súmula n. 92 do Superior Tribunal de Justiça, com a seguinte redação: "A terceiro de boa-fé não é oponível a alienação fiduciária não anotada no certificado de registro do veículo automotor".

Também estamos a nos referir ao penhor de veículos. Para ele, é verdade que, à luz do art. 1.462 do Código Civil, exige-se, além do registro no RTD, a anotação do penhor no certificado de propriedade do veículo perante o Detran. Todavia, a tendência é o esvaziamento do registro no RTD, conforme se intui do entendimento supracitado do Superior Tribunal de Justiça para a alienação fiduciária em garantia sobre automóveis.

Entretanto, é preciso, porém, tomar cuidado com essa afirmação. O "registro" no Detran não é, em regra, dotado de efeitos jurídico-reais, tratando-se de mero cadastro de natureza de Direito Administrativo. O direito real de propriedade sobre um veículo, por exemplo, depende da tradição, e não do seu registro no Detran. Ao entregar o carro ao comprador, há a transferência da propriedade do veículo, o que, inclusive, atrai para o comprador os riscos próprios da propriedade, como o dever de indenizar terceiros vítimas do uso do veículo. Essa, aliás, é a *ratio* da Súmula n. 132 do Superior Tribunal de Justiça: "A ausência de registro da transferência não implica a responsabilidade do antigo proprietário por dano resultante de acidente que envolva o veículo alienado". Exceções a essa eficácia meramente de Direito Administrativo do "registro" do Detran depende de lei, caso da alienação fiduciária em garantia e do penhor envolvendo automóveis.

No tocante a valores mobiliários – como são as ações de companhias abertas, negociadas na Bolsas de Valores –, é controverso se os "ônus" passíveis de serem instituídos sobre eles são efetivamente direitos reais ou não. Há polêmica se os direitos reais realmente recaem sobre coisas incorpóreas. Colocando-se de lado essa discussão, o fato é que vários ônus que possam ser instituídos sobre os valores mobiliários são constituídos mediante registro em entidades registradoras ou em depositárias centrais, conforme o art. 26 da Lei n. 12.810/2013.

Em suma, o § 2.º do art. 129 da LRP é dispositivo fruto de preocupação do legislador em repelir interpretações que alastrem a competência registral do RTD em detrimento da competência registral atribuída, de modo pontual, a outras instâncias para determinados ônus reais sobre bens móveis, a exemplo dos Detrans e das entidades registradoras de valores mobiliários.

6.4.4. Registro, no RTD, de constrições judiciais ou administrativas em móveis e créditos e caso do crédito fazendário (art. 129, "11.º" e § 1.º, da Lei de Registros Públicos)

Lei de Registros Públicos (Lei n. 6.015/1973)

Art. 129. Estão sujeitos a registro, no Registro de Títulos e Documentos, para surtir efeitos em relação a terceiros:

(...)

11.º) as constrições judiciais ou administrativas sobre bens móveis corpóreos e sobre direitos de crédito. (Incluído pela Lei n. 14.382, de 2022.)

§ 1.º A inscrição em dívida ativa da Fazenda Pública não se sujeita ao registro de que trata o *caput* deste artigo para efeito da presunção de fraude de que trata o art. 185 da Lei n. 5.172, de 25 de outubro de 1966 (Código Tributário Nacional). (Incluído pela Lei n. 14.382, de 2022.)

(...)

A Lei do SERP incluiu uma nova hipótese de registro obrigatório no RTD para produção de efeitos *erga omnes,* qual seja das constrições judiciais ou administrativas sobre bens móveis corpóreos e sobre direitos de crédito. Uma penhora sobre direito de crédito, por exemplo, deveria ser registrada no RTD.

Constrições administrativas também devem ser registradas no RTD. A decretação de indisponibilidade dos bens dos administradores de instituições financeiras, por conta da decretação da liquidação extrajudicial pelo Banco Central, seria um exemplo de constrição administrativa (art. 36, § 1.º, da Lei n. 6.024/1974).

A aposta da Lei do SERP é que, com essa concentração dos atos de constrição no RTD, terceiros terão maior segurança jurídica para celebrar negócios envolvendo bens móveis corpóreos ou direitos de crédito. Como os RTDs precisam estar integrados digital e nacionalmente para prestar seus serviços por meio do SERP, os terceiros teriam facilidade na realização de consultas, tudo nos termos do inc. X do art. 3.º da Lei do SERP:

> "Art. 3.º O SERP tem o objetivo de viabilizar: (...). X – a consulta: a) às indisponibilidades de bens decretadas pelo Poder Judiciário ou por entes públicos; b) às restrições e aos gravames de origem legal, convencional ou processual incidentes sobre bens móveis e imóveis registrados ou averbados nos registros públicos; e c) aos atos em que a pessoa pesquisada conste como: 1. devedora de título protestado e não pago; 2. garantidora real; 3. cedente convencional de crédito; ou 4. titular de direito sobre bem objeto de constrição processual ou administrativa; e".

O acréscimo *supra* foi fruto de preocupação do mercado como um todo, receoso que fica com as surpresas ocasionadas com constrições judiciais ou administrativas de difícil identificação. Suponha-se, por exemplo, o caso de um Fundo de Investimento em Direito Creditório adquirindo determinado crédito. Seu receio é que, posteriormente à aquisição desse crédito, seja descoberta a preexistência de uma penhora judicial com preferência.

Aproveitando esse exemplo, o que a Lei do SERP pretendeu ao exigir o registro das constrições judiciais ou administrativas foi "blindar" esse Fundo de Investimento Creditório. Se a penhora judicial não foi registrada no

RTD, ela não será oponível contra terceiros de boa-fé, como o Fundo de Investimento. Sob essa lógica, os terceiros adquirentes de bens móveis ou de direitos creditórios teriam segurança jurídica se nada tiverem identificado de ônus em sua consulta feita perante os RTDs brasileiros na plataforma eletrônica do SERP.

Concordamos, do ponto de vista teórico, com a interpretação exposta, porque o *caput* do art. 129 da LRP é expresso em condicionar a eficácia *erga omnes* ao registro, no RTD, das constrições administrativas e judiciais. Todavia, externamos certa desconfiança de que essa interpretação prevalecerá na prática, especialmente porque a Lei do SERP não promoveu alterações nas leis processuais que disciplinam as constrições judiciais nem nas leis que tratam das constrições administrativas. O legislador tropeçou nesse ponto, eis que deixou abertura ao "boicote hermenêutico" à sua vontade. No mundo prático, é comum haver choque entre a vontade do legislador e a interpretação do operador do Direito, de modo que: "por vezes, quando o intérprete mantém resistência à escolha legislativa, adota uma postura de boicote hermenêutico à vontade do legislador por meio de uma hermenêutica de resistência, dando interpretação absolutamente restritiva ao texto legal".[14]

Pensamos haver forte tendência de preponderar o entendimento de que essas leis especiais prevaleçam em nome do princípio da especialidade. Dessa maneira, o item "11.º" do art. 129 da LRP só seria aplicável aos casos em que as leis especiais que disciplinam as constrições judiciais ou administrativas exigissem o registro, no RTD, para a eficácia *erga omnes*. Como, na prática, escasseiam leis especiais com essa regra, a tendência é a inocuidade do item "11.º" do art. 129 da LRP.

Ainda em termos práticos, é recomendável que terceiros que venham a adquirir bens móveis corpóreos ou créditos sigam realizando as buscas antecedendo à concretização de negócios, com as costumeiras pesquisas de ônus perante o Poder Judiciário e as demais instâncias públicas pertinentes, ao menos enquanto não houver a necessária pacificação do assunto.

---

14 OLIVEIRA, Carlos Eduardo Elias de. Nota Informativa n. 2.840, de 2019. 10 jun. 2019 Disponível em: https://corregedoria.tjce.jus.br/wp-content/uploads/2019/08/Of%-C3%ADcio-Circular-292-2019.pdf.

6.5. Competência territorial do RTD, eficácia a partir do registro e flexibilização da exigência de reconhecimento de firma no título ou no documento: *vacatio legis* até 1.º de janeiro de 2024 (art. 130 da Lei de Registros Públicos; e art. 21, I, da Lei n. 14.382/2022)

Lei n. 6.015/1973 (LRP)

VACATIO LEGIS ATÉ 1.º DE JANEIRO DE 2024[15]

Art. 130. Os atos enumerados nos arts. 127 e 129 desta Lei serão registrados no domicílio:

I – das partes, quando residirem na mesma circunscrição territorial;

II – de um dos devedores ou garantidores, quando as partes residirem em circunscrições territoriais diversas; ou

III – de uma das partes, quando não houver devedor ou garantidor.

§ 1.º Os atos de que trata este artigo produzirão efeitos a partir da data do registro.

§ 2.º O registro de títulos e documentos não exigirá reconhecimento de firma, e caberá exclusivamente ao apresentante a responsabilidade pela autenticidade das assinaturas constantes de documento particular.

§ 3.º O documento de quitação ou de exoneração da obrigação constante do título registrado, quando apresentado em meio físico, deverá conter o reconhecimento de firma do credor.

Lei n. 14.382/2022

Art. 21. Esta Lei entra em vigor:

I – em 1.º de janeiro de 2024, quanto ao art. 11, na parte em que altera o art. 130 da Lei n. 6.015, de 31 de dezembro de 1973 (Lei de Registros Públicos); e

II – na data de sua publicação, quanto aos demais dispositivos.

---

[15] Veja a seguir o texto em vigor da Lei n. 6.015/1973 até 1.º de janeiro de 2024: "Art. 130. Dentro do prazo de vinte dias da data da sua assinatura pelas partes, todos os atos enumerados nos arts. 127 e 129, serão registrados no domicílio das partes contratantes e, quando residam estas em circunscrições territoriais diversas, far-se-á o registro em todas elas. (Renumerado do art. 131 pela Lei n. 6.216, de 1975.) Parágrafo único. Os registros de documentos apresentados, depois de findo o prazo, produzirão efeitos a partir da data da apresentação".

Competência territorial do RTD

O que comentaremos a seguir só entrará em vigor em 1.º de janeiro de 2024, tendo em vista a *vacatio legis* contida no inc. I do art. 21 da Lei do SERP.

Antes da Lei do SERP, o art. 130 da LRP exigia um duplo registro na hipótese de as partes de um contrato terem domicílios em circunscrições diferentes: era necessário registrar o mesmo título nos RTDs de cada uma das duas partes. Se houvesse mais partes, também seria preciso registrar no RTD do domicílio dessas outras partes. Tratava-se de uma repetição de registros, que impunha custos e transtornos às partes. Essa exigência só fazia sentido antigamente, quando o mundo digital e a transmissão eletrônica das informações eram uma realidade distante, a impor a terceiros o ônus de viajarem fisicamente a outras cidades para obterem certidões de cartórios.

Essa repetição de registros perdeu sentido há algum tempo, diante da expansão do mundo digital, com a maior facilidade de terceiros consultarem dados de serventias de outras localidades. O ambiente atual é de *desterritorialização* e de digitalização do mundo. Menos importa o lugar geográfico das pessoas, mais interessa a sua inserção na *internet* para a realização de negócios e de buscas de informações.

A Lei do SERP (Lei n. 14.382/2022) enfrenta, de vez, essa anacronia, alterando o art. 130 da LRP, partindo do pressuposto de que todos os RTDs brasileiros estão obrigados a interligar-se digitalmente por meio do SERP e a prestar seus serviços de modo remoto aos cidadãos.

Por conta disso, o art. 130, I a III, da LRP acaba com o duplo registro na hipótese de partes com diferentes domicílios. Bastará o registro em uma serventia, especificamente a indicada nos incs. II e III, pois terceiros poderão fazer buscas nacionais de modo digital e facilitado por meio do SERP.

À luz do último preceito, a competência territorial do RTD é o domicílio do devedor ou do garantidor da dívida. A preferência pelo RTD do domicílio do devedor ou do garantidor é pelo fato de que a publicidade do registro geralmente destina-se a cientificar terceiros que venham a negociar com o devedor. Pense, por exemplo, no registro de um penhor no RTD (art. 127, III, da LRP). A principal finalidade do registro é evitar que terceiros, desconhecendo esse ônus, acabem sofrendo prejuízos adquirindo a coisa empenhada ou celebrando outro negócio envolvendo essa coisa. Esses terceiros poderiam tomar ciência do penhor se consultassem o RTD do domicílio do dono da coisa empenhada.

Na hipótese de inexistir devedor ou garantidor, a competência territorial recai em qualquer um dos RTDs entre os dos domicílios das partes, pois estas escolhem em qual RTD fará o registro. Essa é a regra do art. 130, I a III, da LRP. No entanto, infelizmente, a regra não é clara para aplicação aos casos concretos. O legislador acabou incorrendo em atecnia ao misturar direito das obrigações com direito contratual. Esqueceu-se, por exemplo, de que, nos contratos bilaterais, ambas as partes são reciprocamente credoras e devedoras entre si, porque há, no mínimo, duas obrigações contrapostas. Como exemplo, em um contrato de locação, o locador é devedor da obrigação de garantir o uso da coisa pelo locatário e é credor da obrigação de que o locatário tem de pagar o aluguel, e vice-versa.

Diante disso, é preciso definir, para efeito do art. 130, II e III, da LRP, quem é devedor ou garantidor. Entendemos que o correto é considerar como devedor ou garantidor a parte que tenha uma obrigação de pagar dinheiro ou que seja titular de bem objeto de garantia ou objeto do contrato, decorrendo dessas afirmações a regra do domicílio.

No caso de o contrato dizer respeito a um imóvel, deve-se preferir o lugar da situação do bem, considerando-o abrangido teleologicamente pela expressão "domicílio" do dono. Na hipótese de "empate" – como no caso de obrigações pecuniárias de ambas as partes –, entendemos que qualquer dos domicílios poderia ser escolhido pelas partes para definir o registro no RTD, sendo certo que bastará o registro em um dos RTDs. Não faz sentido exigir a repetição de registro em diferentes RTDs, sob pena de se contrariarem a finalidade desburocratizante e a vocação desterritorializada e digitalizada da Lei do SERP. Será preciso olhar o caso concreto, sempre voltado ao fato de que a preferência é para o RTD de mais fácil acesso a terceiros que possam ser atingidos pelos direitos envolvidos no título registrado.

Cabe um alerta para a hipótese do registro facultativo para fins de conservação do inc. VII do art. 127 da LRP. Para esse caso, entendemos que o RTD competente é o domicílio do apresentante, não importando o teor do documento, se envolve um contrato com devedores ou não. A finalidade desse registro é apenas a conservação e o atesto de data e de existência do documento. Não se objetiva dar publicidade a terceiros e também não se envolvem direitos oponíveis *erga omnes*.

Diante disso, passamos a expor o RTD competente territorialmente em cada uma das hipóteses dos arts. 127 e 128 da LRP, com a advertência de que poderá haver particularidades fáticas no caso concreto a endereçar solução diversa:

Artigo da LRP	Item, inciso ou parágrafo	Fato jurídico ou título inscritível	Competência territorial do RTD
Art. 127	I	instrumentos particulares, para a prova das obrigações convencionais de qualquer valor	1.º) Domicílio do devedor da obrigação pecuniária 2.º) Se não houver, qualquer um dos RTDs dos domicílios das partes
	II	do penhor comum sobre coisas móveis	Domicílio do dono da coisa empenhada
	III	caução de títulos de crédito pessoal e da dívida pública federal, estadual ou municipal, ou de Bolsa ao portador	Domicílio do caucionante
	IV	REVOGADO	
	V	contrato de parceria agrícola ou pecuária	1.º) Lugar do imóvel. 2.º) Se o imóvel alcançar mais de uma circunscrição, qualquer um dos RTD envolvidos
	VI	mandado judicial de renovação do contrato de arrendamento para sua vigência, quer entre as partes contratantes, quer em face de terceiros	1.º) Lugar do imóvel 2.º) Se o imóvel alcançar mais de uma circunscrição, qualquer um dos RTD envolvidos
	VII	facultativo, de quaisquer documentos, para sua conservação	Domicílio do apresentante
	Parágrafo único	caberá ao Registro de Títulos e Documentos a realização de quaisquer registros não atribuídos expressamente a outro ofício	É preciso ver o caso concreto

continua

continuação

Artigo da LRP	Item, inciso ou parágrafo	Fato jurídico ou título inscritível	Competência territorial do RTD
Art. 129	1.º	os contratos de locação de prédios, sem prejuízo do disposto do art. 167, I, n. 3	Lugar do imóvel
	2.º	REVOGADO	
	3.º	as cartas de fiança, em geral, feitas por instrumento particular, seja qual for a natureza do compromisso por elas abonado	Domicílio do fiador
	4.º	os contratos de locação de serviços não atribuídos a outras repartições	Domicílio do tomador do serviço (que tem a obrigação pecuniária)
	5.º	os contratos de compra e venda em prestações, com reserva de domínio ou não, qualquer que seja a forma de que se revistam, e os contratos de alienação ou de promessas de venda referentes a bens móveis	Domicílio do comprador Obs.: Essa competência é reforçada quando houver cláusula de reserva de domínio no contrato de compra e venda por força da previsão expressa do art. 522 do CC
	6.º	todos os documentos de procedência estrangeira, acompanhados das respectivas traduções, para produzirem efeitos em repartições da União, dos Estados, do Distrito Federal, dos Territórios e dos Municípios ou em qualquer instância, juízo ou tribunal	Domicílio do apresentante Obs.: Não se deve enfocar o negócio em si, mas apenas a publicidade do documento estrangeiro e de sua tradução
	7.º	as quitações, recibos e contratos de compra e venda de automóveis, bem como o penhor destes, qualquer que seja a forma de que se revistam	Domicílio do comprador ou, no caso de penhor, do dono do automóvel

continua

continuação

Artigo da LRP	Item, inciso ou parágrafo	Fato jurídico ou título inscritível	Competência territorial do RTD
Art. 129	8.º	os atos administrativos expedidos para cumprimento de decisões judiciais, sem trânsito em julgado, pelas quais for determinada a entrega, pelas alfândegas e mesas de renda, de bens e mercadorias procedentes do exterior	Domicílio do destinatário da entrega dos bens e das mercadorias
	9.º	os instrumentos de sub-rogação e de dação em pagamento	Domicílio do devedor (o terceiro beneficiário da sub-rogação ou o devedor que deu um bem em pagamento)
	10.º	a cessão de direitos e de créditos, a reserva de domínio e a alienação fiduciária de bens móveis	Domicílio do cessionário (no caso de cessão de direitos ou de crédito), do comprador (no caso de reserva de domínio) ou do devedor fiduciante (no caso de alienação fiduciária) Obs.: Essa competência é reforçada quando houver cláusula de reserva de domínio por força da previsão expressa do art. 522 do CC
	11.º	as constrições judiciais ou administrativas sobre bens móveis corpóreos e sobre direitos de crédito	Domicílio do dono do bem constrito ou do titular do crédito constrito

Eficácia ex nunc *do registro*

O § 1.º do art. 130 da LRP estabelece uma eficácia *ex nunc* para o registro feito no RTD, pois é eficaz só a partir da data do registro. Consideramos equivocada essa opção legislativa, pois contraria a experiência legislativa dos registros públicos em geral, que costumam prestigiar a eficácia retroativa do registro à data do protocolo, tudo por conta da ideia de não punir o usuário por demoras do órgão registral.

Essa experiência, por exemplo, está presente no Registro de Imóveis, no qual se reconhece a eficácia retroativa do registro, ao menos para proteção diante de direitos contraditórios, conforme se infere do princípio da prioridade da prenotação, espelhado nos arts. 182, 183, 186, 191 e 192 da Lei de Registros Públicos.

Também se conhece essa experiência de retroatividade dos efeitos do registro no âmbito do Registro Mercantil – feito perante as Juntas Comerciais –, hipótese em que a retroatividade vai até a data da assinatura dos atos constitutivos das pessoas jurídicas, desde que estes tenham sido protocolados em até 30 dias de sua assinatura (art. 36 da Lei n. 8.934/1994). A escolha do legislador precisa ser respeitada, embora recomendemos que futuramente o Poder Legislativo repense essa opção.

Proibição de reconhecimento de firma no RTD, salvo para documento de exoneração da obrigação

Antes de tudo, dois alertas precisam ser feitos, pois relevantes para a teoria e a prática sobre tema.

Primeiro alerta: o que será comentado a seguir não vale para a exigência, pelo RTD, de reconhecimento de firmas em procurações. Para estas, a proibição dessa exigência decorre da revogação do art. 148 da LRP e já está em vigor desde a entrada em vigor da Lei do SERP (Lei n. 14.382/2022), que promoveu essa revogação. Sobre esse assunto, reportamo-nos aos que expusemos no item 6.2 do livro.

Segundo alerta: o que exporemos a seguir só entrará em vigor em 1.º de janeiro de 2024, tendo em vista a *vacatio legis* contida no inc. I do art. 21 da Lei do SERP. Passamos, pois, a tratar do § 2.º do art. 130 da LRP.

O § 2.º do art. 130 da LRP proíbe, de modo geral, a exigência, pelo RTD, de reconhecimento de firma nos títulos que lhe forem apresentados a registro. Cabe ao próprio apresentante a responsabilidade pela autenticidade das assinaturas lançadas no instrumento particular.

A única exceção é para o documento em meio físico de quitação ou de exoneração da obrigação constante do título registrado. Para esse caso, o § 3º do art. 130 da LRP impõe o reconhecimento de firma diante da alta sensibilidade do documento e da preocupação do legislador em evitar fraudes. Suponha-se, por exemplo, que um penhor tenha sido registrado. O cancelamento desse penhor pode dar-se com um documento de quitação da dívida expedido pelo credor autorizando a "baixa" do gravame (documento conhecido, na praxe, como "carta de anuência"). Para reduzir o risco de cartas de anuências falsas, o § 3.º do art. 130 da LRP preferiu manter a exigência de reconhecimento de firma pelo RTD.

Seja como for, os dispositivos em estudo seguem a tendência de desburocratização dos últimos anos e espelha-se na valorização da autorresponsabilidade do particular e na presunção de boa-fé do particular extraída do inc. II do art. 2.º da Lei da Liberdade Econômica (Lei n. 13.874/2019[16]). O Código de Processo Civil em vigor segue essa tendência, dispensando reconhecimentos de firma em documentos apresentados pelas partes e presumindo a autenticidade de documentos particulares não impugnados (arts. 425, IV, 411, III, e 412 do CPC).

Aliás, em alguns Estados, já vigorava essa tendência. Em São Paulo, por exemplo, o item 34 do Capítulo XIX das NSCGJ-SP já dispensava o reconhecimento de firma em títulos apresentados a registro no RTD, salvo determinação legal expressa e específica a algum título.[17]

Entendemos que essa é a melhor interpretação da legislação mesmo antes da entrada em vigor do § 2.º ao art. 130 da LRP. É que inexiste fundamento legal para os RTDs exigirem reconhecimento de firma nos títulos particulares que lhe forem levados a registro, salvo eventual lei específica em sentido contrário. Parece-nos equivocado invocar a parte inicial do inc. II do art. 221 da LRP, pois este, na verdade, impõe o reconhecimento de firma em instrumentos particulares apenas perante o Registro de Imóveis. Referido preceito não pode ser estendido, por analogia, a outras especialidades, porque esta não deve ser evitada para restringir direitos, burocratizar e contrariar princípios do ordenamento, como o da presunção de boa-fé do administrado.

---

[16] Lei n. 13.874/2019. "Art. 2.º São princípios que norteiam o disposto nesta Lei: (...); II – a boa-fé do particular perante o poder público; (...)."

[17] NSCGJ-SP. "34. Salvo exigência legal expressa, em relação a documento específico, são desnecessários o reconhecimento de firma e a assinatura de testemunhas instrumentárias no âmbito do Registro de Título e Documentos."

Enfim, com a entrada em vigor do § 2.º do art. 130 da LRP, cessa, de vez, qualquer controvérsia jurídica. O RTD não poderá condicionar o registro de títulos ao reconhecimento de firma, salvo se houver alguma norma especial com essa exigência para determinados títulos. Uma dessas normas especiais é o § 3.º do art. 130 da LRP, que requer o reconhecimento de firma para o documento de quitação ou de exoneração de obrigação constante de título registrado no RTD.

6.6. Criação de livros de indicador real, de registro facultativo e de indicador pessoal específico (art. 132 da Lei de Registros Públicos)

> **Art. 132. No registro de títulos e documentos, haverá os seguintes livros: (Redação dada pela Lei n. 14.382, de 2022.)**
>
> I – Livro A – protocolo para apontamentos de todos os títulos, documentos e papéis apresentados, diariamente, para serem registrados, ou averbados;
>
> II – Livro B – para trasladação integral de títulos e documentos, sua conservação e validade contra terceiros, ainda que registrados por extratos em outros livros;
>
> III – Livro C – para inscrição, por extração, de títulos e documentos, a fim de surtirem efeitos em relação a terceiros e autenticação de data;
>
> IV – Livro D – indicador pessoal, substituível pelo sistema de fichas, a critério e sob a responsabilidade do oficial, o qual é obrigado a fornecer com presteza as certidões pedidas pelos nomes das partes que figurarem, por qualquer modo, nos livros de registros; (Redação dada pela Lei n. 14.382, de 2022.)
>
> V – Livro E – indicador real, para matrícula de todos os bens móveis que figurarem nos demais livros, devendo conter sua identificação, referência aos números de ordem dos outros livros e anotações necessárias, inclusive direitos e ônus incidentes sobre eles; (Incluído pela Lei n. 14.382, de 2022.)
>
> VI – Livro F – para registro facultativo de documentos ou conjunto de documentos para conservação de que tratam o inciso VII do *caput* do art. 127 e o art. 127-A desta Lei; e (Incluído pela Lei n. 14.382, de 2022.)
>
> VII – Livro G – indicador pessoal específico para repositório dos nomes dos apresentantes que figurarem no Livro F, do qual deverá constar o respectivo número do registro, o nome do apresentante e o seu número

> de inscrição no Cadastro de Pessoas Físicas da Secretaria Especial da Receita Federal do Brasil do Ministério da Economia ou, no caso de pessoa jurídica, a denominação do apresentante e o seu número de inscrição no Cadastro Nacional da Pessoa Jurídica da Secretaria Especial da Receita Federal do Brasil do Ministério da Economia. (Incluído pela Lei n. 14.382, de 2022.)
>
> (...)

A respeito dos Livros "F" e "G", os quais versam sobre o registro facultativo, abordamos o assunto no item 6.1. Passamos a tratar dos outros dois livros, os Livros "D" e "E", previstos nos incs. IV e V do art. 132.

O Livro "D" é destinado a ser o indicador pessoal dos livros "A" (protocolo), "B" (registro integral) e "C" (registro por extrato). Indicador pessoal é o livro destinado a viabilizar a busca, por nome, das pessoas que figuram como titulares de direitos ou de obrigações nos títulos registrados no RTD. É preciso tomar cuidado com *dois lapsos redacionais*.

O *primeiro lapso* está no inc. IV do art. 132, uma vez que ele afirma que o Livro "D" é o indicador pessoal em relação aos "livros de registro". Na verdade, o dispositivo tem de ser interpretado restritivamente para excluir do seu alcance o livro do registro facultativo (Livro "F"), pois, para este, há um livro de indicador pessoal próprio: o Livro "G".

O *segundo lapso* está na falta de atualização do inc. II do art. 132 da LRP. O referido dispositivo prevê que o Livro "B" destina-se, entre outros fins, ao registro para "conservação". Acontece que essa finalidade específica do Livro "B" foi revogada tacitamente com a criação do Livro "F", vocacionado a servir de livro do registro facultativo para fins de conservação.

O Livro "E" é o indicador real dos demais livros (art. 132, V, da LRP). Indicador real é o livro destinado a viabilizar a busca, por identificação do bem, dos registros que envolvam títulos relativamente a esse bem. Essa busca ocorrerá por meio de matrículas dos bens móveis envolvidos nos registros praticados nos demais livros.

O inc. V do art. 132 da LRP foi lacônico, o que enseja alguns problemas acerca do que seria a matrícula de cada bem móvel. O *primeiro problema* é definir como seria possível criar uma matrícula de bens móveis de difícil identificação ou fungíveis. Como individualizar uma mesa? E uma cadeira? E sacas de soja?

Sobre esse ponto, entendemos que a abertura de matrícula de móveis no Livro "E" só deve ocorrer com relação a bens móveis individualizáveis, assim compreendidos aqueles que detenham elementos de identificação capazes de singularizá-lo. Citem-se os casos de produtos eletrônicos com números de série – como celulares e *notebooks* –, e de veículos, que contêm número de chassi. No caso de grãos de soja ou de outros bens fungíveis ou perecíveis, consideramos inviável a abertura de matrícula pela imprecisão da especialidade objetiva. Criar a matrícula com uma descrição imprecisa é gerar insegurança jurídica, causando confusão. A localização dos registros que envolvem esses bens deve ser feita com base no indicador pessoal (Livro D), a partir do nome das pessoas mencionadas no registro.

O *segundo problema* é definir os efeitos jurídicos da matrícula de bens móveis. Nesse ponto, consideramos que houve atecnia do legislador em ter lançado mão do termo "matrícula" para se referir ao indicador real. Matrícula é expressão utilizada no Registro de Imóveis com diversos efeitos jurídicos próprios, como os decorrentes do princípio da concentração e do princípio da inscrição. Nada tem a ver com a "matrícula" mencionada no Livro "E" do RTD. A matrícula desse livro deve ser reputada uma mera identificação do bem móvel envolvidos nos atos de registros praticados nos demais livros do RTD, com indicação dos dados necessários à busca desses registros.

Em suma, a "matrícula" de bens móveis do Livro "E" não é uma matrícula do ponto de vista jurídico, e sim um mero cadastro típico de indicador real. Trata-se de uma simples organização de informações para viabilizar a busca dos atos de registros nos demais livros a partir dos dados do imóvel.

Se, a título de ilustração, um usuário quiser saber se há algum registro de penhor de um computador com número de série X, o registrador poderá localizar a existência ou não desse registro consultando o livro "E" a partir desse número de série. Ao encontrar a "matrícula" no Livro "E", o registrador terá acesso a todos os registros praticados nos demais livros relativamente a esse imóvel.

Por fim, realce-se que, na prática, o Indicador Pessoal (Livro "D") e o Indicador Real (Livro "E") do RTD serão instrumentalizados eletronicamente, em *software* próprio, que permite fazer buscas com base em "nomes de pessoas" (indicador pessoal) ou em dados identificadores de bens (indicador real). É isso o que ocorre na prática.

6.7. Documentos nato-digitais registrados no RTD: certidão com força jurídica do original (art. 161 da Lei de Registros Públicos)

> Art. 161. As certidões do registro de títulos e documentos terão a mesma eficácia e o mesmo valor probante dos documentos originais registrados, físicos ou nato-digitais, ressalvado o incidente de falsidade destes, oportunamente levantado em juízo. (Redação dada pela Lei n. 14.382, de 2022.)
>
> ~~§ 1.º O apresentante do título para registro integral poderá também deixá-lo arquivado em cartório ou a sua fotocópia, autenticada pelo oficial, circunstâncias que serão declaradas no registro e nas certidões.~~ (Revogado pela Lei n. 14.382, de 2022.)
>
> ~~§ 2.º Quando houver acúmulo de trabalho, um dos suboficiais poderá ser autorizado pelo Juiz, a pedido do oficial e sob sua responsabilidade, a lavrar e subscrever certidão.~~ (Revogado pela Lei n. 14.382, de 2022.)

Tratamos do tema no item 3.2, para onde remetemos aqueles que queiram se aprofundar sobre o tema. No entanto, acrescemos elogios à nova redação do preceito, reconhecendo a viabilidade do registro de documentos nato-digitais. Destaque-se, como exemplo, os casos de uma escritura pública eletrônica, dos autos eletrônicos de um processo, de uma certidão emitida eletronicamente por um órgão público, de um contrato eletrônico firmado com uma empresa, de um *e-mail*, de uma mensagem de *WhatsApp*, de cartão de embarque emitido eletronicamente pela companhia aérea etc.

Nesses casos, é viável o usuário registrar esse documento que já nasceu em formato eletrônico (documento nato-digital) no RTD, encaminhando o arquivo à serventia para registro.

Pensamos haver uma grande tendência de popularização desse registro. De um lado, os títulos que veiculam negócios jurídicos registráveis no RTD – como um contrato de penhor – costumam ser emitidos eletronicamente, com a aposição da assinatura eletrônica das partes. Esses títulos podem ingressar no RTD nesse seu formato eletrônico.

Aliás, essa receptividade não é apenas aos documentos nato-digitais, mas também aos demais documentos eletrônicos, como os frutos de digitalização de um documento físico (*desmaterialização*). A controvérsia é como essa desmaterialização deve acontecer para a versão eletrônica ser recepcionada pelo RTD. Há duas formas principais: *a)* o próprio particular digitaliza o documento e declara, sob sua própria responsabilidade, a autenticidade do arquivo digital apresentado a registro no RTD; e *b)* o particular requer ao tabelião de notas a desmaterialização do documento, entregando-lhe a versão física para ele digitalizá-la e assinar eletronicamente o arquivo eletrônico, ato esse que pode ser designado como "desmaterialização" ou de "autenticação eletrônica de documentos".

Aliás, os notários também podem promover a "materialização" de documentos eletrônicos, imprimindo um arquivo eletrônico e autenticando o fato na versão física, o que também representa uma espécie de "autenticação eletrônica de documentos". Esses serviços dos notários já estavam em curso desde meados do ano de 2020, com suporte no Provimento n. 100/2020-CNJ (*vide* arts. 22 e 23, I).[18]

Entendemos que, em regra, devem ser admitidas as duas formas mencionadas. Aliás, a primeira forma – digitalização, pelo particular, do título a ser protocolado – passou a ser utilizada no contexto das restrições de circulação de pessoas pelas cidades por conta da pandemia da Covid-19.

---

[18] Sobre o tema, confira-se: (1) https://www.notariado.org.br/empresas/autenticacao-de-copias-eletronicas/; (2) https://www.notariado.org.br/cnb-cf-lanca-modulo-de-autenticacoes-digitais-de-documentos-cenad-pelo-e-notariado/. Veja ainda estes dispositivos do Provimento n. 100/2020-CNJ: "Art. 22. A desmaterialização será realizada por meio da CENAD nos seguintes documentos: I – na cópia de um documento físico digitalizado, mediante a conferência com o documento original ou eletrônico; e II – em documento híbrido. § 1.º Após a conferência do documento físico, o notário poderá expedir cópias autenticadas em papel ou em meio digital. § 2.º As cópias eletrônicas oriundas da digitalização de documentos físicos serão conferidas na CENAD. § 3.º A autenticação notarial gerará um registro na CENAD, que conterá os dados do notário ou preposto que o tenha assinado, a data e hora da assinatura e um código de verificação (*hash*), que será arquivado. § 4.º O interessado poderá conferir o documento eletrônico autenticado pelo envio desse mesmo documento à CENAD, que confirmará a autenticidade por até 5 (cinco) anos. Art. 23. Compete, exclusivamente, ao tabelião de notas: I – a materialização, a desmaterialização, a autenticação e a verificação da autoria de documento eletrônico; II – autenticar a cópia em papel de documento original digitalizado e autenticado eletronicamente perante outro notário; III – reconhecer as assinaturas eletrônicas apostas em documentos digitais; e IV – realizar o reconhecimento da firma como autêntica no documento físico, devendo ser confirmadas, por videoconferência, a identidade, a capacidade daquele que assinou e a autoria da assinatura a ser reconhecida. § 1.º Tratando-se de documento atinente a veículo automotor, será competente para o reconhecimento de firma, de forma remota, o tabelião de notas do município de emplacamento do veículo ou de domicílio do adquirente indicados no Certificado de Registro de Veículo – CRV ou na Autorização para Transferência de Propriedade de Veículo – ATPV. § 2.º O tabelião arquivará o trecho da videoconferência em que constar a ratificação da assinatura pelo signatário com expressa menção ao documento assinado, observados os requisitos previstos no parágrafo único do art. 3.º deste provimento. Art. 26. Outros atos eletrônicos poderão ser praticados com a utilização do sistema e-Notariado, observando-se as disposições gerais deste provimento".

Disso dão conta o Decreto n. 10.278/2020 – que tratou da matéria perante os órgãos públicos – e os atos infralegais do CNJ, como o art. 6.º do Provimento n. 95/2020-CNJ[19] e o art. 4.º do Provimento n. 94/2020-CNJ para o Registro de Imóveis.[20] Deixamos de aprofundar o tema por escapar ao escopo do artigo ora enfocado. O importante é deixar claro que o art. 161 da LRP reforça o reconhecimento aos documentos eletrônicos perante o RTD.

---

[19] Confira-se o art. 6.º do Provimento n. 95/2020-CNJ: "Art. 6.º Durante a Emergência em Saúde Pública de Importância Nacional (ESPIN), contemplada no *caput*, todos os oficiais de registro e tabeliães deverão recepcionar os títulos nato-digitais e digitalizados com padrões técnicos, que forem encaminhados eletronicamente para a unidade do serviço de notas e registro a seu cargo e processá-los para os fins legais. § 1.º Considera-se um título nativamente digital, para todas as atividades, sem prejuízo daqueles já referidos no Provimento CNJ 94/2020, de 28 de março de 2020, e na legislação em vigor, os seguintes: I – O documento público ou particular gerado eletronicamente em PDF/A e assinado com Certificado Digital ICP-Brasil por todos os signatários e testemunhas: II – A certidão ou traslado notarial gerado eletronicamente em PDF/A ou XML e assinado por tabelião de notas, seu substituto ou preposto; III – Os documentos desmaterializados por qualquer notário ou registrador, gerado em PDF/A e assinado por ele, seus substitutos ou prepostos com Certificado Digital ICP-Brasil; IV – As cartas de sentença das decisões judiciais, dentre as quais, os formais de partilha, as cartas de adjudicação e de arrematação, os mandados de registro, de averbação e de retificação, por meio de acesso direto do oficial do registro ao processo judicial eletrônico, mediante requerimento do interessado. § 2.º Consideram-se títulos digitalizados com padrões técnicos, aqueles que forem digitalizados de conformidade com os critérios estabelecidos no art. 5.º do Decreto n. 10.278, de 18 de março de 2020".

[20] Provimento n. 94/2020-CNJ. "Art. 4.º Durante a Emergência em Saúde Pública de Importância Nacional (ESPIN), contemplada no *caput*, todos os oficiais dos Registros de Imóveis deverão recepcionar os títulos nato-digitais e digitalizados com padrões técnicos, que forem encaminhados eletronicamente para a unidade a seu cargo, por meio das centrais de serviços eletrônicos compartilhados, e processá-los para os fins do art. 182 e ss. da Lei n. 6.015, de 31 de dezembro de 1973. § 1.º Considera-se um título nativamente digital: I – o documento público ou particular gerado eletronicamente em PDF/A e assinado com Certificado Digital ICP-Brasil por todos os signatários e testemunhas; II – a certidão ou traslado notarial gerado eletronicamente em PDF/A ou XML e assinado por tabelião de notas, seu substituto ou preposto; III – o resumo de instrumento particular com força de escritura pública, celebrado por agentes financeiros autorizados a funcionar no âmbito do SFH/SFI, pelo Banco Central do Brasil, referido no art. 61, *caput* e parágrafo 4.º da Lei n. 4.380, de 21 de agosto de 1.964, assinado pelo representante legal do agente financeiro; IV – as cédulas de crédito emitidas sob a forma escritural, na forma da lei; V – o documento desmaterializado por qualquer notário ou registrador, gerado em PDF/A e assinado por ele, seus substitutos ou prepostos com Certificado Digital ICP-Brasil; VI – as cartas de sentença das decisões judiciais, dentre as quais, os formais de partilha, as cartas de adjudicação e de arrematação, os mandados de registro, de averbação e de retificação, mediante acesso direto do oficial do Registro de Imóveis ao processo judicial eletrônico, mediante requerimento do interessado. § 2.º Consideram-se títulos digitalizados com padrões técnicos aqueles que forem digitalizados de conformidade com os critérios estabelecidos no art. 5.º do Decreto n. 10.278, de 18 de março de 2020."

7
Registro de Imóveis

7.1. Registro do contrato preliminar ou definitivo da permuta (art. 167, I, "18" e "30", da LRP)

> Art. 167. No Registro de Imóveis, além da matrícula, serão feitos.
>
> I – o registro
>
> (...)
>
> 18. dos contratos de promessa de venda, cessão ou promessa de cessão de unidades autônomas condominiais e de promessa de permuta, a que se refere a Lei n. 4.591, de 16 de dezembro de 1964, quando a incorporação ou a instituição de condomínio se formalizar na vigência desta Lei; (Redação dada pela Lei n. 14.382, de 2022.)
>
> (...)

> **30. da permuta e da promessa de permuta; (Redação dada pela Lei n. 14.382, de 2022.)**
> (...)

O contrato de permuta, seja preliminar (promessa de permuta), seja definitivo, passa a ser expressamente previsto como registrável no Cartório de Imóveis. Pensamos que a alteração legislativa é importante pelo fato de que muitos cartórios de imóveis negam registro a títulos translativos de direitos reais imobiliários se envolverem um negócio jurídico não listado no inc. I do art. 167 da LRP.

Entendemos que se trata de um equívoco, porque essa postura parte da premissa indevida de que haveria uma taxatividade dos tipos contratuais idôneos a acarretar uma mutação jurídico-real de imóveis. Essa conduta contraria, ainda, o ordenamento jurídico brasileiro, assentado na atipicidade dos contratos e na tipicidade dos direitos reais. O adequado seria, portanto, a admissão a registro de qualquer negócio jurídico que promova a mutação jurídico-real de imóvel, ou isso deveria ser acatado por uma mudança de interpretação do atual art. 167, I, da LRP, tese com a qual concordamos, seja por meio da inserção de uma hipótese genérica entre os itens do referido inc. I do art. 167 da LRP.

Sobre o tema, transcrevemos este excerto da tese de doutorado do coautor Carlos Eduardo Elias, o qual contou com a presença do coautor Flávio Tartuce na banca avaliadora dessa tese:

> "No Brasil, a rigor, a promessa de dação em pagamento não seria registrável no Cartório de Imóveis por falta de previsão expressa no rol do art. 167, inciso I, da Lei n.º 6.015/1973, que lista taxativamente os títulos registráveis. Entendemos que há equívoco nessa interpretação, mas ela é adotada, na prática, por alguns cartórios brasileiros. Igual raciocínio valia para a promessa de permuta antes do acréscimo do item '30' ao inciso I do art. 167 da Lei n.º 6.015/197 pela Lei n.º 14.382/2022. Similar raciocínio ainda é válido para uma transação que implique a transferência de um bem: a falta de previsão no referido rol impediria o acesso ao fólio real.
>
> (...)
>
> Um dos exemplos é a injustificável redação fechada dos itens do inciso I do art. 167 da Lei de Registros Públicos. O referido dispositivo

lista os atos jurídicos que podem ser objeto de registro no Cartório de Registro de Imóveis. Esse dispositivo guarda uma profunda incongruência com o modelo brasileiro de atipicidade dos direitos obrigacionais e de tipicidade dos direitos reais. De fato, é livre a criação de contratos atípicos pelas partes, embora não haja essa ampla liberdade para a criação de direitos reais atípicos. Isso significa que as partes podem 'inventar' diversos tipos de arranjos contratuais para a transmissão do direito real de propriedade ou para a instituição de algum dos direitos reais típicos.

Por mais paradoxal que seja, o inciso I do art. 167 da Lei de Registros Públicos contraria esse figurino legal e só admite que a transmissão do direito real de propriedade ou a instituição de outros direitos reais típicos sejam feitos por meio de determinados contratos, listados taxativamente nos itens do inciso I. Assim, por exemplo, não seria registrável um contrato de transação por meio da qual um dos transatores transmite a propriedade de um imóvel a outrem. As partes teriam de promover essa transferência de propriedade por meio de um contrato de compra e venda, de doação ou de outro listado no inciso I do art. 167 da Lei de Registros Públicos.

Essa é a interpretação que prevalece entre os registradores de imóveis e, inclusive, na jurisprudência administrativa do direito notarial e registral. Ilustramos com este precedente do Conselho Superior da Magistratura do Tribunal de Justiça de São Paulo: Processo n.º 0011878-31.2011.8.26.0132 Tipo: Acórdão CSM/SP Data de Julgamento: 14/03/2013. No referido caso, foi vedado o registro de um contrato de compra e venda com encargo. O motivo foi o de que o art. 167, I, da Lei de Registros Públicos não prevê esse negócio jurídico como registrável, mas contempla, apenas, a *compra e venda pura ou condicional*. Eis a ementa do referido julgado:

REGISTRO DE IMÓVEIS – Dúvida – Compra e venda com doação – Negativa de acesso ao registro do instrumento – Art. 167, I, da Lei n.º 6.015/73 – rol taxativo – Recurso não provido (TJSP – APL: 00118783120118260132 SP 0011878-31.2011.8.26.0132, Relator: Renato Nalini, Data de Julgamento: 14/03/2013, Conselho Superior de Magistratura, Data de Publicação: 22/03/2013)".[1]

---

[1] OLIVEIRA, Carlos Eduardo Elias de. *O princípio da harmonização internacional dos direitos reais*: fundamento, adaptação de direitos reais estrangeiros, *lex rei sitae*, *numerus clausus* e outros desdobramentos. 2022. Tese (Doutorado) – Faculdade de Direito da Universidade de Brasília (UnB), Brasília, 2022, p. 236 e 323-324.

7.2. Registro do contrato de pagamento por serviços ambientais (art. 167, I, "45", da LRP)

> Art. 167. No Registro de Imóveis, além da matrícula, serão feitos.
>
> I – o registro
>
> (...)
>
> 45. do contrato de pagamento por serviços ambientais, quando este estipular obrigações de natureza *propter rem*; e (Redação dada pela Lei n. 14.382, de 2022.)

Tendo em vista a taxatividade dos atos sujeitos a registro (*stricto sensu*) no Registro de Imóveis – entendimento contra o qual expusemos críticas no item 7.1 –, é necessário que o legislador expressamente liste os títulos registráveis. Nesse contexto, a Lei do SERP introduziu o item 45 do art. 167 da LRP para autorizar o registro do contrato de pagamento por serviços ambientais, desde que esse contrato preveja essa obrigação com natureza *propter rem*. Com esse registro, será dada ciência a terceiros que vierem a adquirir o imóvel sobre essa natureza *propter rem*.

Esses contratos são disciplinados, no âmbito federal, pela Lei da Política Nacional de Pagamento por Serviços Ambientais – PNPSA (Lei n. 14.119/2021). Em suma, a referida lei recompensa e estimula aqueles que, por meio do contrato de PSA, obrigam-se a prestar esses serviços destinados à proteção e ao uso sustentável dos recursos naturais. Os serviços ambientais podem ser prestados de diferentes formas, como por pagamento direto (monetário ou não), melhorias sociais a comunidades rurais ou urbanas e títulos verdes (*green bonds*).[2]

7.3. Registro do tombamento definitivo e averbação do processo de cancelamento (art. 167, I, "46", II, e "36", da LRP)

> Art. 167. No Registro de Imóveis, além da matrícula, serão feitos:
>
> I – o registro

---

[2] Sobre o tema, ver: https://fpagropecuaria.org.br/2021/03/25/politica-nacional-de-
-pagamento-por-servicos-ambientais/#:~:text=Foi%20institu%C3%ADda%2C%20
pela%20Lei%20Federal,os%20servi%C3%A7os%20ecossist%C3%AAmicos%20econ%-
C3%B4mica%2C%20social.

(...)

46. do ato de tombamento definitivo, sem conteúdo financeiro; (Incluído pela Lei n. 14.382, de 2022.)

II – a averbação:

(...)

36. do processo de tombamento de bens imóveis e de seu eventual cancelamento, sem conteúdo financeiro. (Incluído pela Lei n. 14.382, de 2022.)

(...)

O tombamento é restrição ao direito real de propriedade como decorrência da proteção do patrimônio histórico e artístico nacional. Trata-se de uma limitação administrativa imposta pelo Estado.

Nesse contexto, é importante que a existência de tombamento seja noticiada na matrícula do imóvel, a fim de facilitar a ciência de terceiros, tudo em nome do princípio da concentração. Sem essa notícia, o terceiro teria a difícil tarefa de buscar processos administrativos e atos normativos para descobrir se há ou não esse tipo de limitação administrativa no imóvel. Por essa razão, a LRP prevê o ingresso da notícia do tombamento na matrícula do imóvel.

De um lado, o processo de tombamento de bens imóveis deve ingressar na matrícula por meio de ato de averbação. Seu eventual cancelamento – no caso de frustração desse processo administrativo – deve ser averbado na matrícula (art. 167, II, "36", da LRP). De outro lado, o tombamento definitivo – fruto do êxito do processo de tombamento – deve ser ingressar no álbum imobiliário por meio de ato de registro (art. 167, I, "46", da LRP).

Preocupados com o valor dos emolumentos, os referidos dispositivos preveem que os atos de registro ou de averbação relativos ao tombamento devem ser considerados atos sem conteúdo financeiro. Dessa maneira, o valor será aquele indicado na tabela de emolumentos para atos sem conteúdo financeiro, valor esse que costuma ser menor dos atos de conteúdo financeiro.

Questão controversa é saber qual a consequência da falta do registro ou averbação do tombamento na matrícula. Esse registro e essa averbação são obrigatórios por força do art. 169 da LRP. Apesar disso, seu descumprimento não deve ser interpretado como perda da eficácia *erga omnes* do tombamento, pois esta não decorre do registro, e sim de seus atributos de direito administrativo. Ainda que não haja a notícia do tombamento na matrícula, terceiros adquirentes do imóvel terão de respeitá-lo.

Dessas afirmações indaga-se: qual é a consequência do descumprimento desse dever? Entendemos que a consequência ficará no campo da responsabilidade civil ou administrativa de quem negligenciou o cumprimento desse dever de promover o ingresso da notícia do tombamento no álbum imobiliário. O terceiro prejudicado poderá reivindicar indenização contra o culpado, sem prejuízo de eventual responsabilidade administrativa de agente público que venha a ser considerado culpado pelo fato. Será preciso observar o caso concreto para apurar a responsabilidade.

7.4. Averbação de caução ou cessão fiduciária de direitos reais imobiliários (art. 167, II, "8", da LRP)

> Art. 167. No Registro de Imóveis, além da matrícula, serão feitos.
> (...)
> II – a averbação:
> (...)
> **8. da caução e da cessão fiduciária de direitos reais relativos a imóveis;** (Redação dada pela Lei n.º 14.382, de 2022.)
> (...)

Direitos obrigacionais vs. *direitos reais como objeto de cessão fiduciária ou de caução*

O item 8 do inc. II do art. 167 da LRP foi alterado pela Lei do SERP (Lei n. 14.382/2022). Antes, o preceito previa como averbável a caução ou a cessão fiduciária de *direitos* relativos aos imóveis. A nova redação do dispositivo restringe a regra, admitindo apenas que *direitos reais* relativos a imóveis sejam objeto de caução ou de cessão fiduciária como atos averbáveis.

Direitos de natureza obrigacional, como os direitos creditórios, ainda que digam respeito a negócios imobiliários, não precisarão mais ser averbados na matrícula do imóvel quando forem objeto de cessão fiduciária ou de caução. Essas cessões fiduciárias e essas cauções terão de ficar fora do fólio real.

Para essas cessões de créditos, fiduciárias ou não, o registro é feito no RTD por força do art. 129, "10", da LRP e do art. 288 do Código Civil, o qual, por lapso legislativo, remeteu-se a um artigo errado quando, na verdade, a remissão era ao art. 221 do Código Civil[3].

Aliás, esse registro no RTD das cessões de crédito até poderia ser objeto de questionamento quanto à sua utilidade, tendo em vista a natureza incorpórea dos créditos e, consequentemente, a pouca serventia para discussão de pretenso *ius persequendi*. Entendemos, porém, que a exigência de registro no RTD para produção de eficácia contra terceiro tem sua importância em reduzir riscos de fraudes contra terceiros.

O registro público, no mínimo, prova a data e a existência da cessão de direito, o que inibe falsos instrumentos de cessão antedatados, forjados, de modo oportunista, para burlar terceiros. Além do mais, com a nacionalização digital dos serviços registrais com o SERP, será mais seguro a terceiros adquirir créditos após fazerem buscas eletrônicas nos RTDs brasileiros de forma simplificada, na plataforma do SERP.

Alerte-se que, caso se trate de uma cessão de crédito com garantia real imobiliária, a averbação na matrícula do imóvel será imperiosa (art. 167, II, "21", da LRP). O motivo é que, nesse caso, a cessão implicará uma mudança na titularidade do direito real de garantia objeto de um registro anterior na matrícula. Trataremos dessa hipótese no item 7.5.

Se, por exemplo, uma incorporadora cede seus créditos perante os adquirentes de imóveis "na planta" para um fundo de investimento imobiliário[4], essa cessão não precisará ser averbada na matrícula do imóvel. Isso, porque esse direito de crédito não é um direito real. Bastará o registro da cessão de crédito no RTD (art. 129, "10", da LRP; e arts. 221 e 288 do CC).

---

[3] CC/2002. "Art. 221. O instrumento particular, feito e assinado, ou somente assinado por quem esteja na livre disposição e administração de seus bens, prova as obrigações convencionais de qualquer valor; mas os seus efeitos, bem como os da cessão, não se operam, a respeito de terceiros, antes de registrado no registro público. Parágrafo único. A prova do instrumento particular pode suprir-se pelas outras de caráter legal."

[4] Há fundos de investimento imobiliário cujo foco é adquirir recebíveis relativos a negócios imobiliários. São conhecidos como "fundos de papel", em contraposição aos "fundos de tijolo", aqueles que focam diretamente em negócios imobiliários, como locações e compra e venda de imóveis. Também existem fundos híbridos, que desempenham as duas atividades.

Na hipótese de esse direito creditório estar garantido por um direito real de garantia imobiliária – como uma hipoteca ou uma propriedade fiduciária –, a averbação na matrícula será necessária por força do art. 167, II, "21", da LRP.

A alteração legislativa foi motivada pelo fato de que, a rigor, a cessão fiduciária de direitos obrigacionais relativos a contratos imobiliários não é uma operação que afeta diretamente o direito real imobiliário, razão por que não precisaria ser averbada na matrícula do imóvel. A percepção defendida perante o Poder Legislativo foi a de que a exigência de averbação na matrícula serviria como um obstáculo burocrático a esses negócios tão recorrentes na prática, sem ganhos de segurança jurídica a terceiros. O registro no RTD seria suficiente para a devida publicidade.

Utilidade prática da averbação da caução ou da cessão fiduciária de direitos reais relativos a imóveis

Com a mudança legislativa do art. 167, II, "8", da LRP, entendemos que a sua aplicação prática ficou muito esvaziada, por duas razões.

De um lado, com relação à caução, enxergamos sua utilidade apenas para justificar a averbação da caução de imóveis em garantia de contratos de locação, porque se trata de uma caução do direito real de propriedade relativa a imóveis (art. 38 da Lei de Locação – Lei n. 8.245/1991), uma vez que a caução de imóveis fora de hipóteses previstas em lei é tema controverso. Para os que a admitem, o item 8 do inc. II do art. 167 da LRP respaldaria a sua averbação na matrícula do imóvel.

De outro lado, no tocante à cessão fiduciária, há pouca aplicação prática. A cessão fiduciária deve ser de *direitos reais imobiliários*, o que torna escassos os exemplos. Entrevemos utilidade apenas para a cessão fiduciária do: *a)* direito real de aquisição, seja na hipótese de alienação fiduciária em garantia (art. 1.368-B do CC), seja no caso de promessa de compra e venda (art. 1.417 do CC); *b)* direito real de laje, ao menos para os que o enxergam como um direito real sobre coisa alheia, caso do segundo autor deste livro (o qual, nesse ponto, diverge do primeiro autor). Para os que o entendem como um direito real sobre coisa própria, caso do primeiro autor desta obra, a laje poderia ser considerada suscetível de alienação fiduciária em garantia, por ser considerado um bem imóvel para efeito do art. 1.368-B do CC e do art. 22, *caput*, da Lei n. 9.514/1997.

Verdade é que não há previsão legal expressa para a cessão fiduciária nos casos citados. Isso poderia gerar controvérsia sobre o seu cabimento diante da falta de amparo legal expresso e do princípio da taxatividade dos direitos reais. Entendemos, porém, pelo cabimento da cessão fiduciária em garantia desses direitos reais mencionados. O motivo é que a cessão fiduciária em garantia de direitos reais não constitui um novo direito real e, por isso, não afronta citada taxatividade. Trata-se apenas de uma mutação subjetiva da titularidade do direito real, com finalidade de garantia, plenamente admissível com fundamento no art. 286 do Código Civil e na autorização genérica de negócios fiduciários com finalidade de garantia (arts. 1.361 e seguintes do CC; arts. 22 e seguintes da Lei n. 9.514/1997)[5].

Os demais direitos reais imobiliários não nos parecem atrair a cessão fiduciária. Para alguns deles, a oferta em garantia encontra obstáculo lógico-jurídico, como o direito real de servidão – que se vincula ao prédio dominante –, o direito real de usufruto – que é inalienável por força do art. 1.393 do CC –, e os "filhotes" deste último direito real, quais sejam o direito real de uso e o direito real de habitação. Cabe uma ressalva, pois, no caso do direito real de hipoteca ou de anticrese, afigura-se-nos cerebrino cogitar de sua cessão fiduciária: temos dificuldades de enxergar interesse prático disso, embora tecnicamente essa hipótese seria viável.

Para outros, a alienação fiduciária em garantia é autorizada pelo art. 22, *caput* e § 1.º, I a IV, da Lei n. 9.514/1997, o que repele a figura da cessão fiduciária de direito creditório. Referimo-nos aos direitos reais de: *a)* propriedade sobre o imóvel; *b)* enfiteuse; *c)* direito real de uso especial para fins de moradia; *d)* concessão de uso especial para fins de moradia, o qual, a nosso sentir, corresponde ao "direito real de uso, desde que suscetível de alienação" referido atecnicamente pelo inc. III do § 1.º do art. 22 da Lei n. 9.514/1997[6]); e *e)* direto real de superfície.

Do ponto de vista registral, a alienação fiduciária desses direitos reais sobre coisa alheia ingressará na matrícula do imóvel por meio de um ato de registro, e não de uma averbação, ao contrário do que se dá com a cessão fiduciária (art. 23 da Lei n. 9.514/1997; art. 167, I, "35", da LRP).

---

[5] A propósito, lembramos que, no caso de cessão de hipoteca, o art. 289 do Código Civil prevê sua averbação no Cartório de Imóveis. Ainda que inexistisse esse dispositivo, a cessão do direito real de hipoteca seria cabível.

[6] Essa atecnia é comprovada pelo fato de o direito real de uso previsto no Código Civil ser inalienável (arts. 1.393 e 1.413 do CC), ao contrário da concessão de direito real de uso (art. 1.225, XII, do CC; e art. 7.º, § 4.º, do Decreto-lei n. 271/1967).

Em princípio, a cessão fiduciária de direito real envolve apenas direitos reais sobre coisa alheia, salvo as exceções legais supracitadas. A alienação fiduciária em garantia, por seu turno, recai sobre o direito real de propriedade e, excepcionalmente – quando houver lei nesse sentido –, sobre direitos reais menores. Essa regra vale até mesmo para aqueles que consideram haver direitos reais sobre coisas incorpóreas. Disso dá prova o fato de o art. 66-B da Lei de Mercado de Capitais (Lei n. 4.278/1965) e o art. 40 da Lei de Sociedade Anônima (Lei n. 6.404/1976) referirem-se a "alienação fiduciária em garantia" de valores mobiliários.

Enfim, o item 8 do inc. II do art. 167 da LRP parece-nos ter aplicação prática reduzida, alcançando hipóteses como a caução de imóvel em garantia de locações prediais urbanas e a cessão fiduciária de direito real de aquisição e de direito real de laje, para quem a considera um direito real sobre coisa alheia, caso do segundo autor deste livro.

Alerte-se que a hipótese em pauta versa sobre caução e cessão *fiduciária* de direito real. Não se cuida de cessão "simples" de direito real. Para esse caso, o fundamento da averbação na matrícula do imóvel é outro dispositivo, o permissivo genérico do art. 246 da LRP[7].

Por fim, reportamo-nos aos itens 7.5 e 7.6 deste livro, nos quais trataremos da cessão de créditos com garantia real imobiliária, bem como da sub-rogação em casos de financiamentos imobiliários.

7.5. Averbação de cessão de crédito com garantia real imobiliária (art. 167, II, "21", da LRP)

Art. 167. No Registro de Imóveis, além da matrícula, serão feitos:

(...)

II – a averbação:

(...)

---

[7] Lei n. 6.015/1973. "Art. 246. Além dos casos expressamente indicados no inciso II do *caput* do art. 167 desta Lei, serão averbadas na matrícula as sub-rogações e outras ocorrências que, por qualquer modo, alterem o registro ou repercutam nos direitos relativos ao imóvel."

> 21. da cessão do crédito com garantia real sobre imóvel, ressalvado o disposto no item 35 deste inciso; (Redação dada pela Lei n. 14.382, de 2022.)
> (...)

A Lei do SERP alterou o item 21 do inc. II do art. 167 da LRP. Antes, o preceito previa, como averbável, a cessão do *crédito imobiliário*. A nova redação passou a contemplar a averbação da cessão do *crédito com garantia real sobre imóvel*.

A mudança não é meramente estética. A expressão "crédito imobiliário" gerava dúvidas por não se tratar de um termo técnico do ponto de vista da civilística. Com o novo texto, afastam-se interpretações da necessidade de averbação de cessões de créditos sem garantias reais, ainda que se tratem de créditos relacionados a contratos no mercado imobiliário. A ilustrar, a cessão, pelo locador, de crédito de locação ou a cessão, pelo vendedor, de crédito fruto da venda de imóveis "na planta" não precisam ser averbadas, porque não estão garantidas por direitos reais. Afinal de contas, trata-se de uma cessão de direitos obrigacionais sem garantia real.

Por outro lado, a cessão de um crédito garantido por uma hipoteca ou por uma alienação fiduciária precisa ser averbada. Cite-se, por exemplo, uma empresa imobiliária que obteve a alienação fiduciária em garantia de um imóvel vendido a um consumidor como garantia do pagamento do parcelamento do preço, o que é conhecido, no popular e em linguagem atécnica, como caso de "financiamento direto com a construtora". Nessa hipótese, a cessão precisará ser averbada na matrícula do imóvel, por implicar uma mudança da titularidade do direito real de garantia que está registrada na matrícula, o que tem fundamento no art. 167, II, "21", da LRP.

7.6. Averbação da sub-rogação do crédito imobiliário (art. 167, II, "30", da LRP e art. 20, VIII, da Lei n. 14.382/2022)

> **Lei de Registros Públicos (Lei n. 6.015/1973)**
>
> Art. 167. No Registro de Imóveis, além da matrícula, serão feitos:
> (...)

> II – a averbação:
>
> (...)
>
> 30. da sub-rogação de dívida, da respectiva garantia fiduciária ou hipotecária e da alteração das condições contratuais, em nome do credor que venha a assumir essa condição nos termos do art. 31 da Lei n. 9.514, de 20 de novembro de 1997, ou do art. 347 da Lei n. 10.406, de 10 de janeiro de 2002 (Código Civil), realizada em ato único, a requerimento do interessado, instruído com documento comprobatório firmado pelo credor original e pelo mutuário, ressalvado o disposto no item 35 deste inciso; (Redação dada pela Lei n. 14.382, de 2022.)
>
> (...)

Lei n. 14.382/2022

> Art. 20. Ficam revogados:
>
> (...)
>
> VIII – o art. 32 da Lei n. 12.810, de 15 de maio de 2013; e

Antes de tudo, aponte-se a atecnia do legislador em matéria de redação legislativa ao revogar o art. 32 da Lei n. 12.810/2013, dispositivo que sustentava a antiga redação do item 30 do inc. II do art. 167 da LRP. Bastava dar nova redação a esse preceito, sendo certo que as duas medidas em conjunto configuram falha de técnica de redação legislativa, mas não ocasionam prejuízos práticos, em nosso entender.

O item 30 trata da mudança do titular de uma propriedade fiduciária ou de uma hipoteca por conta de uma sub-rogação envolvendo o pagamento, por terceiro, de uma dívida de financiamento imobiliário. A sub-rogação, por sua vez, é a transferência de um crédito e de seus privilégios ao pagador de uma dívida alheia, ou seja, a hipótese é de sub-rogação pessoal ativa, nos termos dos arts. 346 e 351 do Código Civil.

Na hipótese de financiamento imobiliário em que o devedor hipotecou ou alienou fiduciariamente o imóvel, o credor tem um crédito com garantia real. Se um terceiro pagar essa dívida, é a ele assegurado o direito à sub-rogação, a depender do caso legal. Esse terceiro passará a ser titular desse crédito com garantia real, podendo exercer uma espécie de "direito de regresso robustecido" contra o devedor.

Como é notório, a sub-rogação pode ser legal ou convencional. A sub-rogação legal ocorre quando a lei assim o determina, de forma automática ou de pleno direito. O art. 346 do Código Civil prevê as principais hipóteses de sub-rogação legal, as quais envolvem, em geral, terceiros interessados que pagam a dívida.[8] Entretanto, há outras situações: *a)* terceiro interessado ou não que paga dívida garantida por propriedade fiduciária móvel (art. 1.368 do CC[9]); e *b)* terceiro interessado que paga dívida garantida por propriedade fiduciária imobiliária, o que inclui os casos de "portabilidade da dívida", em que a nova instituição financeira que refinancia a dívida é terceira interessada em pagar o débito do devedor perante a instituição financeira originária (arts. 31 e 33-A a 33-F da Lei n. 9.514/1997).

Colocamos de lado a aparente antinomia entre essas duas hipóteses, uma vez que uma admite sub-rogação legal ao terceiro desinteressado e a outra, não. Parece-nos injustificável o tratamento diferenciado só pelo fato de a coisa alienada fiduciariamente em garantia ser móvel em um caso e imóvel no outro. Seja como for, esse é o cenário legal.

A sub-rogação convencional, por sua vez, dá-se quando o credor expressamente consente, conforme o art. 347 do Código Civil, a saber:

> "A sub-rogação é convencional: I – quando o credor recebe o pagamento de terceiro e expressamente lhe transfere todos os seus direitos; II – quando terceira pessoa empresta ao devedor a quantia precisa para solver a dívida, sob a condição expressa de ficar o mutuante sub-rogado nos direitos do credor satisfeito".

Feitas essas explicações gerais categóricas, passamos ao novo dispositivo em pauta.

Quando há a sub-rogação envolvendo crédito garantido por hipoteca ou propriedade fiduciária, há mutação jurídico-real no direito real de hipoteca ou na propriedade fiduciária anteriormente registrada. Logo, a sub-rogação precisa ingressar na matrícula, o que se dá por meio de ato de averbação. De

---

[8] CC/2002. "Art. 346. A sub-rogação opera-se, de pleno direito, em favor: I – do credor que paga a dívida do devedor comum; II – do adquirente do imóvel hipotecado, que paga a credor hipotecário, bem como do terceiro que efetiva o pagamento para não ser privado de direito sobre imóvel; III – do terceiro interessado, que paga a dívida pela qual era ou podia ser obrigado, no todo ou em parte."

[9] CC/2002. "Art. 1.368. O terceiro, interessado ou não, que pagar a dívida, se sub-rogará de pleno direito no crédito e na propriedade fiduciária."

modo um pouco atécnico, a LRP pulveriza a autorização para a sub-rogação em diferentes dispositivos. Trata-se de uma falta de sistematicidade que mais confunde do que esclarece, cabendo à doutrina organizar essa desordem.

No art. 167, II, "30", da LRP, trata-se da regra geral envolvendo sub-rogação pelo pagamento feito por terceiro de dívida com garantia hipotecária ou com propriedade fiduciária sobre imóveis. Pecou-se, porém, porque ficaram de fora do tratamento legal os seguintes casos: *a)* de sub-rogação legal envolvendo crédito com garantia hipotecária; e *b)* do art. 1.368 do Código Civil que prevê a sub-rogação legal para o caso de pagamento feito por terceiro *não interessado* de dívida garantida por propriedade fiduciária sem que tenha havido sub-rogação convencional. Também não foram tratadas as hipóteses de sub-rogação para os casos de portabilidade de financiamento imobiliário, o qual está no art. 167, II, "35", da LRP, sobre o qual comentaremos no item 7.7.

No art. 167, II, "30", da LRP, alcançou-se, apenas, a sub-rogação convencional – envolvendo crédito com hipoteca ou com propriedade fiduciária – e a sub-rogação legal compreendendo apenas propriedade fiduciária em favor de terceiro interessado. Existe uma particularidade em matéria de emolumentos para essa hipótese do item 30 do inc. II do art. 167 da LRP, pois há a previsão de que a operacionalização da sub-rogação na matrícula deverá ocorrer por meio de ato único. A ideia é evitar cobrança de emolumentos por mais de um ato que o registrador venha a entender necessário.

Consideramos que essa previsão de ato único era desnecessária e acaba por criar ainda mais confusão. A rigor, o caminho registral correto para operacionalizar a sub-rogação é a prática de apenas um ato de averbação. A sub-rogação, ao ser averbada na matrícula, já implica automaticamente a mudança do titular do crédito e da garantia real noticiada no registro anterior. Trata-se de um efeito legal da própria sub-rogação, nos termos dos arts. 349 a 351 do Código Civil, notadamente pela transferência, ao novo credor, de todos os direitos, ações, privilégios e garantias do credor primitivo (arts. 349 ao 351 do CC).[10] Não poderia o registrador praticar nenhum ou-

---

[10] CC/2002. "Art. 349. A sub-rogação transfere ao novo credor todos os direitos, ações, privilégios e garantias do primitivo, em relação à dívida, contra o devedor principal e os fiadores. Art. 350. Na sub-rogação legal o sub-rogado não poderá exercer os direitos e as ações do credor, senão até à soma que tiver desembolsado para desobrigar o devedor. Art. 351. O credor originário, só em parte reembolsado, terá preferência ao sub-rogado, na cobrança da dívida restante, se os bens do devedor não chegarem para saldar inteiramente o que a um e outro dever."

tro ato de averbação, ainda que as condições contratuais da dívida tenham sido modificadas. Estas devem ser noticiadas no próprio ato de averbação da sub-rogação.

O fato é que o item 30 do inc. II do art. 167 da LRP, ao mencionar que a sub-rogação dar-se-á por ato único mesmo quando envolver alteração das condições contratuais, acabou abrindo espaço para dizer que o registrador poderá praticar mais de um ato em outros casos de sub-rogação. O mais adequado teria sido que o legislador tivesse deixasse claro que, em qualquer caso – e não apenas nas hipóteses alcançadas pelo item 30 do inc. II do art. 167 da LRP –, só se pode praticar ato único, conforme o que nos parece a melhor técnica registral.

O título necessário para a prática da averbação da sub-rogação é o documento comprobatório assinado pelo credor originário e pelo devedor, conforme exposto na parte final do item 30 do inc. II do art. 167 da LRP.

Resta a seguinte indagação: qual é o fundamento e qual é a forma de ingresso, na matrícula, de sub-rogações envolvendo créditos com garantia hipotecária ou de propriedade fiduciária fora das hipóteses do item 30 do inc. II do art. 167 da LRP? A resposta é o permissivo genérico do art. 246 da LRP ou, no caso de portabilidade de financiamento imobiliário, o item 35 do inc. II do art. 167 da LRP.

Entendemos que, mesmo nesses casos, a sub-rogação, ainda que acompanhada da alteração das condições contratuais, dar-se-á por meio de apenas um ato de averbação. Todavia, conforme expusemos anteriormente, a atecnia da redação do item 30 do inc. II do art. 167 da LRP dará azo à interpretação de que o registrador poderia praticar dois atos de averbação, quais sejam um de sub-rogação e outro de alteração das condições contratuais. Convém que esse tema venha a ser pacificado em regulamentações infralegais futuras ou venha a ser corrigido pelo Poder Legislativo no futuro.

7.7. Averbação da transferência de financiamento imobiliário (art. 167, II, "30" e "35", da LRP)

> Art. 167. No Registro de Imóveis, além da matrícula, serão feitos:
>
> (...)

> II – a averbação:
>
> (...)
>
> 30. da sub-rogação de dívida, da respectiva garantia fiduciária ou hipotecária e da alteração das condições contratuais, em nome do credor que venha a assumir essa condição nos termos do art. 31 da Lei n. 9.514, de 20 de novembro de 1997, ou do art. 347 da Lei n. 10.406, de 10 de janeiro de 2002 (Código Civil), realizada em ato único, a requerimento do interessado, instruído com documento comprobatório firmado pelo credor original e pelo mutuário, ressalvado o disposto no item 35 deste inciso; (Redação dada pela Lei n. 14.382, de 2022.)
>
> (...)
>
> 35. da cessão de crédito ou da sub-rogação de dívida decorrentes de transferência do financiamento com garantia real sobre imóvel, nos termos do Capítulo II-A da Lei n. 9.514, de 20 de novembro de 1997; e (Incluído pela Lei n. 14.382, de 2022.)

Já comentamos a hipótese do item 30 do inc. II do art. 167 da LRP no item 7.6 deste livro. Passamos então à análise do item 35.

Esse dispositivo prevê a averbação da transferência da garantia real para a nova instituição financeira credora nos casos de portabilidade da dívida de financiamento imobiliário. Não importa se essa transferência dar-se-á por meio de uma cessão de crédito da instituição credora originária para a nova instituição ou por intermédio de uma sub-rogação. A cessão de crédito é forma de transmissão das obrigações (arts. 286 ao 298 do CC), ao passo que a sub-rogação consiste em modalidade de extinção da obrigação (arts. 346 ao 351 do CC).

A portabilidade do financiamento imobiliário está disciplinada nos arts. 33-A ao 33-F da Lei n. 9.514/1997. Na prática, costuma dar-se quando o devedor encontra uma instituição financeira que oferece empréstimo em condições mais vantajosas do contrato de financiamento atualmente vigente com a instituição financeira credora original. O devedor, então, pleiteia a "transferência" do seu financiamento para a nova instituição financeira, com as condições mais vantajosas. Existem outras hipóteses em que a portabilidade pode ocorrer, mas a ora destacada é a mais comum. Os dispositivos retrocitados disciplinam essa portabilidade no caso de financiamento imobiliário com o objetivo de desburocratizar os procedimentos de efetivação da portabilidade.

Essa portabilidade abrange financiamentos imobiliários no âmbito do Sistema Financeiro Imobiliário (SFI). Alcança também financiamentos no seio do Sistema Financeiro de Habitação (SFH), desde que, nesse caso, a portabilidade dependa de manifestação do devedor (art. 33-F da Lei n. 9.514/1997). Se não depender da manifestação do devedor, não se poderá invocar o item 35 do inc. II do art. 167 da LRP para respaldar a averbação da transferência do crédito imobiliário, seja por conta de uma cessão de crédito, seja em razão de uma sub-rogação. Nessas hipóteses, o ato de averbação deverá ser fundamentado nas demais hipóteses, como: *a)* item 21 do inc. II do art. 167 da LRP, sobre o qual discorremos no item 7.5 deste livro; b) item 30 do inc. II do art. 167 da LRP, sobre o qual tratamos no item 7.6; c) do permissivo geral do art. 246 da LRP, ao qual fizemos menção no final do item 7.6 desta obra.

7.8. Averbação de penhores especiais registrados no Livro 3 (art. 167, II, "34", da LRP)

> Art. 167. No Registro de Imóveis, além da matrícula, serão feitos:
>
> (...)
>
> II – a averbação:
>
> (...)
>
> 34. da existência dos penhores previstos no art. 178 desta Lei, de ofício, sem conteúdo financeiro, por ocasião do registro no livro auxiliar em relação a imóveis de titularidade do devedor pignoratício ou a imóveis objeto de contratos registrados no Livro n. 2 – Registro Geral; (Incluído pela Lei n. 14.382, de 2022.)
>
> (...)

Antes da mudança feita pela Lei do SERP na LRP, alguns penhores especiais eram registrados apenas no Livro 3 do Cartório de Imóveis. Referimo-nos especificamente ao penhor rural (art. 178, VI, da LRP; art. 1.438 do CC[11]), dos penhores industrial e mercantil (art. 178, IV, da LRP; art. 1.448

---

[11] CC/2002. "Art. 1.438. Constitui-se o penhor rural mediante instrumento público ou particular, registrado no Cartório de Registro de Imóveis da circunscrição em que estiverem situadas as coisas empenhadas. Parágrafo único. Prometendo pagar em dinheiro a dívida, que garante com penhor rural, o devedor poderá emitir, em favor do credor, cédula rural pignoratícia, na forma determinada em lei especial."

do CC[12]). O motivo é que esses penhores constituem direitos reais sobre bens móveis e, portanto, não representam nenhum ônus real diretamente sobre o imóvel, cujo panorama jurídico-real é retratado na matrícula (Livro 2).

O motivo da escolha do RI para esse registro no lugar do RTD – serventia vocacionada, por excelência, para registro de ônus reais mobiliários – é a maior facilidade de terceiros buscarem informações acerca da situação jurídico-real de determinados móveis destinados ao uso do imóvel principal, tidos categoricamente como pertenças (art. 93 do CC[13]). Se, por exemplo, alguém pretende adquirir um gado, deve pesquisar a existência de eventual penhor rural sobre ele no Cartório de Imóveis da fazenda na qual o semovente fica.[14]

A Lei do SERP – indevidamente, a nosso sentir –, alterou essa lógica registral, ao incluir o item "34" no inc. II do art. 167 da LRP. Embora tenha mantido o registro desses penhores especiais no Livro 3, determinou a sua averbação-notícia na matrícula do imóvel. Trata-se uma averbação "sem conteúdo financeiro", à luz do referido dispositivo, o que significa que o valor dos emolumentos será aquele mais módico que consta das tabelas locais de emolumentos. Com essa averbação-notícia, é rompida a lógica extraída do princípio da concentração, segundo a qual a matrícula é o repositório das situações jurídico-reais e das informações relevantes apenas do imóvel.

O risco de confusão a terceiros é potencial. A averbação-notícia do penhor especial na matrícula poderá ser interpretada por terceiros como um risco que pode respingar no próprio imóvel, de maneira que, por exemplo, eventual compra do imóvel poderá ser abortada por haver, na matrícula, a notícia de um penhor especial.

---

[12] CC/2002. "Art. 1.448. Constitui-se o penhor industrial, ou o mercantil, mediante instrumento público ou particular, registrado no Cartório de Registro de Imóveis da circunscrição onde estiverem situadas as coisas empenhadas. Parágrafo único. Prometendo pagar em dinheiro a dívida, que garante com penhor industrial ou mercantil, o devedor poderá emitir, em favor do credor, cédula do respectivo crédito, na forma e para os fins que a lei especial determinar."

[13] CC/2002. "Art. 93. São pertenças os bens que, não constituindo partes integrantes, se destinam, de modo duradouro, ao uso, ao serviço ou ao aformoseamento de outro."

[14] É verdade que pode haver casos concretos que gerem dúvidas, como na hipótese de o gado poder ficar em diferentes fazendas do proprietário. No entanto, nenhum modelo é perfeito. Se o registro fosse no RTD do domicílio do proprietário, também poderíamos ter situações de dúvida, como a respeito de quem é o verdadeiro proprietário ou acerca de qual é o domicílio que foi levado em conta entre os vários do proprietário. A escolha do RI do imóvel em que o objeto empenhado é uma opção legislativa razoável.

Trata-se de uma interpretação indevida, mas não podemos negar que esse receio rondará terceiros interessados em celebrar negócios relativos ao imóvel. A falta de posicionamento pacificado dos Tribunais desperta preocupação sobre interpretações heterodoxas que possam vir a surgir, como a de que, com a averbação-notícia do item "34" do inc. II do art. 167 da LRP, terceiros adquirentes do imóvel podem ser atingidos por conta de eventual desrespeito ao penhor especial.

Consideramos grave ao sistema jurídico-registral a introdução da averbação-notícia dos penhores especiais na matrícula. O conveniente seria a urgente revogação do item "34" do inc. II do art. 167 da LRP. Entretanto, diante da pouca probabilidade dessa proposta legislativa, o caminho é que as serventias imobiliárias atenuem os riscos de confusão supracitados. O melhor caminho para isso é que, na própria averbação-notícia, seja inserida uma advertência como esta: "a presente averbação não representa qualquer ônus diretamente sobre o imóvel, mas apenas a notícia da existência de ônus sobre o bem móvel objeto do penhor especial". Essa advertência poderá aliviar o receio de confusão supracitado.

Além disso, nas certidões da situação jurídica atualizada do imóvel (*vide* capítulo 3.5), o registrador de imóveis precisa tomar o cuidado quando mencionar essa averbação-notícia. Convém que ele insira, na certidão, a advertência *supra*, com os ajustes redacionais pertinentes, a fim de evitar a terceiros a falsa impressão de que o imóvel está eivado de ônus real.

7.9. Simplificação para acesso do contrato de locação de imóvel urbano à matrícula para fins de vigência no caso de alienação ou de direito de preferência (arts. 167, I, "3", e II, "16", e parágrafo único, e 169, III, da Lei de Registros Públicos; e art. 20, III, *k*, da Lei n. 14.382/2022)

Lei de Registros Públicos (Lei n. 6.015/1973)

Art. 167. No Registro de Imóveis, além da matrícula, serão feitos:

I – o registro

(...)

3) dos contratos de locação de prédios, nos quais tenha sido consignada cláusula de vigência no caso de alienação da coisa locada;

(...)

II – a averbação:

(...)

16) do contrato de locação, para os fins de exercício de direito de preferência. (Incluído pela Lei n.º 8.245, de 1991.)

(...)

Parágrafo único. O registro previsto no item 3 do inciso I do *caput* e a averbação prevista no item 16 do inciso II do *caput* deste artigo serão efetuados no registro de imóveis da circunscrição onde o imóvel estiver matriculado, mediante apresentação de uma via do contrato assinado pelas partes, admitida a forma eletrônica e bastando a coincidência entre o nome de um dos proprietários e o do locador. (Incluído pela Lei n. 14.382, de 2022.)

Art. 169. Todos os atos enumerados no art. 167 desta Lei são obrigatórios e serão efetuados na serventia da situação do imóvel, observado o seguinte: (Redação dada pela Lei n. 14.382, de 2022.)

I – as averbações serão efetuadas na matrícula ou à margem do registro a que se referirem, ainda que o imóvel tenha passado a pertencer a outra circunscrição, observado o disposto no inciso I do § 1.º e no § 18 do art. 176 desta Lei; (Redação dada pela Lei n. 14.382, de 2022.)

II – para o imóvel situado em duas ou mais circunscrições, serão abertas matrículas em ambas as serventias dos registros públicos; e (Redação dada pela Lei n. 14.382, de 2022.)

III – o registro previsto no n° 3 do inciso I do art. 167, e a averbação prevista no n° 16 do inciso II do art. 167 serão efetuados no cartório onde o imóvel esteja matriculado mediante apresentação de qualquer das vias do contrato, assinado pelas partes e subscrito por duas testemunhas, bastando a coincidência entre o nome de um dos proprietários e o locador. (Revogado pela Lei n. 14.382, de 2022.)

(...)

IV – aberta matrícula na serventia da situação do imóvel, o oficial comunicará o fato à serventia de origem, para o encerramento, de ofício, da matrícula anterior. (Incluído pela Lei n. 14.382, de 2022.)

(...)

> **Lei n. 14.382/2022**
>
> Art. 20. Ficam revogados:
>
> (...)
>
> III – os seguintes dispositivos da Lei n. 6.015, de 31 de dezembro de 1973 (Lei de Registros Públicos):
>
> (...)
>
> k) inciso III do *caput* do art. 169; e

Em sintonia com a digitalização dos serviços registrais por meio do SERP, a nova lei promoveu ajuste na formalidade exigida para o ingresso do contrato de locação de imóveis para efeito de vigência no caso de alienação e para efeito de direito de preferência.

Deixou de exigir, assim, que o contrato contenha duas testemunhas e passou a expressamente admitir a forma eletrônica do contrato como título inscritível. Aliás, nesse ponto, pecou o legislador em não alterar o parágrafo único do art. 33 da Lei n. 8.245/1991, o qual deve ser considerado revogado na parte em que exige duas testemunhas no contrato de locação predial urbana a ser averbado no RI para efeito de direito de preferência. Entendemos que essa revogação é tácita, por incompatibilidade com a Lei do SERP ou, de modo mais específico, com o subsequente parágrafo único do art. 167 da LRP e a superveniente revogação do inc. III do art. 169 da LRP.

Além disso, a Lei do SERP promoveu mero ajuste geográfico, pois trasladou o conteúdo do inc. III do art. 169 da LRP para o parágrafo único do art. 167 da LRP, com as adaptações retrocitadas. No mais, nada foi mudado, eis que a serventia competente é o RI do local do imóvel. Ademais, a coincidência do locador com o nome de um dos proprietários é suficiente.

Portanto, o título idôneo para acesso à matrícula do imóvel para efeito da cláusula de vigência ou do direito de preferência é o contrato de locação assinado pelas partes, admitida sua versão eletrônica, dispensada a existência de testemunhas instrumentárias e exigido que, ao menos, um dos locadores seja o proprietário tabular do imóvel (art. 167, parágrafo único, da LRP).

Para os necessários esclarecimentos, vale a pena recordar os dois atos jurídicos inscritíveis em pauta relacionados à locação de imóveis. Existem dois direitos decorrentes dos contratos de locação de imóveis que podem acessar o Registro de Imóveis para desfrutarem de eficácia *erga omnes*. O primeiro deles é o direito derivado da presença de uma cláusula de vigência do contrato mesmo no caso de alienação, a qual será objeto de registro na matrícula do imóvel (art. 167, I, "3", da LRP; art. 8.º da Lei n. 8.245/1991; art. 576, § 1.º, do CC). O segundo é o direito de preferência do locatário para a aquisição do imóvel no caso de sua alienação, a qual é objeto de averbação na matrícula (art. 167, II, "16", da LRP; e art. 33, *caput*, da Lei n. 8.245/1991). Nos termos da segunda norma,

> "O locatário preterido no seu direito de preferência poderá reclamar do alienante as perdas e danos ou, depositando o preço e demais despesas do ato de transferência, haver para si o imóvel locado, se o requerer no prazo de seis meses, a contar do registro do ato no cartório de imóveis, desde que o contrato de locação esteja averbado pelo menos trinta dias antes da alienação junto à matrícula do imóvel".

Vale lembrar que, segundo a doutrina e também a jurisprudência, a averbação do contrato é fator essencial para que o locatário exerça o direito de preferência *erga omnes*. Não havendo essa averbação, o locatário preterido apenas poderá pleitear perdas e danos, na correta interpretação do último dispositivo. Nessa linha, do Superior Tribunal de Justiça, citamos decisão monocrática do Ministro Luis Felipe Salomão, prolatada no âmbito da Quarta Turma, no sentido de que "a falta de averbação de contrato de locação não impede o pleito de indenização por perdas e danos eventualmente configurados pela não oportunização do direito de preferência" (STJ, REsp 1.680.638/RS, 4.ª Turma, Min. Luis Felipe Salomão, j. 24.09.2018, *DJe* 04.10.2018, p. 6653). Como consta da decisão, que cita dois outros precedentes, "em razão da falta de averbação do contrato de locação, subsiste apenas a possibilidade de pedido de indenização pela ausência de oportunidade de exercer alegado direito de preferência".

O primeiro precedente citado pela decisão monocrática foi proferido no Recurso Especial 1.554.437/SP, pela Terceira Turma, publicado em 7 de junho de 2016, tendo sido relator o Ministro João Otávio de Noronha:

> "O art. 27 da Lei n. 8.245/91 prevê os requisitos para que o direito de preferência seja exercido pelo inquilino que tenha interesse em adquirir o imóvel locado em igualdade de condições com terceiros, sendo certo que, em caso de inobservância de tal regramento pelo locador, poderá o locatário fazer jus a indenização caso comprove que tinha

condições de comprar o bem nas mesmas condições que o adquirente. Além dos efeitos de natureza obrigacional correspondentes ao direito a perdas e danos, o desrespeito à preempção do locatário pode ter eficácia real consubstanciada no direito de adjudicação compulsória do bem, uma vez observados os ditames do art. 33 da Lei do inquilinato. (...). O direito real à adjudicação do bem somente será exercitável se o locatário a) efetuar o depósito do preço do bem e das demais despesas de transferência de propriedade do imóvel; b) formular referido pleito no prazo de 6 (seis) meses do registro do contrato de compra e venda do imóvel locado adquirido por terceiros; b) promover a averbação do contrato de locação assinado por duas testemunhas na matrícula do bem no cartório de registro de imóveis, pelo menos 30 (trinta) dias antes de referida alienação. (...). Impõe-se a obrigação legal de averbar o contrato de locação para possibilitar a geração de efeito erga omnes no tocante à intenção do locatário de fazer valer seu direito de preferência e tutelar os interesse de terceiros na aquisição do bem imóvel. (...) Ainda que obstada a averbação do contrato de locação por falha imputável ao locador, não estaria assegurado o direito à adjudicação compulsória do bem se o terceiro adquirente de boa-fé não foi cientificado da existência de referida avença quando da lavratura da escritura de compra e venda do imóvel no cartório de registro de imóveis" (STJ, REsp 1.554.437/SP, 3.ª Turma, Rel. Min. João Otávio de Noronha, *DJe* 07.06.2016).

O último acórdão cita o entendimento doutrinário de Sílvio de Salvo Venosa, com menção a outros julgados do Tribunal Paulista, mais antigos:

"Percebendo, pois, o inquilino a intenção do locador em alienar o prédio, deve prontamente registrar seu contrato, se não o fez anteriormente. Não procedente ao registro, ou não levado a efeito na forma e tempo devidos, só lhe restará a ação indenizatória. O registro no Cartório de Títulos e Documentos é absolutamente inoperante, não servindo de sucedâneo para o registro imobiliário (2.º TACSP, Ap. c/rev. 263.672 – 6.ª Câmara, Rel. Juiz Sílvio Venosa, 25-4-90; no mesmo sentido JTACSP 105/240). Não havendo contrato escrito, não há que se falar em registro e em direito com eficácia real (JTACSP 95/415, 92/443, 91/275, 81/308, entre outros). Por outro lado, alegação de impossibilidade de registro do contrato, ainda que provada, não preenche o requisito peremptório da lei (2.º TACSP, Ap. c/ Rev. 263.672 – 6.ª Câmara Cível, Rel. Juiz Sílvio Venosa, 25-4-90; no mesmo sentido JTACSP 82/399, 76/155, 82/203, 13/280, entre outros). A atual lei, para evitar problemas com cartórios refratários, que se recusam a registrar os contratos, houve por bem alterar a Lei dos Registros Públicos para mencionar expressamente o contrato de locação (art. 8.º – *Lei do Inquilinato comentada*: doutrina e prática. 14. ed. São Paulo: Atlas, 2015, p. 168-169)".

O segundo precedente mencionado pelo Ministro Luis Felipe Salomão é o Agravo Regimental na Medida Cautelar 18.158/MG. Vejamos o que nele consta:

"A não averbação do contrato de locação no competente cartório de registro de imóveis impede o exercício do direito de preferência pelo locatário, consistente na anulação da compra e venda do imóvel locado, bem como sua adjudicação, nos termos do art. 33 da Lei 8.245/91, restando a ele a indenização por perdas e danos" (STJ, Ag. Rg. na MC 18.158/MG, Rel. Min. Nancy Andrighi, 3.ª Turma, j. 09.08.2011, *DJe* 17.08.2011).

Feitas essas notas e para encerrar o tema, lembramos que, se o locador vende o imóvel a um terceiro, esse adquirente é obrigado a respeitar o contrato de locação se este contiver uma cláusula de vigência registrada na matrícula; ou, na mesma hipótese, o adquirente poderá perder o imóvel para o inquilino se este vier a exercer o seu direito de preferência na aquisição do bem, contanto que esse direito de preferência esteja averbado na matrícula. A Lei do SERP apenas simplificou as formalidades exigidas para o título inscritível no RI para conferir eficácia *erga omnes* a esses dois direitos.

7.10. Técnica registral no caso de pluralidade ou de mudança de circunscrição registral (art. 169 da LRP)

Art. 169. Todos os atos enumerados no art. 167 desta Lei são obrigatórios e serão efetuados na serventia da situação do imóvel, observado o seguinte: (Redação dada pela Lei n. 14.382, de 2022.)

I – as averbações serão efetuadas na matrícula ou à margem do registro a que se referirem, ainda que o imóvel tenha passado a pertencer a outra circunscrição, observado o disposto no inciso I do § 1.º e no § 18 do art. 176 desta Lei; (Redação dada pela Lei n. 14.382, de 2022.)

II – para o imóvel situado em duas ou mais circunscrições, serão abertas matrículas em ambas as serventias dos registros públicos; e (Redação dada pela Lei n. 14.382, de 2022.)

III – ~~o registro previsto no n° 3 do inciso I do art. 167, e a averbação prevista no n° 16 do inciso II do art. 167 serão efetuados no cartório onde o imóvel esteja matriculado mediante apresentação de qualquer das vias do contrato, assinado pelas partes e subscrito por duas testemunhas, bastando a coincidência entre o nome de um dos proprietários e o locador.~~ (Revogado pela Lei n. 14.382, de 2022.)

(...)

IV – aberta matrícula na serventia da situação do imóvel, o oficial comunicará o fato à serventia de origem, para o encerramento, de ofício, da matrícula anterior. (Incluído pela Lei n. 14.382, de 2022.)

§ 1.º O registro do loteamento e do desmembramento que abranger imóvel localizado em mais de uma circunscrição imobiliária observará o disposto no inciso II do *caput* deste artigo, e as matrículas das unidades imobiliárias deverão ser abertas na serventia do registro de imóveis da circunscrição em que estiver situada a unidade imobiliária, procedendo-se às averbações remissivas. (Incluído pela Lei n. 14.382, de 2022.)

§ 2.º As informações relativas às alterações de denominação de logradouro e de numeração predial serão enviadas pelo Município à serventia do registro de imóveis da circunscrição onde estiver situado o imóvel, por meio do SERP, e as informações de alteração de numeração predial poderão ser arquivadas para uso oportuno e a pedido do interessado. (Incluído pela Lei n. 14.382, de 2022.)

§ 3.º Na hipótese prevista no inciso II do *caput* deste artigo, as matrículas serão abertas: (Incluído pela Lei n. 14.382, de 2022.)

I – com remissões recíprocas; (Incluído pela Lei n. 14.382, de 2022.)

II – com a prática dos atos de registro e de averbação apenas no registro de imóveis da circunscrição em que estiver situada a maior área, averbando-se, sem conteúdo financeiro, a circunstância na outra serventia; e (Incluído pela Lei n. 14.382, de 2022.)

III – se a área for idêntica em ambas as circunscrições, adotar-se-á o mesmo procedimento e proceder-se-á aos registros e às averbações na serventia de escolha do interessado, averbada a circunstância na outra serventia, sem conteúdo financeiro. (Incluído pela Lei n. 14.382, de 2022.)

Regra geral da competência territorial do RI

Antes de tudo, com relação à revogação do inc. III do art. 169 da LRP, reportamo-nos ao item 7.9, em que tratamos do tema, relativo à simplificação das formalidades do registro *lato sensu* de atos concernentes à locação. No mais, as alterações feitas no art. 169 da Lei de Registros Públicos pela Lei do SERP refletem novamente o objetivo de simplificar as regras para conflitos de competência territorial entre diferentes RIs.

A regra geral é o respeito à competência do RI cuja circunscrição territorial – definida geralmente pela lei de organização judiciária local – alcance o imóvel em pauta (art. 169, *caput*, da LRP). Entretanto, há situações de conflitos de competência territorial entre mais de um RI. Para esses casos, a diretriz da LRP é conciliar, de um lado, a necessidade de concentrar os atos em apenas uma matrícula e, de outro lado, a observância da competência territorial das serventias registrais imobiliárias.

Nova circunscrição territorial

O primeiro conflito dá-se no caso de mudança de competência territorial de um RI. Imóveis que estavam sob a competência territorial de um RI passam a estar sob a alçada de um novo RI. Nessa hipótese, os atos de averbação – por conta de sua natureza acessória e por destinarem-se a alterar um registro anterior ou uma matrícula – terão de ser feitos na atual matrícula do imóvel, ainda que esta se encontre na serventia anteriormente competente.

Atos de registro, porém, por conta de sua natureza primária – e pelo fato de, em regra, constituírem novas situações jurídico-reais –, podem ensejar a abertura de matrícula no RI da nova circunscrição territorial, com a consequente averbação de cancelamento da matrícula anterior (art. 169, I, da LRP). Essa averbação será feita, de ofício, pela serventia anterior, logo após receber do novo RI a comunicação acerca da abertura da matrícula. De fato, é dever do novo RI promover essa comunicação ao abrir a matrícula (art. 169, IV, da LRP).

Imagine-se, para ilustrar, um imóvel com matrícula no RI do distrito "X", do qual conste um registro de hipoteca. Sobrevém lei mudando a circunscrição territorial desse imóvel para o RI do distrito "Y". Se surgir um título para averbação de cancelamento de uma hipoteca, não haverá a necessidade da abertura de matrícula no novo RI e a averbação poderá ser praticada na matrícula do RI do distrito "X".

Se, porém, sobrevier um título para o registro da venda do imóvel, é obrigatória a abertura de matrícula no novo RI, com o consequente encerramento da matrícula anterior. O novo RI abrirá a matrícula e, nela, praticará o ato de registro da compra e venda. Em seguida, comunicará o fato ao anterior RI, o qual, de ofício, deverá averbar, na matrícula antiga, o seu encerramento em razão da mudança da circunscrição territorial, deixando expressa a remissão à nova matrícula para facilitar a busca de interessados.

Eventualmente, pode acontecer de, na antiga serventia, não haver matrícula para o imóvel. Pode ser que o imóvel ainda esteja sujeito ao regime das transcrições, vigente antes da LRP. A parte final do inc. I do art. 169 da LRP lida com essas hipóteses. Em situações como essas, será obrigatória a abertura de matrícula, visto que o inc. I do § 1.º do art. 176 da LRP proíbe a prática de atos de averbação à margem dessas transcrições.

A única exceção é se a transcrição não contiver todos os requisitos para a abertura da matrícula, hipótese em que o § 18 do art. 176 da LRP ainda tolerará a prática da averbação à margem da antiga transcrição. O motivo dessa exceção é que o legislador não quis impor uma burocracia que, por vezes, é de difícil cumprimento aos particulares como condição para a prática de um ato de natureza acessória, qual seja a necessidade de averbação. Voltaremos a tratar das situações de imóveis ainda sujeitos ao regime das transcrições, vigente antes da LRP, no item 7.11 deste livro.

Imóvel situado em duas ou mais circunscrições territoriais

O segundo caso de conflito territorial entre RI é de imóveis que ocupam duas ou mais circunscrições registrais. Imagine-se a situação de um imóvel cuja área ocupe áreas do RI do distrito "X" e do RI do distrito "Y".

Para esses casos, deverá ser aberta mais de uma matrícula para o mesmo imóvel, uma delas para o RI concorrentemente competente. No exemplo citado, cada um dos dois RIs abrirá uma matrícula para o mesmo imóvel, o que representará uma exceção ao *princípio da unitariedade matricial* (art. 169, II, da LRP). Essas matrículas deverão conter remissões recíprocas, a fim de permitir que terceiros tenham ciência dessa duplicidade matricular (art. 169, § 3.º, I, da LRP).

Essa multiplicidade de matrículas para o mesmo imóvel, porém, não implicará a repetição pura e simples dos atos de registro ou a averbação que serão praticados. Uma das matrículas deverá ser considerada a principal para recepcionar esses atos de registro e de averbação. As demais matrículas serão consideradas acessórias e, nessa condição, receberão apenas um "espelhamento" dos atos praticados na matrícula principal. Esse "espelhamento" ocorrerá por meio de atos de averbação, que noticiarão cada um dos atos que vierem a ser praticados na matrícula principal. Esses atos de averbação serão considerados "sem conteúdo financeiro", o que significa que o valor dos emolumentos será aquele mais módico que consta das tabelas locais de emolumentos (art. 169, § 3.º, II, da LRP).

Entendemos que é conveniente que conste em cada matrícula se ela será a principal ou se ela é acessória, conforme exporemos a seguir. Essa informação deveria ser lançada em cada matrícula por meio de ato de averbação, sem conteúdo financeiro, o que se fundamenta no próprio art. 169, § 3.º, I e III (parte final), da LRP.

A questão é definir qual será a matrícula principal. Entendemos que a regra é que a matrícula principal será a do RI em cuja circunscrição estiver a maior área do imóvel (art. 169, § 3.º, II, da LRP). Imagine-se que, no exemplo anterior, 80% da área do imóvel esteja na circunscrição do RI do distrito "X". A matrícula principal será aquela aberta nesse RI e a matrícula acessória, aquela aberta no RI do distrito "Y".

Se, porém, houver "empate", com áreas iguais do imóvel em todas as circunscrições, o interessado escolherá. Essa escolha deverá constar na matrícula principal e nas matrículas acessórias por meio de ato de averbação (art. 169, § 3.º, III, da LRP).

Parcelamentos do solo envolvendo mais de uma circunscrição territorial

Se um imóvel ocupar mais de uma circunscrição territorial registral, deverá haver, em cada RI, uma matrícula, uma das quais será a principal e as demais, acessórias (art. 169, II, da LRP). Essa regra será observada, inclusive, quando sobrevier um parcelamento do solo – por desmembramento ou loteamento –, com a diferença de que cada "imóvel filhote" resultante terá uma matrícula própria, a ser aberta no RI competente territorialmente. Tudo isso com as devidas remissões destinadas a permitir a terceiros pesquisar a cadeia filiatória da matrícula da unidade imobiliária resultante do parcelamento do solo (art. 169, § 1.º, da LRP).

Suponha-se um imóvel que ocupe áreas do RI do distrito "X" e do RI o distrito "Y". A matrícula principal está no RI do distrito "X" e a matrícula acessória no outro. Imagine-se, ainda, que haja o registro de um loteamento criando 50 lotes. O registro do loteamento será feito na matrícula principal, do que será dado notícia, por averbação sem conteúdo financeiro, na matrícula acessória. Com o registro do loteamento, serão abertas 50 matrículas, uma para cada lote. Admita-se, ainda, que 40 matrículas digam respeito a imóveis situados na circunscrição do distrito "X". Logo, essas 40 matrículas deverão ser abertas perante o RI desse distrito. As demais matrículas serão abertas no RI do distrito "Y", por serem relativas a imóveis sob sua circunscrição. Se, por acaso, algum lote ocupar área de ambas as circunscrições registrais, aplica-se a regra do inc. II do art. 169 da LRP, aqui antes analisada.

Em continuidade de estudo, são necessárias as devidas remissões nas matrículas. Na matrícula-mãe – em que foi feito o registro do loteamento –, a remissão deverá estar no próprio ato de registro do loteamento, que é a fonte da criação das matrículas-filhotes, as de cada lote. Nas matrículas-filhotes – as de cada lote –, indaga-se: como deverá ser feita essa remissão? A resposta depende se o parcelamento recaiu ou não sobre imóvel sujeito a mais de uma circunscrição territorial. Se sim – tal qual tratamos nos exemplos anteriores –, haverá necessidade de dois atos remissivos a serem praticados concomitantemente.

O primeiro ato se dá no próprio ato de abertura da matrícula-filhote. Deverá o registrador aludir expressamente à matrícula-mãe principal e às matrículas-mães acessórias no campo relativo ao "registro anterior" (art. 176, § 1.º, II, item "5", da LRP). Não nos parece adequado remeter-se apenas à matrícula-mãe principal, por conta do risco de causar confusão em terceiros.

O segundo ato remissivo é o lançamento de uma averbação na matrícula-filhote, noticiando que a matrícula-mãe dizia respeito a um imóvel que ocupava mais de uma circunscrição territorial registral e, assim, era dividida em matrícula-mãe principal e matrículas-mães acessórias. A ideia é a de que, com a leitura dessa averbação remissiva, o terceiro entenda a cadeia filiatória da matrícula e a particularidade de a sua origem envolver mais de uma matrícula.

Se, porém, o parcelamento recair sobre um imóvel que ocupava apenas uma circunscrição territorial, não haverá matrículas-mães principais e acessórias. Só existirá uma única matrícula-mãe. Nessa hipótese, não será necessária a "averbação remissiva" nas matrículas-filhotes, as das unidades imobiliárias resultantes do parcelamento. Bastará a notícia da matrícula-mãe no ato de abertura da matrícula, especificamente no campo do "registro anterior" (art. 176, § 1.º, II, item "5", da LRP).

Comunicação de mudanças de nomes de dados do endereço do imóvel

O § 2.º do art. 169 da LRP exige que os municípios comuniquem eletronicamente os RI por meio do SERP sempre que houver mudança do nome de logradouros ou de numeração predial, o que é uma medida extremamente saudável por facilitar a atualização do endereço dos imóveis nas matrículas dos imóveis. O aludido preceito ainda autoriza o RI a arquivar a informação "para uso oportuno e a pedido do interessado".

O referido dispositivo, porém, enseja uma discussão relativa à obrigatoriedade ou não de o RI ter de promover essas averbações de ofício. Passamos a expor o problema. Em razão do princípio da especialidade objetiva, a matrícula deverá conter os dados atualizados de localização do imóvel, como o logradouro e a numeração predial. Havendo mudança nessas informações – v.g., a rua mudou de nome por conta de nova norma municipal –, é forçosa a averbação dos novos dados na matrícula para ciência de terceiros. No caso de mudança do nome do logradouro, o art. 167, II, "13", da LRP prevê o dever de essa averbação ser feita de ofício pelo RI.

Por outro lado, no caso de mudança da numeração predial, a LRP não é específica, pelo que o fundamento da sua averbação será o permissivo geral do art. 246 da LRP. Esse fato enseja discussões jurídicas acerca da existência ou não do dever de o registrador averbar, de ofício, a mudança da numeração predial. Preferimos conferir interpretação extensiva ao item 13 do inc. II do art. 167 da LRP para alcançar qualquer mudança de características da identificação do imóvel, seja o logradouro, seja a numeração predial.

Suponha-se, por exemplo, um imóvel situado na Rua Nascimento Silva n. 107, Ipanema, Rio de Janeiro, Capital – o famoso endereço do genial Tom Jobim. Se sobrevier norma carioca rebatizando a rua ou logradouro para "Rua Tom Jobim", ou mudando a numeração predial para 110, o RI deverá, de ofício, averbar o novo endereço: Rua Tom Jobim n. 110, Ipanema, Rio de Janeiro/RJ.

Na prática, porém, nem sempre os RIs conseguem operacionalmente identificar todas as matrículas atingidas pela mudança do logradouro ou da numeração predial. Imagine-se, por exemplo, o caso de uma serventia com cem mil matrículas. Por esse motivo, é comum que muitos RIs deixem para averbar a alteração do endereço posteriormente, seja quando sobrevier algum título a registro *lato sensu* na matrícula, seja quando houver conveniência de serviços.

Esse arquivamento da informação para uso em momento oportuno ou a pedido do interessado está expressamente autorizado pela parte final do § 2.º do art. 169 da LRP. Existem também normas de serviço locais no mesmo sentido, a exemplo do item 125.1 do Capítulo XX das NSCGJ/SP[15]. Nesse ponto, entendemos necessário conferir interpretação extensiva nessa parte final, no sentido de que a referência à viabilidade de arquivamento da numeração predial para uso oportuno deve alcançar também mudanças do logradouro. Nesse contexto, pensamos que a redação legislativa não foi adequada.

Por fim, a cobrança ou não de emolumentos pelo ato de averbação do novo endereço dependerá da lei local de emolumentos. A praxe é inexistir tal cobrança para esses atos de averbação de atualização do endereço por conta de mudança superveniente do logradouro ou da numeração predial. Em São Paulo, por exemplo, o item 125.2 do Capítulo XX das NSCGJ/SP é expresso em proibir a cobrança de emolumentos.

7.11. Prestígio à abolição do antigo sistema de transcrições e complementação do título sem uma "rerratificação": complementação extracartular do título (art. 176 da LRP)

> Art. 176. ....
>
> § 1.º ....
>
> I – cada imóvel terá matrícula própria, que será aberta por ocasião do primeiro ato de registro ou de averbação caso a transcrição possua todos os requisitos elencados para a abertura de matrícula; (Redação dada pela Lei n.º 14.382, de 2022.)
>
> ....
>
> § 14. É facultada a abertura da matrícula na circunscrição onde estiver situado o imóvel, a requerimento do interessado ou de ofício, por conveniência do serviço. (Incluído pela Lei n.º 14.382, de 2022.)

---

[15] NSCGJ/SP. "125. As averbações de nomes de logradouros e de suas alterações, decretados pelo Poder Público, deverão ser procedidas de ofício, à vista de documento oficial. 1. (Alterado pelo Provimento CG n.º 37/2013 e Renumerado pelo Provimento CG n.º 56/2019.) 125.1. Segundo a conveniência do serviço, essas averbações poderão ser efetuadas à medida que houver registro individual a ser praticado. (Acrescentado pelo Provimento CG n.º 37/2013 e Renumerado pelo Provimento CG n.º 56/2019.) 125.2. Em nenhuma hipótese serão devidos emolumentos e custas por tais averbações, ainda que requeridas pelo interessado. (Acrescentado pelo Provimento CG n.º 37/2013 e Renumerado pelo Provimento CG n.º 56/2019.)"

> § 15. Ainda que ausentes alguns elementos de especialidade objetiva ou subjetiva, desde que haja segurança quanto à localização e à identificação do imóvel, a critério do oficial, e que constem os dados do registro anterior, a matrícula poderá ser aberta nos termos do § 14 deste artigo. (Incluído pela Lei n.º 14.382, de 2022.)
>
> § 16. Se não forem suficientes os elementos de especialidade objetiva ou subjetiva, será exigida a retificação, no caso de requerimento do interessado na forma prevista no § 14 deste artigo, perante a circunscrição de situação do imóvel. (Incluído pela Lei n.º 14.382, de 2022.)
>
> § 17. Os elementos de especialidade objetiva ou subjetiva que não alterarem elementos essenciais do ato ou negócio jurídico praticado, quando não constantes do título ou do acervo registral, poderão ser complementados por outros documentos ou, quando se tratar de manifestação de vontade, por declarações dos proprietários ou dos interessados, sob sua responsabilidade. (Incluído pela Lei n.º 14.382, de 2022.)
>
> § 18. Quando se tratar de transcrição que não possua todos os requisitos para a abertura de matrícula, admitir-se-á que se façam na circunscrição de origem, à margem do título, as averbações necessárias. (Incluído pela Lei n.º 14.382, de 2022.)

Transcrições ainda existentes: estímulo à abertura de matrículas

A LRP (Lei n. 6.015/1973), originalmente e no passado, instituiu uma nova sistemática da organização do registro de imóveis, adotando o sistema de matrículas. Todos os atos relativos ao imóvel devem ser lançados na matrícula do imóvel, conforme o *princípio da concentração*.

Antes da LRP, o registro de imóveis adotava o sistema das transcrições, no qual as informações jurídico-reais relativas ao imóvel ficavam pulverizadas em diferentes livros, cada qual dedicado a determinados atos jurídicos. Nesse sistema anterior, havia um livro para hipotecas, um livro para transmissões e assim sucessivamente.

Em busca de transição suave do sistema das transcrições para o sistema de matrículas, a Lei de Registros Públicos, inicialmente, exigiu a abertura de matrícula apenas quando da prática de um ato de registro. Permitiu, assim, que atos de averbação – por conta de sua natureza acessória e no sentido de alterar um ato anterior – pudessem ainda ser feitos à margem de uma transcrição anterior.

Em 2022, quase cinquenta anos depois da Lei de Registros Públicos – que é de 1973 –, verifica-se que as serventias de registro de imóveis ainda mantêm transcrições em seu acervo, o que representa um problema em matéria de organização informacional. Assim, é preciso "higienizar" os registros de imóveis dessas transcrições.

Por isso, a Lei do SERP (Lei n. 14.382/2022) alterou o art. 176 da LRP. A regra geral passou a ser a de que é obrigatória a abertura de matrícula quando da prática de qualquer ato, seja de registro, seja de averbação. Passa a ser proibida a prática de atos de averbação à margem de transcrições antigas, ao menos como regra geral (art. 176, § 1º, I, da LRP).

A exceção dá-se quando a transcrição não contém os elementos necessários à abertura da matrícula, caso em que se admitirá a prática de atos de averbação à margem da transcrição anterior (art. 176, § 18, da LRP). O motivo é que, como a averbação é ato acessório, seria desproporcional dificultar a prática desse ato, impondo ao usuário a adoção de providências por vezes onerosas e burocráticas para obter as informações faltantes à abertura da matrícula. Alerta-se para um lapso redacional no § 18 do art. 176 da LRP: este menciona averbação "à margem do título", o que não existe em termos registrais. Na verdade, deve-se ler esse excerto do dispositivo como averbação "à margem da transcrição" (e não do título).

O legislador flexibilizou *os princípios das especialidades subjetiva e objetiva* para essa etapa, como fez em outras ocasiões (como no § 13 do art. 213 da LRP – *vide* item 7.16). Adotou, portanto, uma visão utilitarista. Assim, se – apesar da falta de alguns elementos de especialidade subjetiva ou objetiva – existir segurança quanto à localização e à identificação do imóvel bem como quanto à identificação dos titulares de direitos tabulares, a abertura da matrícula será viável, sem necessidade de qualquer procedimento extrajudicial ou judicial de retificação (art. 176, § 15, da LRP). Embora o referido dispositivo não faça alusão expressa aos titulares de direitos tabulares, ela está implícita no fato de o preceito mencionar problemas de especialidade subjetiva. Nesse ponto, imputamos o silêncio a um lapso na redação legislativa.

Existe um justo motivo para essa flexibilização utilitarista, desburocratizante e pragmática. A identificação da coisa é segura, ainda que haja pequenas imprecisões que podem ser corrigidas posteriormente. O legislador calculou que o prejuízo em manter, no "estoque" do RI, transcrições antigas é muito pior do que abrir matrículas com "pecadilhos" em matéria de especialidade subjetiva ou objetiva, desde que haja segurança quanto à identificação da coisa.

De todo modo, é difícil definir no caso concreto quais pecadilhos de especialidades subjetiva ou objetiva seriam tolerados para a migração do sistema de transcrição para o de matrícula. Mais uma vez será preciso examinar cada caso.

O fato é que, se as falhas de especialidade objetiva ou subjetiva forem graves – e não meros pecadilhos, o que se dá quando houver dúvidas acerca da identificação da coisa e dos titulares tabulares –, não haverá como permitir a abertura da matrícula, que será inviável. Caberá ao interessado promover, antes, a retificação da transcrição, corrigindo-lhe os vícios de especialidades subjetiva ou objetiva, consoante estatui o art. 176, § 16, da LRP. A retificação da transcrição poderá ser judicial ou extrajudicial, tudo nos termos dos arts. 212 e 213 da LRP.

Um aspecto merece ser acrescido. Ainda que haja pecados graves de especialidade objetiva ou subjetiva, é viável que o registrador pratique atos de averbação à margem da transcrição, desde que, no caso concreto, não identifique riscos de danos a terceiros. O fundamento é o § 18 do art. 176 da LRP, que deve ser lido sistematicamente com os §§ 15 e 16 sob a diretriz de evitar a imposição de burocracias de pouca utilidade prática. Pense-se, por exemplo, em uma averbação de alteração de logradouro ou de numeração predial. Ou em uma averbação de cancelamento de uma hipoteca. Não há motivos para impedir a prática desses atos pelo fato de o eventual pecado grave de especialidades objetiva ou subjetiva não prejudicar terceiros. Obrigar a retificação da transcrição e a abertura de matrícula para a prática desses atos de mera atualização de informações tabulares seria um exagero burocrático. Cabe ao registrador avaliar cada caso concreto.

Por fim, cabe uma advertência importante, uma vez que as hipóteses descritas versam sobre os casos de obrigatoriedade de abertura de matrículas diante da existência de transcrições. Não se pode esquecer, porém, que, independentemente dessas hipóteses, a abertura de matrículas pode ser feita facultativamente, seja a pedido do interessado, seja de ofício por conveniência do serviço (art. 176, § 14, da LRP). Aliás, o conveniente é que os RIs procurem, de ofício, abrir matrículas, eliminando, ao máximo, o seu estoque de transcrições e, assim, promovendo uma verdadeira "higienização" do seu acervo.

Mudança de circunscrição e regime de transcrição

Tratamos oportunamente, no item 7.10, das hipóteses de mudanças de circunscrição territorial de RI envolvendo imóvel ainda sujeito ao regime das transcrições, vigente antes da atual LRP (art. 176, § 18, da LRP).

Complementação do título sem uma "rerratificação": complementação extracartular do título

Quando um título contém alguma incompatibilidade com os dados constantes da matrícula acerca dos sujeitos – especialidade subjetiva –, ou do imóvel – especialidade objetiva –, o registrador deve negar-lhe o acesso à tábua predial. Deve, assim, qualificar negativamente o título e fazer exigências em nota devolutiva na forma do art. 198 da LRP.

Nessas situações, cabe ao interessado sanar a falha, o que geralmente é feito por meio de um título de rerratificação. Esse título destina-se a corrigir o anterior e confirmar, no mais, o negócio. Quando o título é uma escritura pública, o interessado tem de novamente dirigir-se ao Cartório de Notas para essa providência, a qual, embora necessária, atrasa o registro do título e acarreta transtornos burocráticos ao usuário.

Com o § 17 no art. 176 da LRP – introduzido pela Lei do SERP –, foi flexibilizado esse rigor da qualificação registral diante de falhas não essenciais de especialidade objetiva ou subjetiva no título. Para esses casos, o registrador deverá admitir o que chamamos de "complementação extracartular do título", a saber:

a) abster-se de expedir notas devolutivas e, assim, relevar "falhas não essenciais" se forem facilmente sanáveis mediante consulta a informações seguras constantes do próprio título ou de documentos disponíveis dentro da própria serventia; ou

b) se for o caso, admitir a apresentação, pelos interessados, de documentos complementares que corrijam essas "falhas não essenciais", incluindo declarações dos sujeitos envolvidos no fato jurídico *lato sensu* formalizado no título, o que deverá ser feito por meio de uma nota devolutiva.

Na nota devolutiva supracitada, em que se apontem as falhas de especialidades objetiva ou subjetiva, é conveniente que o registrador expressamente faça menção à faculdade do § 17 do art. 176 da LRP, a fim de facilitar ao interessado o acesso a essa informação e, assim, poupá-lo de transtornos desnecessários.

Além disso, na segunda hipótese apontada, entendemos que as declarações dos sujeitos não necessariamente precisarão seguir a mesma forma do título. O paralelismo das formas deve ser afastado por uma interpretação teleológica do § 17 do art. 176 da LRP. Devem-se acatar declarações feitas por instrumento particular, desde que a assinatura do declarante seja: *a)* feita perante o próprio registrador de imóveis ou seu preposto; *b)* acompanhada de reconhecimento de firma; ou *c)* uma assinatura eletrônica, com certificado digital admitido pelos tabelionatos de notas para a lavratura de escrituras públicas. O motivo é que, em todos esses casos, a autenticidade da declaração seguirá o padrão mínimo de confiabilidade perante os serviços registrais.

Destaque-se que essa flexibilização só é admitida para "falhas não essenciais de especialidades objetiva ou subjetiva" no título. Assim devem ser entendidas as inconsistências do título quanto ao objeto ou ao sujeito que não alterem *substancialmente* elementos essenciais do título. Esse advérbio "substancialmente" não está explícito no § 17 do art. 176 da LRP, mas o consideramos implícito por uma interpretação teleológica. Como exemplos podem ser citados erros de digitação facilmente identificáveis no nome dos sujeitos ou na descrição do imóvel, apesar de os sujeitos e o objeto dizerem respeito a elementos essenciais do ato jurídico. Entender diferente seria frustrar a intenção desburocratizante do dispositivo legal em estudo.

Além disso, é irrelevante se o título veicula um negócio jurídico – *v. g.*, uma escritura pública de compra e venda – ou um ato jurídico *stricto sensu* – *v. g.*, uma certidão de casamento ou de mudança de nome a ser averbada na matrícula. O § 17 do art. 176 da LRP só menciona o primeiro, o negócio jurídico, mas, na verdade, acabou dizendo menos do que queria. A sua intenção era abranger qualquer título, independentemente do tipo de fato jurídico *lato sensu* encartado. Pensamos e defendemos que o preceito tenha de ser interpretado extensivamente.

7.12. Redução dos prazos para qualificação registral e digitalização e aprimoramento do procedimento de dúvida (arts. 188 e 198 da Lei de Registros Públicos; e art. 20, III, *l*, da Lei n. 14.382/2022)

Lei de Registros Públicos (Lei n. 6.015/1973)

Art. 188. Protocolizado o título, proceder-se-á ao registro ou à emissão de nota devolutiva, no prazo de 10 (dez) dias, contado da data do protocolo, salvo nos casos previstos no § 1.º deste artigo e nos arts. 189, 190, 191 e 192 desta Lei. (Redação dada pela Lei n. 14.382, de 2022).

§ 1.º Se não houver exigências ou falta de pagamento de custas e emolumentos, deverão ser registrados, no prazo de 5 (cinco) dias: (Incluído pela Lei n. 14.382, de 2022.)

I – as escrituras de compra e venda sem cláusulas especiais, os requerimentos de averbação de construção e de cancelamento de garantias; (Incluído pela Lei n. 14.382, de 2022.)

II – os documentos eletrônicos apresentados por meio do SERP; e (Incluído pela Lei n. 14.382, de 2022.)

III – os títulos que reingressarem na vigência da prenotação com o cumprimento integral das exigências formuladas anteriormente. (Incluído pela Lei n. 14.382, de 2022.)

§ 2.º A inobservância do disposto neste artigo ensejará a aplicação das penas previstas no art. 32 da Lei n. 8.935, de 18 de novembro de 1994, nos termos estabelecidos pela Corregedoria Nacional de Justiça do Conselho Nacional de Justiça. (Incluído pela Lei n. 14.382, de 2022.)

Art. 198. Se houver exigência a ser satisfeita, ela será indicada pelo oficial por escrito, dentro do prazo previsto no art. 188 desta Lei e de uma só vez, articuladamente, de forma clara e objetiva, com data, identificação e assinatura do oficial ou preposto responsável, para que: (Redação dada pela Lei n. 14.382, de 2022.)

~~I – no Protocolo, anotará o oficial, à margem da prenotação, a ocorrência da dúvida;~~ (Revogado.); (Redação dada pela Lei n. 14.382, de 2022.)

~~II – após certificar, no título, a prenotação e a suscitação da dúvida, rubricará o oficial todas as suas folhas;~~ (Revogado.); (Redação dada pela Lei n. 14.382, de 2022.)

~~III – em seguida, o oficial dará ciência dos termos da dúvida ao apresentante, fornecendo-lhe cópia da suscitação e notificando-o para impugná-la, perante o juízo competente, no prazo de 15 (quinze) dias;~~ (Revogado.); (Redação dada pela Lei n. 14.382, de 2022.)

~~IV – certificado o cumprimento do disposto no item anterior, remeter-se-ão ao juízo competente, mediante carga, as razões da dúvida, acompanhadas do título.~~ (Revogado.); (Redação dada pela Lei n. 14.382, de 2022.)

V – o interessado possa satisfazê-la; ou (Incluído pela Lei n. 14.382, de 2022.)

VI – caso não se conforme ou não seja possível cumprir a exigência, o interessado requeira que o título e a declaração de dúvida sejam

> remetidos ao juízo competente para dirimi-la. (Incluído pela Lei n. 14.382, de 2022.)
>
> § 1.º O procedimento da dúvida observará o seguinte: (Incluído pela Lei n. 14.382, de 2022.)
>
> I – no Protocolo, o oficial anotará, à margem da prenotação, a ocorrência da dúvida; (Incluído pela Lei n. 14.382, de 2022.)
>
> II – após certificar a prenotação e a suscitação da dúvida no título, o oficial rubricará todas as suas folhas; (Incluído pela Lei n. 14.382, de 2022.)
>
> III – em seguida, o oficial dará ciência dos termos da dúvida ao apresentante, fornecendo-lhe cópia da suscitação e notificando-o para impugná-la perante o juízo competente, no prazo de 15 (quinze) dias; e (Incluído pela Lei n. 14.382, de 2022.)
>
> IV – certificado o cumprimento do disposto no inciso III deste parágrafo, serão remetidos eletronicamente ao juízo competente as razões da dúvida e o título. (Incluído pela Lei n. 14.382, de 2022.)
>
> § 2.º A inobservância do disposto neste artigo ensejará a aplicação das penas previstas no art. 32 da Lei n. 8.935, de 18 de novembro de 1994, nos termos estabelecidos pela Corregedoria Nacional de Justiça do Conselho Nacional de Justiça. (Incluído pela Lei n. 14.382, de 2022.)

Lei n. 14.382/2022

> Art. 20. Ficam revogados:
>
> (...)
>
> III – os seguintes dispositivos da Lei n. 6.015, de 31 de dezembro de 1973 (Lei de Registros Públicos):
>
> (...)
>
> l) incisos I, II, III e IV do *caput* do art. 198;
>
> (...)

Diretriz de redução de prazos da Lei do SERP

Como já destacado em outros trechos desta obra, a Lei do SERP (Lei n. 14.382/2022) caracteriza-se pelo espírito desburocratizante, de digitalização e de agilização na prestação dos serviços registrais.

Por esse motivo, além de exigir a prestação virtual dos serviços, reduziu diversos prazos para a prestação dos serviços, embora contados em dias úteis (art. 9.º, § 3.º, da LRP; *vide* item 3.3). Uma das reduções expressivas de prazos é para a emissão de certidões para as diferentes especialidades, conforme o art. 19, § 10, da LRP (*vide* item 3.5). Outra foi a diminuição do prazo de eficácia da prioridade da prenotação (art. 205 da LRP; *vide* item 7.13).

Neste capítulo, cuidaremos de outra redução de prazo, qual seja a relativa à qualificação registral, além de outros ajustes para desburocratizar esse procedimento e o de dúvida registral.

Prazo para qualificação registral

O prazo para a qualificação registral do título apresentado a registro é, em regra, de dez dias da data da prenotação ou protocolo (art. 188, *caput*, da LRP). Temos aqui a metade do prazo da eficácia da prioridade da prenotação (art. 205 da LRP; *vide* item 7.13). Até esse prazo, o registrador tem de promover o registro *lato sensu,* no caso de qualificação positiva, ou emitir nota devolutiva, no caso de qualificação registral negativa.

No caso de haver a nota devolutiva, o interessado terá de cumprir as exigências dentro do prazo de vigência da prioridade da prenotação, sob pena de perder esse direito prioritário diante de títulos contraditórios (art. 205 da LRP; *vide* item 7.13). Essa é a regra geral, mas existem duas exceções.

Em *primeiro lugar*, o prazo da qualificação registral será de apenas cinco dias, desde que não haja exigências nem falta de pagamento de custas e de emolumentos. Essa situação excepcional ocorrerá apenas no caso de alguns negócios mais corriqueiros – o registro da compra e venda sem cláusulas especiais ou a averbação de construção ou do cancelamento de garantias –, de documentos eletrônicos apresentados pelo SERP ou de títulos acompanhados do cumprimento das exigências constantes em nota devolutiva, desde que na vigência da prenotação. Para essas circunstâncias, é justificável a redução do prazo de qualificação registral diante da maior simplicidade. Recomenda-se que o RI, logo no momento do protocolo, já separe os títulos sujeitos a esse prazo mais curto.

Em *segundo lugar*, o prazo de qualificação poderá ser diferente de regras especiais, muitas das quais já existentes antes da Lei do SERP (Lei n. 14.382/2022). Cite-se, por exemplo, o caso do título de hipoteca de segundo grau, em que o prazo poderá ser estendido para 30 dias à espera do título de hipoteca de segundo grau (arts. 188, *caput*, e 189 da LRP).

Existe outra hipótese, prevista nos arts. 190 a 192 da LRP, que devem ser lidos com cautela. Trata-se da prenotação, no mesmo dia, de títulos com direitos reais contraditórios. Para esse caso, registrar-se-á o título prenotado posteriormente, conforme se intui do número de ordem da prenotação. Para se evitarem confusões com relação a terceiros na leitura da matrícula, o art. 191 prorroga, em um dia útil, para o prazo de registro, de qualificação registral positiva, do título com número de ordem posterior. Alerte-se que essa prorrogação é apenas para a hipótese de qualificação registral positiva. Se o registrador for qualificar negativamente o título, emitindo uma nota devolutiva, não há essa prorrogação. Essa nos parece a interpretação mais adequada dos referidos dispositivos.

Ainda com relação a essa hipótese, cabe outro alerta. Se os títulos forem escrituras públicas de mesma data e com horário de lavratura, não haverá a citada prorrogação, nem se levará em conta o número de ordem da prenotação, tampouco se proibirá o registro dos títulos contraditórios no mesmo dia (art. 192 da LRP). Nessa hipótese, caso elas sejam prenotadas para registro *lato sensu* no mesmo dia, a escritura pública lavrada em primeiro lugar terá prioridade, ainda que tenha sido prenotado depois, conforme apurado pelo número de ordem da prenotação. Caberá ao registrador fazer a qualificação registral, positiva ou negativa, dentro do prazo geral e, em caso de qualificação positiva, poderá fazer o registro, no mesmo dia, dos títulos, se viável juridicamente. Ainda sobre o tema, remetemos o leitor ao item 7.22, em que abordamos a tese segundo a qual os arts. 191 e 192 da LRP teriam sido revogados, à qual não estamos filiados.

Outro exemplo de prazo especial de qualificação registral é para o título de registro de parcelamento do solo. O § 2.º do art. 237-A da LRP prevê o prazo de 15 dias. Parece-nos que a Lei do SERP não previu essa hipótese por um lapso legislativo, visto que sua intenção era reduzir prazos. Na prática, esse prazo de 15 dias aumentou com a Lei do SERP, pois a contagem do prazo passou a ser em dias úteis (arts. 9.º, §§ 1.º e 2.º, da LRP). Entendemos indevido tentar invocar qualquer tipo de interpretação restritiva ou de tese de revogação tácita contra o § 2.º do art. 237-A da LRP. A presunção é que o legislador quis aumentar o prazo de qualificação registral desses atos por conta de sua complexidade, embora, pessoalmente, tendo em vista que estes coautores acompanharam os debates durante o processo legislativo, especulamos que se tratou de um mero lapso.

Cabe uma advertência, uma vez que o supracitado § 2.º do art. 237-A da LRP deve ser considerado parcial e tacitamente revogado pelo § 6.º do art. 32 da Lei n. 4.591/1964. Isso, porque esse dispositivo estabelece o prazo de 10 dias úteis para a qualificação registral do título de incorporação imobiliária, em contradição com o § 2.º do art. 237-A da LRP. Este último dispositivo, portanto, só permanece aplicável para casos de registro do parcelamento do solo. Reportamo-nos ao item 7.19.

Por fim, o legislador demonstra grande rigor em exigir a observância do prazo de qualificação registral pelo registrador, a ponto de ser redundante em explicitar a necessidade de punição disciplinar no caso de inobservância (art. 188, § 2.º, da LRP). Em termos disciplinares, as instâncias corregedoras devem ser cautelosas. O mero descumprimento do prazo, por si só, não deve gerar punição disciplinar. Será preciso se atentar a outras circunstâncias para verificar a reprovabilidade da conduta, tudo conforme aconselha o parâmetro da contextualização previsto no art. 22 da LINDB.[16]

Digitalização e aprimoramento do procedimento de dúvida

Não houve mudanças significativas no procedimento de dúvida pela Lei do SERP (Lei n. 14.382/2022). A única inovação efetiva foi a exigência de a remessa, ao juízo competente, da petição da dúvida com o título dar-se eletronicamente (art. 198, § 1.º, IV, da LRP). No mais, os ajustes feitos no art. 198 da LRP foram mais de índole estética, para tornar mais clara a redação do preceito, com alterações de pouca repercussão prática.

Sobre o procedimento, na hipótese de qualificação registral negativa do título, o registrador deverá emitir uma nota devolutiva, expondo, de

---

[16] OLIVEIRA, Carlos Eduardo Elias de. A segurança hermenêutica nos vários ramos do direito e nos cartórios extrajudiciais: repercussões da LINDB após a Lei n.º 13.655/2018. *Núcleo de Estudos e Pesquisas/CONLEG/Senado*, Brasília, jun. 2018. Disponível em: www.senado.leg.br/estudos. LINDB. "Art. 22. Na interpretação de normas sobre gestão pública, serão considerados os obstáculos e as dificuldades reais do gestor e as exigências das políticas públicas a seu cargo, sem prejuízo dos direitos dos administrados. (Regulamento). § 1.º Em decisão sobre regularidade de conduta ou validade de ato, contrato, ajuste, processo ou norma administrativa, serão consideradas as circunstâncias práticas que houverem imposto, limitado ou condicionado a ação do agente. (Incluído pela Lei n.º 13.655, de 2018.) § 2.º Na aplicação de sanções, serão consideradas a natureza e a gravidade da infração cometida, os danos que dela provierem para a administração pública, as circunstâncias agravantes ou atenuantes e os antecedentes do agente. (Incluído pela Lei n.º 13.655, de 2018.) § 3.º As sanções aplicadas ao agente serão levadas em conta na dosimetria das demais sanções de mesma natureza e relativas ao mesmo fato. (Incluído pela Lei n.º 13.655, de 2018.)"

forma clara, objetiva e sistematizada, as exigências a serem satisfeitas pelo interessado ou, se for o caso, os motivos jurídicos da recusa ao ingresso do título à tábua registral. Todas as exigências ou, se for o caso, todos os obstáculos ao registro têm de ser expostos de uma única vez na nota informativa (art. 198, *caput*, da LRP). O interessado, então, terá *três alternativas*.

A *primeira alternativa* é satisfazer as exigências indicadas na nota devolutiva (art. 198, V, da LRP). O ideal é que esse cumprimento ocorra dentro do prazo de eficácia da prioridade da prenotação (art. 205 da LRP; *vide* item 7.13), uma vez que, nesse caso, o interessado terá prioridade em relação a outros títulos contraditórios. Se, porém, o cumprimento acontecer após o prazo de eficácia da prenotação, não haverá mais essa prioridade.

A *segunda alternativa* é desistir da pretensão registral, o que costuma acontecer por meio da postura de inércia após a devolução do título.

A *terceira alternativa* é insurgir-se contra a nota devolutiva, o que se dará mediante requerimento ao registrador para suscitar dúvida, conforme art. 198, VI, da LRP. A suscitação de dúvida decorre de pedido do interessado ao registrador, não havendo necessidade de motivação.

O registrador, então, elaborará a petição de suscitação de dúvida, uma "petição inicial", historiando os fatos e justificando a nota devolutiva. Deverá rubricar cada folha dessa petição (art. 198, § 1.º, II, da LRP). Desde logo, fazemos nossa a ressalva quanto a esse dever de rubricar cada folha. Entendemos que ela só é válida quando o procedimento de dúvida ocorrer em meio físico. Caso o procedimento seja eletrônico, deve-se dispensar a rubrica de cada página do arquivo digital, porque a integridade do arquivo é aferida de modo global, e não por cada página.

Cabe ao registrador anotar a ocorrência da dúvida no Livro Protocolo, à margem da prenotação do título envolvido, além de certificar tal fato no próprio título (art. 198, § 1.º, II, da LRP). Essa anotação é fundamental, porque, enquanto não julgada a dúvida, a eficácia da prioridade da prenotação prevista no art. 205 da LRP persiste.

O oficial intimará o apresentante, com cópia da petição de suscitação de dúvida, para, se quiser, oferecer impugnação no prazo de 15 dias. A apresentação da impugnação deverá ser feita perante o juízo competente, para o qual o oficial enviará a "petição inicial" da dúvida. Portanto, nos termos da lei, não deve ser feita a impugnação diante do oficial (art. 198, § 1.º, III, da LRP).

O oficial deve, logo após notificar o apresentante, encaminhar ao juízo competente a "petição inicial" da dúvida, acompanhada do título, no qual estará certificada da suscitação de dúvida. Esse encaminhamento deverá ser feito eletronicamente, conforme o art. 198, § 1.º, IV, da LRP. Se for inviável o envio eletrônico por algum motivo excepcional, ele deverá ser feito pela via física cabível.

Nesse contexto, é preciso lembrar que o procedimento de dúvida é de natureza administrativa, e não um procedimento jurisdicional. Por isso, o "juízo competente" para julgar a dúvida não está a exercer uma competência propriamente jurisdicional, e sim uma competência de natureza administrativa.

Por fim, o legislador demonstra grande rigor ao ser redundante em explicitar a necessidade de punição disciplinar do registrador que descumprir as regras de procedimento de dúvida (art. 198, § 2.º, da LRP). A principal preocupação é com a prática, pois, por vezes, acontece de o registrador não concentrar todas as exigências na nota devolutiva e, assim, surpreender o interessado, que cumpriu essas exigências, com uma nova devolução do título e novas exigências.

Entendemos que é preciso tomar cuidado com a sanha punitiva, sendo necessário levar em conta que, como toda obra humana, podem haver falhas absolutamente toleráveis em situações pontuais. Imagine-se a situação em que, após o interessado reapresentar o título cumprindo as exigências constantes da nota devolutiva, o oficial venha a identificar outro obstáculo ao registro, não constatado anteriormente. Nessa hipótese, é dever do oficial emitir nova devolutiva, eis que o título não pode ser registrado se houver óbices. Essa falha do registrador em não ter concentrado todas as exigências na primeira nota devolutiva não pode, por si só, gerar punição disciplinar. É preciso avaliar o caso concreto para identificar a reprovabilidade da conduta, tudo à luz do parâmetro da *contextualização*, previsto no art. 22 da LINDB.[17]

Se o ato do oficial tiver decorrido de dolo – ato intencional – ou se representar uma conduta reiterada – demonstrativa de um caos organizacional –, a persecução disciplinar é devida. No entanto, se se tratar de uma falha pontual, não se deve punir o oficial. Apesar disso, caberá ao oficial indenizar

---

[17] OLIVEIRA, Carlos Eduardo Elias de. A segurança hermenêutica nos vários ramos do direito e nos cartórios extrajudiciais: repercussões da LINDB após a Lei n.º 13.655/2018. *Núcleo de Estudos e Pesquisas/CONLEG/Senado*, Brasília, jun. 2018. Disponível em: www.senado.leg.br/estudos. Acesso em: 2 out. 2022.

o interessado pelos danos que este tiver suportado com essa dispersão das exigências em mais de uma nota devolutiva.

A irregularidade do oficial, embora não necessariamente atraia punição disciplinar, pode ensejar a responsabilidade civil, nos termos do art. 22 da Lei n. 8.935/1994, alterado pela Lei n. 13.286/2016.[18] Por isso, é recomendável que os RIs possuam uma postura colaborativa, buscando, ao máximo, poupar o interessado de diligências adicionais por meio de notas devolutivas. Se, por exemplo, a exigência consistir na apresentação de uma certidão disponível no *site* de algum órgão público, convém que o próprio RI obtenha essa certidão, no lugar de emitir uma nota devolutiva apenas para isso. É claro que deve ser algo excepcional, sendo certo que o bom senso, no caso concreto, deve guiar essa postura colaborativa e de cooperação do registrador, em prol da boa-fé que deve regular as relações privadas.

7.13. Prazo para cessação dos efeitos da prenotação (art. 205 da LRP)

> **Art. 205.** Cessarão automaticamente os efeitos da prenotação se, decorridos 20 (vinte) dias da data do seu lançamento no Protocolo, o título não tiver sido registrado por omissão do interessado em atender às exigências legais. (Redação dada pela Lei n. 14.382, de 2022.)
>
> Parágrafo único. Nos procedimentos de regularização fundiária de interesse social, os efeitos da prenotação cessarão decorridos 40 (quarenta) dias de seu lançamento no Protocolo. (Redação dada pela Lei n. 14.382, de 2022.)

A prenotação gera um efeito importantíssimo, qual seja o de garantir a prioridade ao ingresso do título ao fólio real diante de eventuais títulos contraditórios posteriormente prenotados. Trata-se do *princípio da prioridade da prenotação*. Suponha-se, por exemplo, que um proprietário de um imóvel, de má-fé, venda o mesmo imóvel para duas pessoas diferentes, lavrando

---

[18] Lei n. 8.935/1994. "Art. 22. Os notários e oficiais de registro são civilmente responsáveis por todos os prejuízos que causarem a terceiros, por culpa ou dolo, pessoalmente, pelos substitutos que designarem ou escreventes que autorizarem, assegurado o direito de regresso. (Redação dada pela Lei n.º 13.286, de 2016.) Parágrafo único. Prescreve em três anos a pretensão de reparação civil, contado o prazo da data de lavratura do ato registral ou notarial. (Redação dada pela Lei n.º 13.286, de 2016.)

escrituras públicas de venda com ambos. Os dois títulos são contraditórios. Se um dos compradores prenotar o título no RI, ele terá prioridade no registro diante do outro comprador.

Há, porém, um prazo de eficácia da prioridade de prenotação, conforme art. 205 da LRP. Em regra, esse prazo é de vinte dias da data da prenotação, admitida, porém, a sua prorrogação na hipótese de retardamento do procedimento de registro por fato não imputável ao apresentante. Se, a título de ilustração, for suscitada dúvida, a eficácia da prenotação perdurará até o julgamento final dela, ainda que extrapole o referido prazo. Tratamos desse tema no item 7.12 da obra.

Há, porém, exceções em que o prazo da prenotação será outro. É o caso, por exemplo, dos procedimentos de regularização fundiária de interesse social, assim entendidas aquelas que, de acordo com as leis de regularização fundiária, destinam-se a regiões predominantemente ocupadas por pessoas de baixa renda. Para essas situações, o prazo da eficácia da prenotação é de 40 dias (art. 205, parágrafo único, da LRP). Outro exemplo se dá quando estiverem pendentes procedimentos de retificação sem que inexista dúvida quanto à identificação do imóvel, conforme o art. 213, § 13, II, da LRP. Trataremos dessa hipótese no item 7.16.

7.14. Opção pela postecipação do pagamento parcial dos emolumentos: após certeza da inscritibilidade do título (art. 206-A da LRP e art. 19 da Lei n. 14.382/2022)

LRP (Lei de Registros Públicos – Lei n. 6.015/1973)

Art. 206-A. Quando o título for apresentado para prenotação, o usuário poderá optar: (Incluído pela Lei n.º 14.382, de 2022.)

I – pelo depósito do pagamento antecipado dos emolumentos e das custas; ou (Incluído pela Lei n.º 14.382, de 2022.)

II – pelo recolhimento do valor da prenotação e depósito posterior do pagamento do valor restante, no prazo de 5 (cinco) dias, contado da data da análise pelo oficial que concluir pela aptidão para registro. (Incluído pela Lei n.º 14.382, de 2022.)

§ 1.º Os efeitos da prenotação serão mantidos durante o prazo de que trata o inciso II do *caput* deste artigo. (Incluído pela Lei n.º 14.382, de 2022.)§ 2.º Efetuado o depósito, os procedimentos registrais serão finalizados com a realização dos atos solicitados e a expedição da respectiva certidão. (Incluído pela Lei n.º 14.382, de 2022.)

§ 3.º Fica autorizada a devolução do título apto para registro, em caso de não efetivação do pagamento no prazo previsto no *caput* deste artigo, caso em que o apresentante perderá o valor da prenotação. (Incluído pela Lei n.º 14.382, de 2022.)

§ 4.º Os títulos apresentados por instituições financeiras e demais instituições autorizadas a funcionar pelo Banco Central do Brasil ou por entidades autorizadas pelo Banco Central do Brasil ou pela Comissão de Valores Mobiliários a exercer as atividades de depósito centralizado ou de registro de ativos financeiros e de valores mobiliários, nos termos dos arts. 22 e 28 da Lei n. 12.810, de 15 de maio de 2013, respectivamente, poderão efetuar o pagamento dos atos pertinentes à vista de fatura. (Incluído pela Lei n.º 14.382, de 2022.)

§ 5.º O disposto neste artigo aplica-se às unidades federativas que adotem forma de pagamento por meio de documento de arrecadação. (Incluído pela Lei n.º 14.382, de 2022.)

§ 6.º A reapresentação de título que tenha sido devolvido por falta de pagamento dos emolumentos, nos termos do § 3.º deste artigo, dependerá do pagamento integral do depósito prévio. (Incluído pela Lei n.º 14.382, de 2022.)

§ 7.º O prazo previsto no *caput* deste artigo não é computado dentro do prazo de registro de que trata o art. 188 desta Lei. (Incluído pela Lei n.º 14.382, de 2022.)

Lei n. 14.382/2022

Art. 19. O disposto no art. 206-A da Lei n. 6.015, de 31 de dezembro de 1973 (Lei de Registros Públicos), deverá ser implementado, em todo o território nacional, no prazo de 150 (cento e cinquenta) dias, contado da data de entrada em vigor desta Lei.

Nas diversas especialidades registrais, vale a regra geral de que o pagamento dos emolumentos relativos aos atos de registro *lato sensu* deve ser feito no momento da prenotação (arts. 19, § 10, 47, § 2.º, 188, § 1.º, e 206-A, I, da LRP), conforme expusemos no item 3.4.

Há, porém, exceções, conforme normas específicas. A primeira exceção, no Registro de Imóveis, é a faculdade deferida ao interessado de requerer uma prévia análise da registrabilidade do título, hipótese em que o usuário deverá, no momento da prenotação, pagar apenas uma parte dos emolumentos: aquela relativa ao serviço de prenotação (art. 206-A, II, da LRP). Chamamos essa situação de *postecipação do pagamento parcial dos emolumentos*. Em poucas palavras, o usuário paga a "entrada" no momento do protocolo: a parte dos emolumentos pela prenotação; e paga o "restante" dos emolumentos após o "sinal verde" para o registro *lato sensu*.

Após o protocolo e o pagamento da "entrada" dos emolumentos, o interessado aguardará a qualificação registral dentro do prazo pertinente, que, em regra, é de dez dias (art. 188 da LRP; *vide* item 7.12).

Se a qualificação registral for positiva, o interessado terá o prazo de cinco dias para pagar o restante dos emolumentos. Esse quinquídio será contado da data da qualificação positiva, segundo o texto literal do art. 206-A, II, da LRP. Entendemos, porém, que se deve conferir interpretação extensiva a esse preceito para fixar que, para tal efeito, a data da qualificação positiva deve ser aquela em que o registrador, ao menos, enviou o resultado positivo ao interessado pelo canal de comunicação devido (*v. g.*, *e-mail* ou mensagem de celular). Essa notificação deve ser feita com a indicação de como poderá ser feito o pagamento dos emolumentos restantes (*v. g.*, com o envio do boleto bancário, se for o caso). Isso porque não é razoável exigir que o interessado diariamente fique consultando o RI para saber se a qualificação registral já se encerrou. Não há necessidade de prova de ciência efetiva do usuário, sendo ela presumida do mero envio do resultado positivo da qualificação pelo canal de comunicação pertinente.

Recolhido o valor restante dos emolumentos, o oficial prosseguirá rumo à realização dos atos registrais devidos e à emissão da correspondente certidão (art. 206-A, § 2.º, da LRP). Se, porém, o interessado não tiver pago o valor restante dos emolumentos, o RI devolverá o título e o apresentante perderá o valor pago pela prenotação (art. 206-A da LRP). Não há "repescagem" se o interessado foi negligente em não recolher o valor restante dos emolumentos. Assim, nesse caso, o apresentante terá de prenotar novamente o título a registro *lato sensu* e pagar o montante integral dos emolumentos no momento de prenotação.

Nada impede que o oficial, por faculdade própria, aguarde um tempo adicional à espera de o interessado recolher os emolumentos restantes, especialmente quando este houver relatado alguma circunstância excepcional justificadora do atraso. Entendemos, porém, que essa tolerância não poderá extrapolar o somatório do prazo legal de eficácia da prenotação – que, em regra, é de vinte dias – com o prazo suplementar de cinco dias para o recolhimento do valor restante dos emolumentos (arts. 205 e 206-A, I e § 1.º, da LRP; *vide* item 7.13). Isso, porque essa extrapolação poderá prejudicar terceiros que pretendam prenotar títulos contraditórios.

Situação interessante ocorre na hipótese de a qualificação registral ser negativa e o interessado ter adotado a faculdade de postecipação do pagamento parcial dos emolumentos. O art. 206-A da LRP não é explícito a respeito desse caso. Opinamos que nessa situação o interessado não terá de recolher os emolumentos complementares ainda. Ele deverá aguardar o "sinal verde" da qualificação, o que ocorrerá: *a)* com o julgamento favorável a ele de eventual procedimento de dúvida; ou *b)* com a manifestação do oficial sobre o cumprimento das exigências externadas na nota devolutiva. Em ambas as circunstâncias, entendemos que caberá ao oficial notificar o interessado pelo canal de comunicação devido, informando a aptidão do título a registro *lato sensu* e demandando o pagamento dos emolumentos complementares no prazo de cinco dias (art. 206-A, II, da LRP). O prazo da eficácia da prenotação é preservado durante o período de cinco dias do pagamento dos emolumentos complementares, ainda que já tenha sido extrapolado o prazo legal de prenotação, como se extrai do art. 206-A da LRP.

Para entender melhor e a título de ilustração, imagine-se que alguém prenote um título. O prazo de eficácia da prenotação é de vinte dias da prenotação (art. 205 da LRP). O registrador emite nota devolutiva fazendo exigências na metade desse lapso temporal, observando o prazo legal de qualificação registral (art. 188 da LRP). O interessado cumpre as exigências no vigésimo dia do protocolo, ou seja, no último dia da eficácia da prenotação. O registrador avaliará, no período de cinco dias (art. 188, § 1.º, da LRP), se realmente as exigências foram cumpridas. Verificará, então, se os documentos apresentados pelo interessado são ou não suficientes. Sendo suficientes, o oficial comunicará o interessado, hipótese em que este terá de recolher os emolumentos complementares no prazo de cinco dias (art. 206-A, II, da LRP).

7.15. Retificação extrajudicial: exclusão de ocupantes e de credores reais do rol de confrontantes a serem notificados (art. 213, § 10, da LRP)

> Art. 213. (...)
>
> (...)
>
> § 10. Entendem-se como confrontantes os proprietários e titulares de outros direitos reais e aquisitivos sobre os imóveis contíguos, observado o seguinte: (Redação dada pela Lei n. 14.382, de 2022.)
>
> I – o condomínio geral, de que trata o Capítulo VI do Título III do Livro III da Parte Especial da Lei n. 10.406, de 10 de janeiro de 2002 (Código Civil), será representado por qualquer um dos condôminos; (Incluído pela Lei n. 14.382, de 2022.)
>
> II – o condomínio edilício, de que tratam os arts. 1.331 a 1.358 da Lei n. 10.406, de 10 de janeiro de 2002 (Código Civil), será representado pelo síndico, e o condomínio por frações autônomas, de que trata o art. 32 da Lei n. 4.591, de 16 de dezembro de 1964, pela comissão de representantes; e (Incluído pela Lei n. 14.382, de 2022.)
>
> III – não se incluem como confrontantes: (Incluído pela Lei n. 14.382, de 2022.)
>
> a) os detentores de direitos reais de garantia hipotecária ou pignoratícia; ou (Incluída pela Lei n. 14.382, de 2022.)
>
> b) os titulares de crédito vincendo, cuja propriedade imobiliária esteja vinculada, temporariamente, à operação de crédito financeiro. (Incluída pela Lei n. 14.382, de 2022.)
>
> (...)

No procedimento de retificação extrajudicial envolvendo mudança da descrição perimetral do imóvel, há, em regra, a necessidade de notificar os confrontantes que não assinaram a planta para se manifestarem (art. 213, II e §§ 2.º a 5.º, da LRP[19]). O motivo é evitar que, com a retificação, áreas dos confrontantes sejam indevidamente alcançadas.

---

[19] Lei n. 6.015/1973. "Art. 213. O oficial retificará o registro ou a averbação: (...); II – a requerimento do interessado, no caso de inserção ou alteração de medida perimetral de que resulte, ou não, alteração de área, instruído com planta e memorial descritivo assinado por profissional legalmente habilitado, com prova de anotação de responsabi-

O § 10 do art. 213 da LRP define quem são os confrontantes. Em regra, confrontantes são os titulares de direitos reais sobre os imóveis contíguos, como proprietários e usufrutuários. No caso de o confrontante ser um condomínio edilício, a sua representação será feita pelo síndico, ou pela comissão de representantes (art. 213, § 10, II, LRP).

Se, porém, o imóvel confrontante estiver em condomínio tradicional, qualquer um dos condôminos poderá representar os demais para se manifestar no procedimento de retificação extrajudicial. Não há necessidade de notificação dos condôminos, o que, operacionalmente, seria muito custoso, conforme estabelece o inc. I do § 10 do art. 213 da LRP. Trata-se de regra que *dialoga* com o art. 1.314 do Código Civil, que confere legitimidade a qualquer dos condôminos para, sozinho, defender a coisa perante terceiros.[20]

Meros ocupantes não são considerados confrontantes para os efeitos do procedimento de notificação extrajudicial (art. 213, § 10, LRP). Referimo-nos àqueles que, sem serem titulares de direito real, exercem apenas a posse ou a detenção sobre o imóvel. Antes de o § 10 do art. 213 da LRP ser alterado pela Lei do SERP, havia previsão contrária, o que representava uma grande atecnia. Isso porque a retificação extrajudicial gira em torno

---

lidade técnica no competente Conselho Regional de Engenharia e Arquitetura – CREA, bem assim pelos confrontantes. (...). § 2.º Se a planta não contiver a assinatura de algum confrontante, este será notificado pelo Oficial de Registro de Imóveis competente, a requerimento do interessado, para se manifestar em quinze dias, promovendo-se a notificação pessoalmente ou pelo correio, com aviso de recebimento, ou, ainda, por solicitação do Oficial de Registro de Imóveis, pelo Oficial de Registro de Títulos e Documentos da comarca da situação do imóvel ou do domicílio de quem deva recebê-la. § 3.º A notificação será dirigida ao endereço do confrontante constante do Registro de Imóveis, podendo ser dirigida ao próprio imóvel contíguo ou àquele fornecido pelo requerente; não sendo encontrado o confrontante ou estando em lugar incerto e não sabido, tal fato será certificado pelo oficial encarregado da diligência, promovendo-se a notificação do confrontante mediante edital, com o mesmo prazo fixado no § 2.º, publicado por duas vezes em jornal local de grande circulação. § 4.º Presumir-se-á a anuência do confrontante que deixar de apresentar impugnação no prazo da notificação. § 5.º Findo o prazo sem impugnação, o oficial averbará a retificação requerida; se houver impugnação fundamentada por parte de algum confrontante, o oficial intimará o requerente e o profissional que houver assinado a planta e o memorial a fim de que, no prazo de cinco dias, se manifestem sobre a impugnação."

[20] CC/2002. "Art. 1.314. Cada condômino pode usar da coisa conforme sua destinação, sobre ela exercer todos os direitos compatíveis com a indivisão, reivindicá-la de terceiro, defender a sua posse e alhear a respectiva parte ideal, ou gravá-la. Parágrafo único. Nenhum dos condôminos pode alterar a destinação da coisa comum, nem dar posse, uso ou gozo dela a estranhos, sem o consenso dos outros."

somente da definição do objeto dos direitos reais sobre um imóvel, os quais são formalizados na matrícula do imóvel. Não se trata, portanto, de posse, pois tanto ela quanto a detenção são unicamente situações de fato, não constituindo direitos reais. Logo, não ingressam na matrícula do imóvel, ao menos em regra. Considerar o mero ocupante como confrontante era uma atecnia que foi corrigida pela Lei do SERP.

A regra geral mencionada comporta exceções. Nem todos os titulares de direitos reais sobre o imóvel confrontante são considerados confrontantes para efeito do procedimento de retificação extrajudicial. O inc. III do art. 213 da LRP – fruto de inclusão feita pela Lei do SERP – prevê duas exceções relacionadas a credores com garantia real.

A *primeira exceção* é para os credores hipotecários ou pignoratícios (art. 213, § 10, III, *a*, da LRP). Não é preciso notificá-los como confrontantes no procedimento de retificação extrajudicial. A ideia é que exigir a notificação desses credores reais apenas acarretava uma burocratização desnecessária no procedimento de retificação extrajudicial. A anuência do titular do direito real de propriedade já seria suficiente para garantir a segurança jurídica da retificação. Afinal de contas, em regra, o proprietário do imóvel tem muito mais interesse em evitar uma usurpação de sua área do que o credor hipotecário ou pignoratício. Cabe aqui uma advertência, pois a menção ao credor pignoratício guarda correlação com a atécnica inclusão, feita pela Lei do SERP, da obrigatoriedade de averbação de penhor na matrícula do imóvel (art. 167, II, "34", da LRP – *vide* item 7.8).

A *segunda exceção* diz respeito aos "titulares de crédito vincendo, cuja propriedade imobiliária esteja vinculada, temporariamente, à operação de crédito financeiro" (art. 213, § 10, III, *b*, da LRP). O texto legal, mais uma vez, não foi técnico, o que reclama a intervenção da doutrina e da jurisprudência para preencher semanticamente esse preceito.

Em *primeiro lugar*, entendemos que esse dispositivo deve ser interpretado para abranger qualquer outro direito real ou direito obrigacional com eficácia real constituído com o objetivo de garantia. Só não se incluem aí a hipoteca e o penhor, pois esses dois últimos já estão contemplados na exceção da alínea *a* do inc. III do § 10 do art. 213 da LRP e independem de o crédito garantido ser vincendo ou não. Assim, a propriedade fiduciária – fruto da alienação fiduciária em garantia – ou a caução de imóvel como garantia locatícia – como a que está no art. 38 da Lei n. 8.245/1991 – são exemplos abarcados pela alínea *b* do inc. III do § 10 do art. 213 da LRP.

Em *segundo lugar,* entendemos que a supracitada hipótese da alínea *b* tende à inutilidade por falta de aplicação prática. Isso porque ela dispensa, como confrontantes, a notificação desses outros credores reais apenas se o crédito garantido for vincendo. Ora, na prática, a maioria esmagadora dos créditos com garantia real envolve, no mínimo, uma prestação já vencida, como a primeira. Imagine-se o caso de um mútuo em que a primeira parcela da dívida já terá vencido quando for deflagrado um procedimento de retificação extrajudicial na matrícula do imóvel vizinho. Havendo, ao menos, uma prestação já vencida, será obrigatória a notificação, como confrontante, dos credores reais que não sejam hipotecários ou pignoratícios.

Alertamos que o registrador deverá aferir se o crédito é ou não vincendo apenas com base nas informações constantes da matrícula ou nos títulos arquivados no Cartório de Imóveis. Não cabe ao registrador perquirir se essa parcela foi ou não paga, seja por falta de exigência legal, seja porque essa informação não costuma estar na matrícula – é extratabular. O texto da alínea *b* do § 10 do art. 213 da LRP faz alusão apenas a "titulares de crédito vincendo", e nada diz a respeito de créditos vencidos e não pagos.

Feitas essas considerações, fica bem clara a atecnia do inc. III do § 10 do art. 213 da LRP, o qual foi fruto de inclusão feita pela Lei do SERP. Credores hipotecários ou pignoratícios nunca serão notificados como confrontantes, nos termos da alínea *a*. Já outros credores reais – como o credor fiduciário ou o credor com caução de imóvel –, na prática, acabarão sendo notificados pelo fato de que, na maioria esmagadora dos casos, o vencimento da primeira prestação da dívida garantida já terá acontecido. Como se percebe, a hipoteca e o penhor foram, na prática, desprestigiados comparativamente aos demais direitos reais e receberam, sem um justo motivo, na nossa opinião, um tratamento legal diferente.

A nosso ver, o legislador talvez tivesse em mente outro objetivo, mas o texto legal, infelizmente, não nos parece tolerar outra interpretação a não ser a que ora expusemos.

7.16. Retificação extrajudicial: prorrogação dos efeitos da prenotação e registro *lato sensu* de título anterior (art. 213, § 13, da LRP)

Art. 213. (...)

(...)

> § 13. Se não houver dúvida quanto à identificação do imóvel: (Redação dada pela Lei n. 14.382, de 2022.)
>
> I – o título anterior à retificação poderá ser levado a registro desde que requerido pelo adquirente, promovendo-se o registro em conformidade com a nova descrição; e (Incluído pela Lei n. 14.382, de 2022.)
>
> II – a prenotação do título anterior à retificação será prorrogada durante a análise da retificação de registro. (Incluído pela Lei n. 14.382, de 2022.)
>
> (...)

A retificação é necessária quando alguma informação constante da matrícula é incompatível com o que seria devido. É o caso, por exemplo, de falhas na descrição perimetral do imóvel ou da inserção de uma descrição georreferenciada do imóvel. O problema é que, antes do procedimento de retificação, pode haver títulos com a descrição antiga do imóvel, anterior à retificação. Daí indaga-se: o registrador poderá ou não invocar o princípio da especialidade objetiva e, assim, negar o acesso desse título ao fólio real, exigindo-lhe as correções devidas? A resposta depende se há ou não dúvidas acerca da identificação do imóvel.

Se existirem dúvidas entre a correlação entre o imóvel descrito no título e o imóvel cuja matrícula foi retificada, a qualificação registral tem de ser negativa. Não há como admitir o ingresso de um título em uma matrícula se houver dúvida acerca do objeto.

Entretanto, se não existirem dúvidas quanto à identificação do imóvel, o oficial deverá admitir o registro *lato sensu*. Deve ele flexibilizar o princípio da especialidade objetiva, não podendo submeter o usuário à burocracia de ter de corrigir a descrição do título, por meio, por exemplo, de uma escritura pública de rerratificação, se não há dúvidas quanto à descrição do imóvel. É o que estabelecem os incs. I e II do § 13 do art. 213 da LRP (introduzido pela Lei do SERP – Lei n. 14.382/2022).

Nessa hipótese, o adquirente do direito indicado no título poderá requerer ao registrador o acesso do título ao fólio real, apesar de o título veicular a descrição antiga do imóvel, a descrição anterior à retificação. Caso o procedimento de retificação ainda esteja em curso, o título será prenotado, hipótese em que os efeitos da prenotação serão prorrogados até o final daquele procedimento. Pode, pois, ultrapassar o prazo legal de eficácia da prenotação, previsto no art. 205 da LRP.

Essa flexibilização ao *princípio da especialidade objetiva* sob uma perspectiva finalística, desburocratizante e pragmática está em consonância com outras alterações feitas pela Lei do SERP à LRP, a exemplo da tolerância com "pecadilhos" de especialidade objetiva e subjetiva na forma dos §§ 15 e 17 do art. 176 da LRP (item 7.11).

7.17. Procedimento no caso de impugnação justificada ao pedido de usucapião extrajudicial (art. 216-A, § 10, da LRP)

> Art. 216-A. (...)
>
> (...)
>
> § 10. Em caso de impugnação justificada do pedido de reconhecimento extrajudicial de usucapião, o oficial de registro de imóveis remeterá os autos ao juízo competente da comarca da situação do imóvel, cabendo ao requerente emendar a petição inicial para adequá-la ao procedimento comum, porém, em caso de impugnação injustificada, esta não será admitida pelo registrador, cabendo ao interessado o manejo da suscitação de dúvida nos moldes do art. 198 desta Lei. (Redação dada pela Lei n. 14.382, de 2022.)
>
> (...)

O procedimento extrajudicial de usucapião integra a tendência de desjudicialização das contendas, como forma de redução de burocracias e de diminuição do número de demandas no Poder Judiciário. Essa possibilidade foi incluída pelo Código de Processo Civil de 2015, como uma das suas principais e mais festejadas inovações.

Esse procedimento tramita perante o registrador de imóveis, o qual, por não ser juiz, não teria competência para – com definitividade – resolver litígios. Todavia, como profissional do Direito e agente público, é legítimo que o oficial conduza procedimentos extrajudiciais e realize determinados "filtros" e até julgamentos, sem, porém, o caráter de definitividade que singulariza a tutela jurisdicional.

Nesse contexto, o legislador tem avançado paulatinamente no caminho da desjudicialização e da extrajudicialização, com o uso dos serviços notariais e registrais. E, como as experiências vêm sendo exitosas, o legislador segue avançando. Sob essa linha, a Lei do SERP alterou o § 10 do art. 216-A da LRP com o objetivo de otimizar, mais ainda, o procedimento extrajudicial de usucapião.

Uma das etapas mais importantes desse procedimento é o consentimento daqueles que podem ser prejudicados em seus direitos reais com o usucapião. Trata-se da manifestação dos potenciais prejudicados, a saber, o titular de direitos reais tabulares, os confrontantes, o Poder Público e eventuais terceiros.

Esse consentimento pode dar-se de modo expresso, mediante a sua assinatura na planta apresentada pelo usucapiente ou manifestação expressa em outro momento (art. 216-A, § 1.º, da LRP). Pode também dar-se tacitamente, especificamente com o silêncio deles após o transcurso do prazo de quinze dias de sua notificação pelo registrador (art. 216-A, § 2.º, da LRP). Existe, porém, uma ressalva com relação ao Poder Público; eis que o seu silêncio, em princípio, não é um consentimento definitivo, especialmente diante da regra constitucional da insusceptibilidade de usucapião de bens públicos (arts. 183, § 3.º, e 191, parágrafo único, da CF/1988). Ao menos, essa é a interpretação que consideramos mais adequada, seja pelo fato de o § 3.º do art. 216-A da LRP não estabelecer a presunção de consentimento, seja pela indisponibilidade dos bens públicos.

Todos esses potenciais prejudicados podem, porém, insurgir-se contra o usucapião extrajudicial aos serem notificados para se manifestarem. Essa insurgência se dá por meio de uma petição de impugnação, a ser apresentada dentro dos 15 dias de sua notificação (art. 216-A, § 2.º, da LRP). No caso de terceiros, estes serão intimados por edital (art. 216-A, § 4.º, da LRP).

Dessa afirmação indaga-se: o que sucede se houver a impugnação? A resposta depende se a impugnação foi ou não devidamente justificada.

Se a impugnação não for justificada, o registrador não a admitirá e, assim, prosseguirá com o procedimento de usucapião. Considerará essa impugnação injustificada como um consentimento tácito. Caberá, porém, ao impugnante suscitar dúvida, consoante estabelece o § 10 do art. 216-A da LRP, depois de ser alterado pela Lei do SERP. Para viabilizar operacionalmente a suscitação de dúvida, está implícito no referido dispositivo que o registrador deverá emitir, por escrito – ainda que na forma eletrônica –, uma nota de inadmissão da impugnação e cientificar o impugnante pelo canal de comunicação pertinente – que pode ser até mesmo o *e-mail* dele.

Não há previsão expressa do prazo para a suscitação de dúvida, devendo essa lacuna legal ser preenchida com o prazo de quinze dias úteis, fruto da aplicação analógica do prazo previsto nos §§ 3.º e 4.º do art. 216-A da LRP. Cabe ao registrador aguardar o transcurso desse lapso temporal antes de prosseguir com o procedimento. Seria disparatado o registrador apressar-se em concluir o procedimento antes do transcurso desse período, criando insegurança jurídica com a realização de um registro vulnerável a ser invalidado por ocasião do julgamento da dúvida.

Se, porém, a impugnação for justificada, o registrador deverá remeter os autos ao juízo competente para o contencioso jurisdicional. Caberá ao interessado apresentar uma emenda à inicial, adequando o procedimento extrajudicial ao procedimento jurisdicional comum (art. 216-A, § 10, da LRP). A ideia é que litígios fundamentados como esses devem ser resolvidos pelo juiz, e não pelo registrador, em respeito à definitividade que caracteriza a tutela jurisdicional.

Questão interessante é saber o que é impugnação injustificada. Entendemos que cabe ao registrador – na qualificação de profissional do Direito (art. 3.º, da Lei n. 8.935/1994) – fazer essa análise, levando em conta a presença ou não de uma robustez mínima da impugnação. Fundamentações manifestamente descabidas devem ser equiparadas a uma falta de justificação. Para ilustrar, suponha-se uma impugnação lacônica em que o impugnante tenha dito apenas: "discordo do procedimento". Não indicou ele nenhuma motivação de sua discordância. Logo, trata-se de uma impugnação injustificada, que não deve ser admitida pelo registrador.

Imagine-se, porém, uma impugnação em que o impugnante tenha dito: "discordo, porque a usucapião não pode ser concedida a pessoas de má-fé". Trata-se de uma justificativa manifestamente descabida, especialmente se a espécie de usucapião indicada no procedimento for daquelas que contemplam possuidores de má-fé, como a usucapião especial urbana ou a usucapião extraordinária. Nesses casos, o registrador deve considerar essa impugnação como injustificada; logo, não deve admiti-la.

Suponha-se, ainda, a seguinte impugnação: "discordo, porque o prazo de posse *ad usucapionem* não foi preenchido". Entendemos que essa impugnação também é justificada, porque se trata de um fundamento razoável. O fato de o impugnante não ter apresentado documentos comprobatórios é irrelevante, pois inexiste previsão de dilação probatória perante o registrador. O aprofundamento probatório deverá ser feito em juízo e, nesse exemplo, caberá ao registrador remeter os autos à via jurisdicional.

A definição de a impugnação ser ou não justificada deve levar em conta as alegações do impugnante em abstrato, *in status assertionis*. O registrador deve avaliar se elas, caso verdadeiras, seriam ou não idôneas a obstar a usucapião extrajudicial. Assim, é semelhante ao exame das condições da ação no processo civil, que segue a teoria da asserção. A dilação probatória destinada a comprovar a veracidade ou não das alegações não é incumbência do registrador, e sim de eventual via judicial acionada pelos interessados.

Cabe alertar nesse ponto que, apesar do silêncio do legislador, entendemos essencial que a notificação expedida aos potenciais prejudicados contenha expressamente a advertência de que a impugnação deve ser justificada, sob pena de inadmissão, tudo por força do dever jurídico de informação, relacionado à boa-fé objetiva, que está implícito na legislação. Sem essa advertência, o potencial prejudicado, que – em muitos casos – não dispõe de assistência jurídica, poderá ser induzido a erro, acreditando que impugnações injustificadas seriam suficientes.

Futuramente, pensamos que o legislador, após amadurecer mais esses avanços na extrajudicialização e na desjudicialização com a utilização dos serviços notariais e registrais, haverá de ir além. Assim, poderá surgir, no futuro, um procedimento administrativo de solução de litígio, com instrução probatória, para as hipóteses de impugnações justificadas à usucapião extrajudicial. Pode-se até pensar na possibilidade de o registrador decidir o litígio, *de lege ferenda*.

Para se evitarem, porém, inconstitucionalidades, é fundamental assegurar às partes o direito de impugnar, na via jurisdicional, essa decisão. O processo judicial passará a ser mais célere, porque o Poder Judiciário poderá aproveitar todo o acervo probatório produzido ao longo do incidente administrativo de solução de litígios. Aliás, poderá ainda cogitar-se em eliminar essa judicialização posterior caso as partes tenham escolhido a arbitragem para a solução da disputa. Deixamos essas reflexões para o futuro à medida que o ordenamento jurídico amadurece nessa sua *odisseia* de desjudicialização e de desburocratização dos litígios.

7.18. Adjudicação compulsória extrajudicial diante de promessa de compra e venda (art. 216-B da LRP)

> Art. 216-B. Sem prejuízo da via jurisdicional, a adjudicação compulsória de imóvel objeto de promessa de venda ou de cessão poderá ser efetivada extrajudicialmente no serviço de registro de imóveis da situação do imóvel, nos termos deste artigo. (Incluído pela Lei n. 14.382, de 2022).

> § 1.º São legitimados a requerer a adjudicação o promitente comprador ou qualquer dos seus cessionários ou promitentes cessionários, ou seus sucessores, bem como o promitente vendedor, representados por advogado, e o pedido deverá ser instruído com os seguintes documentos: (Incluído pela Lei n. 14.382, de 2022.)
>
> I – instrumento de promessa de compra e venda ou de cessão ou de sucessão, quando for o caso; (Incluído pela Lei n. 14.382, de 2022.)
>
> II – prova do inadimplemento, caracterizado pela não celebração do título de transmissão da propriedade plena no prazo de 15 (quinze) dias, contado da entrega de notificação extrajudicial pelo oficial do registro de imóveis da situação do imóvel, que poderá delegar a diligência ao oficial do registro de títulos e documentos; (Incluído pela Lei n. 14.382, de 2022.)
>
> III – (VETADO.); (Incluído pela Lei n. 14.382, de 2022.)
>
> IV – certidões dos distribuidores forenses da comarca da situação do imóvel e do domicílio do requerente que demonstrem a inexistência de litígio envolvendo o contrato de promessa de compra e venda do imóvel objeto da adjudicação; (Incluído pela Lei n. 14.382, de 2022.)
>
> V – comprovante de pagamento do respectivo Imposto sobre a Transmissão de Bens Imóveis (ITBI); (Incluído pela Lei n. 14.382, de 2022.)
>
> VI – procuração com poderes específicos. (Incluído pela Lei n. 14.382, de 2022.)
>
> § 2.º (VETADO.) (Incluído pela Lei n. 14.382, de 2022.)
>
> § 3.º À vista dos documentos a que se refere o § 1.º deste artigo, o oficial do registro de imóveis da circunscrição onde se situa o imóvel procederá ao registro do domínio em nome do promitente comprador, servindo de título a respectiva promessa de compra e venda ou de cessão ou o instrumento que comprove a sucessão. (Incluído pela Lei n. 14.382, de 2022.)

No caso de promessa de compra e venda ou compromisso de compra e venda sem a pactuação de cláusula de arrependimento, qualquer das partes poderá exigir a celebração do contrato definitivo. Se houver recusa da outra parte, será cabível a adjudicação compulsória, assim entendida a medida que produzirá os mesmos efeitos do contrato definitivo, visando à entrega da coisa (arts. 463 e 1.418 do CC).[21]

---

[21] CC/2002. "Art. 463. Concluído o contrato preliminar, com observância do disposto no artigo antecedente, e desde que dele não conste cláusula de arrependimento, qualquer das partes terá o direito de exigir a celebração do definitivo, assinando prazo à outra

Antes da Lei do SERP (Lei n. 14.382/2022), a adjudicação compulsória era obtida apenas por meio de sentença judicial, fruto da ação de adjudicação compulsória, que seguia o procedimento comum. Após a Lei do SERP, quando o objeto do contrato é um imóvel, passou a ser admitido o procedimento extrajudicial de adjudicação compulsório perante o Registro de Imóveis do local do imóvel, conforme o art. 216-B da LRP. Fica claro que a parte interessada pode escolher essa via extrajudicial, ou a judicial, não havendo qualquer obrigatoriedade de um caminho ou outro.

Nos termos da nova lei, o legitimado a se valer desse procedimento é o titular do direito de aquisição fruto da promessa de compra e venda do imóvel. Assim, poderá ser promitente ou compromissário comprador, o promitente vendedor, seus sucessores ou seus cessionários. Com relação ao promitente ou compromissário comprador, não existem dúvidas sobre a aplicação da medida, sendo a adjudicação compulsória a medida natural cabível em casos tais, para que a parte possa haver a coisa para si.

Todavia, podem surgir dúvidas quanto ao uso dessa medida em favor do promitente vendedor, pois, nos casos de inadimplemento da outra parte, a medida mais usual é a rescisão do contrato, com a reintegração de posse do bem imóvel, se esta tiver sido transmitida ao compromissário ou promitente comprador.

Entretanto, é possível imaginar hipótese fática em que a medida pode ser utilizada em favor do promitente vendedor. Imagine um caso de compromisso ou promessa de compra e venda em que há o pagamento integral do preço. O promitente vendedor quer celebrar logo o contrato definitivo para se livrar dos ônus imobiliários, mas o compromissário comprador nega a fazê-lo, de forma injustificada. Nessa situação, diante da sua resistência e do interesse do promitente vendedor em não ter mais o imóvel registrado em seu nome, poderá fazer uso da adjudicação compulsória extrajudicial.

Seguindo o estudo dos procedimentos, a nova norma prevê ser obrigatória a representação do legitimado por advogado, profissional incumbido de traduzir juridicamente a pretensão das partes, sendo indispensável à

---

para que o efetive. Parágrafo único. O contrato preliminar deverá ser levado ao registro competente. Art. 1.418. O promitente comprador, titular de direito real, pode exigir do promitente vendedor, ou de terceiros, a quem os direitos deste forem cedidos, a outorga da escritura definitiva de compra e venda, conforme o disposto no instrumento preliminar; e, se houver recusa, requerer ao juiz a adjudicação do imóvel."

administração da justiça também em medida extrajudicial, em correta interpretação do art. 133 da Constituição da República.[22]

Não há restrição da utilização do procedimento extrajudicial de adjudicação se qualquer das partes for pessoa jurídica, mesmo de direito público ou de empresa pública de qualquer das esferas federativas. Entendemos, pois, que, mesmo nesses casos, o procedimento poderá ser adotado pelo interessado.

Nos termos da lei (art. 216-B, § 1.º, incisos I e IV a VI), o legitimado deverá apresentar quatro documentos, além de um quinto, que, na verdade, consiste em uma providência a ser adotada pelo próprio Cartório de Registro de Imóveis (RI). Deve-se atentar ao fato de que leis especiais podem engrossar essa lista de documentos.

Apresentados todos esses documentos e realizada a diligência do inc. II do § 1.º do art. 216-A da LRP, o oficial concluirá o procedimento, registrando a adjudicação compulsória na matrícula do imóvel (art. 216-B, § 3.º, da LRP).

O *primeiro documento* é a procuração conferida ao advogado, com poderes específicos para promover o procedimento de adjudicação compulsória (art. 216-B, § 1.º, VI, da LRP). Essa procuração pode ser por instrumento particular, sem a necessidade de reconhecimento de firma, seja por falta de previsão legal em sentido diverso, seja em paralelismo com o art. 105 do CPC/2015.[23]

O *segundo documento* é relativo à comprovação da sua titularidade ao direito de aquisição. Aqui temos os instrumentos da promessa ou compromisso de compra e venda e, se for o caso, os de sua cessão ou de outra forma de transmissão a sucessor.

---

[22] CF/1988. "Art. 133. O advogado é indispensável à administração da justiça, sendo violável por seus atos e manifestações no exercício da profissão, nos limites da lei."

[23] CPC/2015. "Art. 105. A procuração geral para o foro, outorgada por instrumento público ou particular assinado pela parte, habilita o advogado a praticar todos os atos do processo, exceto receber citação, confessar, reconhecer a procedência do pedido, transigir, desistir, renunciar ao direito sobre o qual se funda a ação, receber, dar quitação, firmar compromisso e assinar declaração de hipossuficiência econômica, que devem constar de cláusula específica. § 1.º A procuração pode ser assinada digitalmente, na forma da lei. § 2.º A procuração deverá conter o nome do advogado, seu número de inscrição na Ordem dos Advogados do Brasil e endereço completo. § 3.º Se o outorgado integrar sociedade de advogados, a procuração também deverá conter o nome dessa, seu número de registro na Ordem dos Advogados do Brasil e endereço completo. § 4.º Salvo disposição expressa em sentido contrário constante do próprio instrumento, a procuração outorgada na fase de conhecimento é eficaz para todas as fases do processo, inclusive para o cumprimento de sentença."

Esse outro sucessor pode ser por conta de uma transmissão *mortis causa*, caso em que o documento comprobatório será o título resultante de um inventário e de uma partilha judicial ou extrajudicial, ou seja, o formal de partilha ou a escritura pública.

O sucessor também pode ser fruto de uma transmissão *inter vivos*, como na hipótese de o promitente comprador originário ser uma pessoa jurídica envolvida em uma operação societária de incorporação, fusão ou cisão. Nesses casos, os direitos de aquisição decorrentes da promessa de compra e venda terão sido transmitidos à pessoa jurídica resultante, salvo se se tratar de uma cisão parcial em que a pessoa jurídica cindida tenha retido o direito de aquisição.

Destaque-se que o cessionário também é um sucessor *inter vivos*, embora, por atecnia redacional, tenha sido mencionado no texto do inc. I do § 1.º do art. 216-B da LRP como se não o fosse.

Não há exigências de maiores formalidades para o instrumento de promessa ou compromisso de compra e venda ou de suas transmissões. Logo, ele pode ser por instrumento particular ou por escritura pública, como, aliás, é permitido para esse tipo de contrato pelos arts. 462 e 1.417 do Código Civil.[24]

Na hipótese de se tratar de instrumento particular, questão importante é definir se há ou não necessidade de reconhecimento de firma, tendo em vista que o inc. II do art. 221 da LRP o exige.[25] Entendemos que não há essa obrigatoriedade, porque o aludido preceito restringe-se a títulos apresentados a registro *lato sensu*. Não é o caso da adjudicação compulsória extrajudicial, pois esta é um procedimento destinado a preencher a falta do título que se pretenderia registrar, qual seja o contrato definitivo de compra e venda. Nesse procedimento, os instrumentos de promessa de compra e venda ou de suas transmissões não são títulos a serem registrados, mas meros documentos comprobatórios para a obtenção da adjudicação compulsória extrajudicial, medida que substitui o contrato definitivo.

---

[24] CC/2002. "Art. 462. O contrato preliminar, exceto quanto à forma, deve conter todos os requisitos essenciais ao contrato a ser celebrado. Art. 1.417. Mediante promessa de compra e venda, em que se não pactuou arrependimento, celebrada por instrumento público ou particular, e registrada no Cartório de Registro de Imóveis, adquire o promitente comprador direito real à aquisição do imóvel."

[25] Lei n. 6.015/1973. "Art. 221. Somente são admitidos registro: (...); II – escritos particulares autorizados em lei, assinados pelas partes e testemunhas, com as firmas reconhecidas, dispensado o reconhecimento quando se tratar de atos praticados por entidades vinculadas ao Sistema Financeiro da Habitação."

Aliás, nesse ponto, reputamos que, dentro do jogo de palavras da redação legislativa, a parte final do § 3.º do art. 216-B da LRP deve ser considerada atécnica, ao mencionar que, após o êxito do procedimento, a promessa de compra e venda ou as suas transmissões passariam a valer como "títulos". Na verdade, a adjudicação compulsória não é fruto de um ingresso de um título ao fólio real, e sim resultado de um procedimento substitutivo de um título, à semelhança do que se dá no procedimento extrajudicial de usucapião do art. 216-A da LRP.

Outra questão relevante é definir se o procedimento extrajudicial da adjudicação compulsória exige ou não o prévio registro da promessa de compra e venda e a averbação de suas transmissões. Em outras palavras, a dúvida diz respeito à sua aplicação restrita ao compromisso de compra e venda registrado na matrícula do imóvel, que é um direito real de aquisição do promitente comprador, nos termos dos arts. 1.225, inc. VII, 1.417 e 1.418 do Código Civil.[26]

Entendemos que a resposta é negativa, não existindo obrigatoriedade de a promessa de compra e venda estar registrada na matrícula do imóvel. Assim, cabe a adjudicação compulsória também nos casos de promessa ou compromisso de compra e venda não registrado na matrícula do imóvel. De todo modo, não havendo o registro, a adjudicação compulsória extrajudicial não será *erga omnes,* contra terceiros – como se dá no caso do registro –, mas apenas com relação à parte que celebrou o instrumento (*inter partes*).

O fundamento legal para tal conclusão está no art. 464 do Código Civil, segundo o qual, "esgotado o prazo, poderá o juiz, a pedido do interessado, suprir a vontade da parte inadimplente, conferindo caráter definitivo ao contrato preliminar, salvo se a isto se opuser a natureza da obrigação". Em certa medida, esse comando legal acabou por positivar a ideia que constava da Súmula n. 239 do Superior Tribunal de Justiça: "O direito à adjudicação compulsória não se condiciona ao registro do compromisso de compra e venda no cartório de imóveis". A esse propósito, destacamos o Enunciado n. 95, aprovado na *I Jornada de Direito Civil*, que traduz a posição consolidada entre os civilistas: "o direito à adjudicação compulsória (art. 1.418 do novo Código Civil), quando exercido em face do promitente vendedor, não se condiciona ao registro da promessa de compra e venda no cartório de registro imobiliário (Súmula n. 239 do STJ)". A afirmação passa a valer também para a adjudicação compulsória extrajudicial, em nosso entender.

---

[26] CC/2002. "Art. 1.225. São direitos reais: (...); VII – o direito do promitente comprador do imóvel."

Ademais, pensamos ser irrelevante que o § 2.º do art. 216-B da LRP – que positivava essa afirmação – tenha sido vetado, pois se trata de orientação majoritária entre os civilistas e pacificada nos tribunais. Além do mais, as razões do veto dirigiam-se à dispensa da apresentação de certidões de regularidade fiscal, tema tratado também no referido dispositivo. Como é vedado veto parcial a dispositivo, o Presidente da República derrubou todo o preceito.

Seguindo a análise dos requisitos formais, o *terceiro documento* é a certidão negativa de feitos judiciais dos foros do local do imóvel e do domicílio do requerente, demonstrando inexistir litígio judicial acerca da promessa de compra e venda *sub oculi* (art. 216-B, § 1.º, IV, da LRP). Não há obrigatoriedade de colheita de certidão no foro do domicílio da outra parte da promessa de compra e venda. Apesar disso, entendemos ser conveniente que o registrador a exija, diante da alta probabilidade de o foro eleito para eventual litígio ser esse.

Em regra, a certidão deve ser buscada especialmente na Justiça Estadual, dada a sua competência material para esses tipos de feitos. Todavia, se qualquer das partes for pessoa jurídica de direito público ou empresa pública federal, como a Caixa Econômica Federal, devem-se exigir certidões também da Justiça Federal ante sua competência jurisdicional para tanto (art. 109, I, da CF/1988).[27]

Entendemos que, no caso de a certidão de feitos judiciais indicar algum processo, o interessado poderá comprovar que o conteúdo desse feito não guarda conexão com a promessa de compra e venda mediante impressão do andamento do processo digital, desde que esta contenha dados suficientes. Há de se aplicar, por analogia, o § 7.º do art. 18 da Lei n. 6.766/1979, que permite tal tipo de flexibilização probatória nos casos de loteamento (*vide* item 11.2).

O *quarto documento* é o comprovante de pagamento do ITBI (art. 216-B, § 1.º, V, da LRP). Entendemos que esse documento poderá ser apresentado ao final do procedimento, depois de a outra parte ter sido notificada na forma do inc. II do § 1.º do art. 216-B da LRP. Isso, porque só após essa diligência é que se terá mesmo certeza de que o registro será feito, não sendo razoável obrigar o requerente a recolher o ITBI se o sucesso do procedi-

---

[27] CF/1988. "Art. 109. Aos juízes federais compete processar e julgar: I – as causas em que a União, entidade autárquica ou empresa pública federal forem interessadas na condição de autoras, rés, assistentes ou oponentes, exceto as de falência, as de acidentes de trabalho e as sujeitas à Justiça Eleitoral e à Justiça do Trabalho."

mento extrajudicial ainda não está garantido. Assim, é viável que o registrador exija o comprovante do pagamento do ITBI ao final do procedimento, como condição para a prática do derradeiro ato, a realização do registro da adjudicação compulsória.

O *quinto documento* não está previsto na lista do art. 216-B, § 1.º, da LRP, mas em lei especial. Trata-se da certidão negativa de débito ou certidão positiva com efeito de negativa de débitos previdenciários na forma do art. 47 da Lei n. 8.212/1991. Essa certidão é exigida como condição para o registro de transferência de imóveis pertencentes a empresas. O registrador deverá estar atento às hipóteses legais em que essa certidão negativa de débitos fiscais é exigida para o registro de transferência de imóveis, pois elas serão condições para o registro da adjudicação compulsória.

Apenas por motivos históricos, lembramos que houve a tentativa do Poder Legislativo em afastar essa certidão do rol de documentos obrigatórios por meio do inc. IV e do § 2.º do art. 216-B da LRP. O Presidente da República, porém, vetou esse dispositivo, conforme as seguintes razões de veto:

> "Art. 11 do Projeto de Lei de Conversão, na parte em que inclui o § 2.º ao art. 216-B da Lei n. 6.015, de 31 de dezembro de 1973.
>
> '§ 2.º O deferimento da adjudicação independe de prévio registro dos instrumentos de promessa de compra e venda ou de cessão e da comprovação da regularidade fiscal do promitente vendedor'.
>
> Inciso IV do art. 20 do Projeto de Lei de Conversão
>
> 'IV – a alínea 'b' do inciso I e o inciso II do *caput* do art. 47 da Lei n. 8.212, de 24 de julho de 1991';
>
> Razões dos vetos.
>
> A proposição legislativa determina que o deferimento da adjudicação independeria de prévio registro dos instrumentos de promessa de compra e venda ou de cessão e da comprovação da regularidade fiscal do promitente vendedor. Estabelece, ainda, a revogação da a alínea 'b' do inciso I e o inciso II do *caput* do art. 47 da Lei n. 8.212, de 24 de julho de 1991, os quais dispõem, respectivamente, que será exigida Certidão Negativa de Débito – CND, fornecida pelo órgão competente, nos seguintes casos: I – da empresa: b) na alienação ou oneração, a qualquer título, de bem imóvel ou direito a ele relativo; e II – do proprietário, pessoa física ou jurídica, de obra de construção civil, quando de sua averbação no registro de imóveis, salvo no caso do inciso VIII do art. 30.

Contudo, em que pese a boa intenção do legislador, a proposição legislativa contraria o interesse público ao dispensar a comprovação de regularidade fiscal para o exercício de determinadas atividades pelos contribuintes, o que reduz as garantias atribuídas ao crédito tributário, nos termos do art. 205 da Lei n. 5.172, de 25 de outubro de 1966 – Código Tributário Nacional.

Ressalta-se que o controle da regularidade fiscal dos contribuintes, por um lado, exerce indiretamente cobrança sobre o devedor pela imposição de ressalva à realização de diversos negócios e, por outro lado, procura prevenir a realização de negócios ineficazes entre devedor e terceiro que comprometam o patrimônio sujeito à satisfação do crédito fazendário.

Desse modo, a proposição legislativa está em descompasso com a necessária proteção do terceiro de boa-fé, o que resultaria no desconhecimento pelo terceiro da existência de eventual débito do devedor da Fazenda Pública, sujeitando a prejuízo aqueles que, munidos de boa-fé, fossem induzidos a celebrar negócio presumivelmente fraudulento, a teor do disposto no art. 185 da Lei n. 5.172, de 1966 – Código Tributário Nacional".

Como antes destacado, é possível que *outros documentos* ainda sejam obrigatórios, por força de lei especial. Entendemos, por exemplo, que é obrigatório exigir certidões negativas de dívidas fiscais de todas as esferas federativas envolvidas, da União, dos Estados e dos Municípios do lugar do imóvel e do domicílio do transmitente. Isso, porque, sem essas certidões, o terceiro adquirente estará sujeito à perda do bem por fraude à execução com base no art. 185 do CTN.[28] Sendo positiva essa certidão, entendemos cabível o registro se o requerente, por escrito, declarar estar ciente dos riscos implicados.

Além dos documentos mencionados, o procedimento extrajudicial de adjudicação exige um ato adicional, destinado a provar o inadimplemento, pela outra parte, da obrigação de celebrar o contrato definitivo. Trata-se da notificação extrajudicial a ser feita da outra parte para manifestar-se no prazo de 15 dias, contados da data da entrega da notificação (art. 216-B, § 1.º, II, da LRP). O legislador foi omisso nesse ponto, fato que, na nossa

---

[28] CTN. "Art. 185. Presume-se fraudulenta a alienação ou oneração de bens ou rendas, ou seu começo, por sujeito passivo em débito para com a Fazenda Pública, por crédito tributário regularmente inscrito como dívida ativa. Parágrafo único. O disposto neste artigo não se aplica na hipótese de terem sido reservados, pelo devedor, bens ou rendas suficientes ao total pagamento da dívida inscrita."

opinião, atrairá a aplicação analógica dos §§ 2.º e 10 do art. 216-A da LRP, que trata do procedimento extrajudicial de usucapião.

Caso a outra parte mantenha silêncio diante da notificação, o registrador deverá considerar comprovada a sua inadimplência com relação ao dever de outorga do contrato definitivo. Se, porém, a outra parte oferecer impugnação, é necessário o registrador avaliar se a impugnação é ou não justificada (*rectius*, fundamentada adequadamente).

Sendo justificada, o registrador obstará o procedimento, recomendando ao requerente a utilização da via judicial. Se, porém, a impugnação for injustificada, o registrador a desconsiderará, assegurando, porém, ao impugnante suscitar dúvida no prazo de quinze dias. Aplica-se aqui o que já expusemos nos comentários ao art. 216-A, § 10, da LRP (*vide* item 7.17).

Com a notificação, o fato de a outra parte consentir expressamente com o procedimento não é impeditivo à adjudicação compulsória extrajudicial, em paralelo com o que se dá com a via judicial: o consentimento do réu na ação judicial de adjudicação compulsória não é impeditivo. Na prática, a concordância da outra parte significa o seu reconhecimento de que descumprindo o dever de celebrar o contrato definitivo. Proibir a adjudicação extrajudicial por causa dessa concordância seria inviabilizar o exercício de um direito que, nas mesmas circunstâncias, poderia ser instrumentalizado judicialmente.

Há, porém, quem defenda o contrário, firmado na ideia de que, se a outra parte consentir, isso impediria a adjudicação extrajudicial, pois as partes deveriam celebrar o contrato definitivo de compra e venda de imóvel, que deverá ser formalizado por escritura pública caso o imóvel seja de valor superior a 30 salários mínimos, nos termos do art. 108 do Código Civil[29]. Com o devido respeito, não acompanhamos tal entendimento pelos motivos antes expostos.

Por fim, cabem algumas questões importantes, que interessam diretamente para a prática.

---

[29] Nesse sentido: PEREIRA, Eduardo Calais; CORRÊA, Leandro Augusto Neves; DEPIERI, Rafael Vitelli. Adjudicação compulsória extrajudicial: conceitos e limites. *Migalhas*, 23 ago. 2022. Disponível em: https://www.migalhas.com.br/depeso/372122/adjudicacao-compulsoria-extrajudicial-conceitos-e-limites. Conforme o art. 108 do Código Civil, "não dispondo a lei em contrário, a escritura pública é essencial à validade dos negócios jurídicos que visem à constituição, transferência, modificação ou renúncia de direitos reais sobre imóveis de valor superior a trinta vezes o maior salário mínimo vigente no País".

A primeira é saber se a outra parte deve ou não ser condenada a pagar honorários advocatícios sucumbenciais ao advogado da parte requerente, sendo o novo art. 216-A da LRP silente a esse respeito. Entendemos que não há esse dever por falta de previsão legal, tendo o legislador pecado por essa omissão. Deveria a norma ter contemplado esse dever, ainda que em um percentual menor do estabelecido para os casos de procedimento judicial, conforme o art. 85, § 2.º, do CPC/2015.

A segunda questão é se a outra parte deve ou não reembolsar o interessado pelas despesas com emolumentos e custas – como as de notificação –, além dos honorários contratuais pagos ao advogado. Entendemos que sim, pois é dever do inadimplente indenizar os prejuízos causados, conforme os arts. 389, 395 e 404 do Código Civil.[30]

A terceira questão é se a outra parte pode ou não pleitear judicialmente a invalidação do registro da adjudicação compulsória. Entendemos que, em regra, sim, uma vez que todo ato administrativo é sujeito ao controle jurisdicional, sobretudo nos casos de nulidade absoluta. Todavia, a outra parte não poderá discutir o mérito da adjudicação compulsória se tiver deixado de oferecer uma impugnação justificada ao ser notificado durante o procedimento extrajudicial na forma do inc. II do § 1.º do art. 216-B da LRP. A via judicial não pode ser tida como uma "repescagem" para inércias anteriores do interessado. Poderá, porém, a outra parte pleitear a invalidade por vícios relacionados ao procedimento, como falta da devida notificação.

A quarta questão é se o impugnante precisa ou não estar representado por advogado, pois não há exigência legal expressa para tanto. No entanto, entendemos que, implicitamente, há sim essa exigência, visto que falta de apresentação de uma impugnação justificada gera efeitos preclusivos contra o impugnante, inclusive em juízo, conforme acabamos de sustentar. Por isso, é essencial que o impugnante se valha de uma defesa técnico-jurídica para in-

---

[30] CC/2002. "Art. 389. Não cumprida a obrigação, responde o devedor por perdas e danos, mais juros e atualização monetária segundo índices oficiais regularmente estabelecidos, e honorários de advogado. Art. 395. Responde o devedor pelos prejuízos a que sua mora der causa, mais juros, atualização dos valores monetários segundo índices oficiais regularmente estabelecidos, e honorários de advogado. Parágrafo único. Se a prestação, devido à mora, se tornar inútil ao credor, este poderá enjeitá-la, e exigir a satisfação das perdas e danos. Art. 404. As perdas e danos, nas obrigações de pagamento em dinheiro, serão pagas com atualização monetária segundo índices oficiais regularmente estabelecidos, abrangendo juros, custas e honorários de advogado, sem prejuízo da pena convencional."

surgir-se contra o procedimento. Poderá, posteriormente, o impugnante pleitear o reembolso dos valores gastos com honorários contratuais, desde que comprove, no mérito e em juízo, que a adjudicação compulsória era descabida.

Por fim, a quinta questão prática é sobre o conteúdo da notificação expedida à outra parte na forma do inc. II do § 1.º do art. 216-B da LRP. Entendemos que é essencial que constem dela a obrigatoriedade de assistência de advogado e a advertência acerca do efeito preclusivo, tudo na forma do já explicitado anteriormente. Essa advertência é essencial em nome do dever de informação implícito na legislação e decorrente da boa-fé objetiva e da eticidade.

7.19. Atos no curso do parcelamento do solo: isenção de emolumentos para espelhamento nas matrículas-filhas e faculdade na abertura das matrículas-filhas (art. 237-A da LRP)

> Art. 237-A. Após o registro do parcelamento do solo, na modalidade loteamento ou na modalidade desmembramento, e da incorporação imobiliária, de condomínio edilício ou de condomínio de lotes, até que tenha sido averbada a conclusão das obras de infraestrutura ou da construção, as averbações e os registros relativos à pessoa do loteador ou do incorporador ou referentes a quaisquer direitos reais, inclusive de garantias, cessões ou demais negócios jurídicos que envolvam o empreendimento e suas unidades, bem como a própria averbação da conclusão do empreendimento, serão realizados na matrícula de origem do imóvel a ele destinado e replicados, sem custo adicional, em cada uma das matrículas recipiendárias dos lotes ou das unidades autônomas eventualmente abertas. (Redação dada pela Lei n. 14.382, de 2022.)
>
> § 1.º Para efeito de cobrança de custas e emolumentos, as averbações e os registros relativos ao mesmo ato jurídico ou negócio jurídico e realizados com base no *caput* deste artigo serão considerados ato de registro único, não importando a quantidade de lotes ou de unidades autônomas envolvidas ou de atos intermediários existentes. (Redação dada pela Lei n. 14.382, de 2022.)
>
> (...)
>
> § 4.º É facultada a abertura de matrícula para cada lote ou fração ideal que corresponderá a determinada unidade autônoma, após o registro do loteamento ou da incorporação imobiliária. (Incluído pela Lei n. 14.382, de 2022.)

> § 5.º Na hipótese do § 4.º deste artigo, se a abertura da matrícula ocorrer no interesse do serviço, fica vedado o repasse das despesas dela decorrentes ao interessado, mas se a abertura da matrícula ocorrer por requerimento do interessado, o emolumento pelo ato praticado será devido por ele. (Incluído pela Lei n. 14.382, de 2022.)

Existem alguns atos jurídico-reais que esfacelam um imóvel em diversos outros. Trata-se de um "efeito pulverizador" ou "efeito multiplicador" de determinados atos jurídico-reais imobiliários.

Do ponto de vista registral, esse ato jurídico é registrado na matrícula do imóvel (*matrícula-mãe*) e acarreta a criação de matrículas para cada uma das unidades autônomas daí decorrentes (*matrículas-filhas*). As últimas retratarão cada uma dessas unidades autônomas, pois são as *matrículas recipiendárias* dessas unidades autônomas, ou seja, são as que receberão a representação jurídico-objetiva dessas unidades.

Estamos a nos referir, entre outros, aos seguintes atos jurídicos: *a)* os relativos ao parcelamento do solo urbano – loteamento ou desmembramento, conforme Lei n. 6.766/1979: as unidades autônomas daí decorrentes são os lotes – no caso de parcelamento do solo urbano –, ou simplesmente outros imóveis menores – no caso de parcelamento do solo rural; *b)* incorporação imobiliária, em que as unidades autônomas são as que integrarão o futuro condomínio edilício que será instituído e que, por conta da incorporação imobiliária, já serão alienadas de antemão – venda "na planta"; *c)* instituição do condomínio edilício, em que as unidades autônomas são as integrantes desse condomínio; e *d)* instituição do condomínio de lotes, em que as unidades autônomas são lotes, fruto de um parcelamento do solo urbano.

Na verdade, a última está indicada na letra *a*, pois é uma entre outras opções de um parcelamento do solo urbano. O parcelamento do solo urbano pode ou não resultar em um condomínio de lotes, conforme se trate de um loteamento condominial, de um loteamento tradicional ou de um loteamento de acesso controlado.[31]

---

[31] Para aprofundamento, reportamo-nos a este artigo: OLIVEIRA, Carlos Eduardo Elias de. Novidades da Lei n. 13.465, de 2017: o condomínio de lotes, o condomínio urbano simples e o loteamento de acesso controlado. *Núcleo de Estudos e Pesquisas/Conleg/Senado*, Brasília, 14 jul. 2017. Disponível em: www.senado.leg.br/estudos. Acesso em: 14 jul. 2017.

Existem, na verdade, outros atos jurídicos que geram "efeito pulverizador", como o de instituição de condomínio em multipropriedade, o ato de instituição de direito real de laje, mas deixamos de tratar deles por não terem sido enfocados pelo art. 237-A da LRP.

O legislador importou-se com os custos cartorários que esse "efeito pulverizador" pode gerar ao empreendedor durante a realização das obras em casos de parcelamento do solo urbano, de incorporação imobiliária, de instituição *"precoce"* de condomínio edilício ou de instituição de condomínio de lotes.[32] Essa preocupação decorre do pleito existente no mercado de não se onerarem esses empreendimentos com custos que poderiam ser contornados ou atenuados, o que refletiria no preço final a ser cobrado do consumidor, pela venda das unidades autônomas.

Existem, assim, *dois custos* principais. O *primeiro custo* é com a abertura das *matrículas-filhas* e o *segundo*, com a repetição, em cada *matrícula--filha*, de atos jurídicos praticados na *matrícula-mãe*. A Lei do SERP girou em torno dessa preocupação ao promover alterações no art. 237-A da Lei de Registros Públicos.

Nesse contexto, *de um lado*, no caso do registro do loteamento ou da incorporação, a abertura das *matrículas-filhas* é uma faculdade do empreendedor (art. 237-A, § 4.º, da LRP). O referido dispositivo não é expresso até quando poderá ser represada a abertura das *matrículas-filhas*. Entendemos que o marco deve ser o término das obras para todas as *matrículas-filhas* ou, no caso de cada *matrícula-filha*, o registro do primeiro ato de sua alienação.

Enfim, nos casos de parcelamento do solo urbano ou de incorporação, o empreendedor pode deixar para abrir as *matrículas-filhas* posteriormente, especificamente quando: *a)* do término das obras de infraestrutura ou da primeira alienação de lotes, no caso de parcelamento do solo urbano; ou *b)* da averbação das obras com a consequente instituição do condomínio edilício – caso em que todas as *matrículas-filhas* têm de ser abertas – ou do registro do primeiro ato de alienação de cada unidade autônoma – se apenas a respectiva *matrícula-filha* deverá ser aberta –, no caso de incorporação imobiliária. O registrador pode, ainda por conveniência do serviço, abrir as *matrículas-filhas* antes desses marcos, mas não poderá cobrar emolumentos

---

[32] Adjetivamos como *"precoce"* a instituição do condomínio edilício antes da averbação da construção. Na prática, tal instituição vem sendo admitida, especialmente perto do término das obras, como forma de facilitar a gestão dos interesses da coletividade dos adquirentes de unidades autônomas, como a celebração de contratos de água, de luz e de energia elétrica.

por esse ato. A cobrança pelas *matrículas-filhas* apenas será devida se tiver havido requerimento do empreendedor (art. 237-A, § 5.º, da LRP).

De outro lado, o *caput* e o § 1.º do art. 237-A da LRP preocuparam-se com o que chamamos de *atos jurídico-reais globais*, assim entendidos os relativos ao próprio empreendedor (*v. g.*, a averbação de mudança de nome, a averbação de casamento) ou ao empreendimento como um todo (*v. g.*, o registro de hipoteca dos imóveis em garantia do financiamento das obras). A própria averbação da conclusão das obras é um ato jurídico-real global, porque diz respeito ao próprio empreendimento. Esses *atos jurídico-reais globais* contrapõem-se aos *atos jurídico-reais individualizados*, assim entendidos aqueles que dizem respeito apenas a uma unidade autônoma individualizada, a exemplo do registro de sua venda a determinado consumidor.

Se nem todas as *matrículas-filhas* tiverem sido abertas, os *atos jurídico--reais globais* precisarão ser registrados (*lato sensu*) tanto na *matrícula-mãe* – que mantém a disponibilidade objetiva das unidades sem matrículas-filhas – quanto nas *matrículas-filhas* já abertas. Esse espelhamento dos atos praticados na *matrícula-mãe* para as *matrículas-filhas* é essencial, porque estas últimas precisam retratar a situação jurídico-real atualizada do bem. Com o objetivo de evitar que o empreendedor tenha custos cartorários adicionais com esse espelhamento, o *caput* e § 1.º do art. 237-A da LRP vedam a cobrança de emolumentos por esses atos registrais a serem praticados nas *matrículas-filhas* em replicação do ato praticado na *matrícula-mãe*. Todos esses atos serão considerados como se fossem um ato registral único. O registrador cobrará, assim, os emolumentos correspondentes apenas ao registro *lato sensu* na *matrícula-mãe* e replicará esse ato nas *matrículas-filhas* já abertas sem qualquer cobrança adicional de emolumentos.

Raciocínio similar deve ser adotado se todas as *matrículas-filhas* já tiverem sido abertas, com apenas um ajuste, sendo certo que não se praticarão mais atos na *matrícula-mãe* diante do esvaziamento da sua disponibilidade objetiva com a abertura de todas as *matrículas-filhas*. Atos de mutação jurídico-reais devem ser realizados apenas nas *matrículas-filhas*, ao menos em regra. Para efeito de cobrança de emolumentos, entendemos que, tratando-se de *atos jurídico-reais globais*, os atos registrais praticados em cada uma das *matrículas-filhas* deverão ser considerados um ato único. Assim, o registrador deve cobrar emolumentos pelo ato registral em uma *das matrículas-filhas* e deve replicar esse ato registral nas demais sem cobrar qualquer emolumento adicional. Essa nos parece a melhor interpretação do *caput* e do § 1.º do art. 237-A da LRP, que foram atécnicos nas suas redações, notadamente por não terem contemplado expressamente essa situação de a *matrícula-mãe* já ter tido sua disponibilidade objetiva esvaziada com a abertura das matrículas-filhas.

Alerta-se que todas essas regras de "alívio de emolumentos" para os atos jurídico-reais globais são apenas para o período anterior à averbação da conclusão do empreendimento, ou seja: (1) a averbação da construção, no caso de incorporação imobiliária, condomínio edilício e condomínio de lotes; e (2) a averbação da conclusão das obras de infraestrutura, no caso de parcelamento do solo. Atos jurídico-globais posteriores, a rigor, não são alcançados. Em relação à extinção do patrimônio de afetação, reportamo-nos ao item 10.2, em que tratamos do § 2.º do art. 31-E da Lei n. 4.591/1964.

Por fim, cabem *dois alertas* finais sobre o tema, novamente com grande interesse prático.

O *primeiro alerta* é no sentido de que o entendimento *supra* recai apenas sobre *atos jurídico-reais globais*. Não se aplica, portanto, a *atos jurídico-reais individualizados*. Assim, se o empreendedor vender dois lotes, o registro dessa venda a ser feito nas duas *matrículas-filhas* pertinentes gerará a cobrança de emolumentos por cada um dos atos. O registrador cobrará dois emolumentos, um por cada ato de registro.

O *segundo alerta* é que a presunção de unicidade para *atos jurídico-reais globais* para fins de emolumentos só é aplicável até a data da averbação do término das obras, ou seja, com a conclusão das obras de infraestrutura – no caso de parcelamento do solo urbano – ou da construção – havendo incorporação imobiliária ou instituição precoce do condomínio edilício. Isso está estabelecido textualmente no *caput* do art. 237-A da Lei de Registros Públicos.

7.20. Cancelamento extrajudicial do registro da promessa de compra e venda (art. 251-A da LRP)

Art. 251-A. Em caso de falta de pagamento, o cancelamento do registro do compromisso de compra e venda de imóvel será efetuado em conformidade com o disposto neste artigo. (Incluído pela Lei n. 14.382, de 2022.)

§ 1.º A requerimento do promitente vendedor, o promitente comprador, ou seu representante legal ou procurador regularmente constituído, será intimado pessoalmente pelo oficial do competente registro de imóveis

a satisfazer, no prazo de 30 (trinta) dias, a prestação ou as prestações vencidas e as que vencerem até a data de pagamento, os juros convencionais, a correção monetária, as penalidades e os demais encargos contratuais, os encargos legais, inclusive tributos, as contribuições condominiais ou despesas de conservação e manutenção em loteamentos de acesso controlado, imputáveis ao imóvel, além das despesas de cobrança, de intimação, bem como do registro do contrato, caso esse tenha sido efetuado a requerimento do promitente vendedor. (Incluído pela Lei n. 14.382, de 2022.)

§ 2.º O oficial do registro de imóveis poderá delegar a diligência de intimação ao oficial do registro de títulos e documentos da comarca da situação do imóvel ou do domicílio de quem deva recebê-la. (Incluído pela Lei n. 14.382, de 2022.)

§ 3.º Aos procedimentos de intimação ou notificação efetuados pelos oficiais de registros públicos, aplicam-se, no que couber, os dispositivos referentes à citação e à intimação previstos na Lei n. 13.105, de 16 de março de 2015 (Código de Processo Civil). (Incluído pela Lei n. 14.382, de 2022.)

§ 4.º A mora poderá ser purgada mediante pagamento ao oficial do registro de imóveis, que dará quitação ao promitente comprador ou ao seu cessionário das quantias recebidas no prazo de 3 (três) dias e depositará esse valor na conta bancária informada pelo promitente vendedor no próprio requerimento ou, na falta dessa informação, o cientificará de que o numerário está à sua disposição. (Incluído pela Lei n. 14.382, de 2022.)

§ 5.º Se não ocorrer o pagamento, o oficial certificará o ocorrido e intimará o promitente vendedor a promover o recolhimento dos emolumentos para efetuar o cancelamento do registro. (Incluído pela Lei n. 14.382, de 2022.)

§ 6.º A certidão do cancelamento do registro do compromisso de compra e venda reputa-se como prova relevante ou determinante para concessão da medida liminar de reintegração de posse. (Incluído pela Lei n. 14.382, de 2022.)

Celebrada uma promessa ou compromisso de compra e venda de imóvel em que o promitente comprador se obrigou a pagar o preço parceladamente, há o risco de inadimplência, o que é comum na prática, infelizmente. Concretizando-se esse risco, cabe ao promitente comprador escolher entre a resolução do contrato por culpa da outra parte ou o cumprimento forçado da obrigação, nos termos do art. 475 do Código Civil: "a parte lesada pelo inadimplemento pode pedir a resolução do contrato, se não preferir exigir-lhe o cumprimento, cabendo, em qualquer dos casos, indenização por perdas e danos". Como se pode perceber, em qualquer um dos casos, a parte pode pleitear as perdas e danos decorrentes do incumprimento ou inadimplemento contratual.

Em regra, a resolução do contrato deve ser reivindicada judicialmente, o que representa um transtorno em matéria de operacionalidade. Além dos gastos com o litígio judicial, o promitente comprador ainda terá de esperar o desfecho do processo judicial, o que costuma levar anos.

Nesse contexto fático, um grande problema diz respeito à realidade em que, na matrícula do imóvel, há o registro da promessa ou compromisso de compra e venda. A rigor, esse registro só seria cancelado com o trânsito em julgado da sentença favorável na ação de resolução contratual, o que pode levar muito tempo, repise-se. O seu cancelamento em momento anterior sempre encontrou obstáculo no art. 259 da Lei de Registros Públicos, que, a rigor, veda cancelamentos de registro com base em decisões judiciais precárias.[33]

Assim, durante todo esse período em que tramita a ação judicial, o promitente comprador terá grandes dificuldades de alienar o imóvel a terceiros, os quais serão inibidos da aquisição, diante da existência do registro da promessa de compra e venda na matrícula do bem. Os prejuízos são mais visíveis quando o promitente comprador é uma empresa do ramo imobiliário, que necessita de certa agilidade na realização dos negócios de vendas de imóveis. Ter imóveis "presos" em seu estoque à espera do desfecho de uma ação judicial é antieconômico, ainda mais levando em conta o alto valor desse ativo.

Pensando em desburocratizar essa "baixa" do registro da promessa de compra e venda, a Lei do SERP incluiu o procedimento extrajudicial de cancelamento desse registro perante o Cartório de Registros Públicos, consoante a introdução do art. art. 251-A na LRP. Parece-nos que o legislador se espelhou em outros procedimentos extrajudiciais similares, como a da execução extrajudicial da propriedade fiduciária imobiliária para a alienação fiduciária em garantia de bens imóveis, nos termos da Lei n. 9.514/1997.

De todo modo, advirta-se que esse procedimento extrajudicial é aplicável apenas no caso de o cancelamento do registro da promessa de compra e venda de imóvel decorrer de inadimplemento do preço pelo promitente

---

[33] Lei n. 6.015/1973. "Art. 259. O cancelamento não pode ser feito em virtude de sentença sujeita, ainda, a recurso."

comprador. O promitente comprador requererá ao RI a intimação do promitente comprador inadimplente para purgar a mora no prazo de trinta dias (art. 251-A, § 1.º, da LRP). Essa neutralização da mora dar-se-á mediante pagamento não apenas das parcelas vencidas do preço até a data do pagamento, mas também por meio da quitação de outras despesas acessórias ao imóvel – como IPTU e contribuição condominial –, além das despesas com o procedimento em si – emolumentos e despesas conexas, por exemplo, com a notificação.

O Cartório de Registro de Imóveis, por si ou por meio de um Cartório de Registro de Títulos de Documentos, com o qual mantém parceria, promoverá essa notificação do devedor (art. 251-A, § 2.º, da LRP). As regras a serem observadas na realização da notificação extrajudicial seguirão, no que couber, as previstas no Código de Processo Civil para a citação e a intimação judiciais (art. 251-A, § 3.º, da LRP).

Se eventualmente for purgada a mora, o registrador de imóveis deverá repassar os valores recebidos para o promitente comprador na conta bancária indicada por este no requerimento inicial ou, se inexistir conta bancária, certificará, nos autos do procedimento, a disponibilidade da quantia (art. 251-A, § 4.º, da LRP). Convém que o RI mantenha uma conta bancária reservada apenas para a movimentação desses valores, a fim de evitar confusão com outras movimentações bancárias próprias da serventia.

Não purgada a mora, o registrador certificará o ocorrido nos autos e intimará o promitente vendedor para recolher os emolumentos do ato de averbação do cancelamento do registro da promessa de compra e venda. Pagos os emolumentos, o registrador averbará esse cancelamento na matrícula (art. 251-A, § 5.º, da LRP).

Como se nota, trata-se de um procedimento célere e objetivo que, com maior facilidade, desonera o imóvel de um ônus real. O promitente comprador volta a ser titular do direito real de propriedade plena e, nessa condição, terá mais facilidade em negociar o imóvel com terceiros.

Caso o promitente comprador ainda esteja na posse do bem, cabe-lhe desocupar o bem. Se não o tiver feito, estará caracterizado o esbulho e o promitente vendedor poderá valer-se de ação de reintegração na posse. Nela o promitente vendedor poderá requerer uma tutela provisória de reintegração de posse, hipótese em que a certidão de cancelamento do registro da promessa de compra e venda servirá como uma prova relevante na avaliação da presença dos requisitos de concessão dessa tutela provisória (art. 251-A, § 6.º, da LRP). Entendemos que não há necessidade de o proprietário notificar o promitente comprador para desocupar o bem antes da propositura da ação de reintegração de posse, uma vez que cabia ao promitente comprador, em nome da boa-fé, ter desocupado o imóvel voluntariamente logo quando transcorreu o seu prazo de purgação da mora no procedimento extrajudicial.

7.21. Isenção de emolumentos para registro no caso de assentamentos rurais do Incra (art. 290-A, IV, da LRP)

> Art. 290-A. Devem ser realizados independentemente do recolhimento de custas e emolumentos: (Incluído pela Lei n. 11.481, de 2007.)
>
> (...)
>
> IV – o registro do título de transferência do direito real de propriedade ou de outro direito ao beneficiário de projetos de assentamento rurais promovidos pelo Instituto Nacional de Colonização e Reforma Agrária (Incra) com base nas Leis n. 4.504, de 30 de novembro de 1964, e 8.629, de 25 de fevereiro de 1993, ou em outra lei posterior com finalidade similar. (Incluído pela Lei n. 14.382, de 2022.)
>
> (...)

Os programas de assentamento rurais promovidos pelo Incra veiculam grande interesse social, contemplando, geralmente, pessoas de baixa renda e implementando a política de reforma agrária. O Estatuto da Terra (Lei n. 4.504/1964) e a Lei de Reforma Agrária (Lei n. 8.629/1993) dão a base legal para tanto, protegendo não só o produtor, mas também a atividade agrária em si.

O fato de o beneficiário ter de pagar os emolumentos para registro dos títulos que o Incra lhe outorga para adquirir direitos reais sobre o imóvel foi considerado um obstáculo pelo legislador. Muitos beneficiários, que são de baixa renda, acabam deixando de realizar o registro, entregando-se à informalidade. Para evitar esse estímulo à informalidade, o inc. IV do art. 290-A da LRP estabelece uma isenção de emolumentos para o registro de títulos outorgados pelo Incra para contemplar beneficiários de projeto de assentamento rural.

Em termos financeiros, a aposta é que as serventias sejam compensadas posteriormente por esse ato gratuito, seja pelo fato de o beneficiário do programa de assento registrar futuros atos jurídico-reais – como uma hipoteca –, seja, onde houver, pela compensação advinda de fundos de compensação de atos gratuitos.

Entendemos que houve um lapso da Lei do SERP, o qual só pode ser remediado com nova lei ou eventual ato dos entes fazendários. É que o § 1.º do art. 290-A da LRP dispensa a apresentação de certidões fiscais (inclusive previdenciárias) para o registro dos demais atos gratuitos previstos nos incisos I a III do mesmo dispositivo.[34] O motivo desse dispositivo é evitar encarecer ou burocratizar a prática desses atos de registros destinados a pessoas de baixa renda. A Lei do SERP acresceu ao art. 290-A mais uma hipótese de gratuidade, qual seja, a relativa a projetos de assentamentos rurais do Incra. Esqueceu, porém, de dispensar a exigência de apresentação de certidões fiscais, apesar de se tratar também de uma hipótese de pessoas de baixa renda.

7.22. Registro de hipotecas sobre o mesmo imóvel (art. 1.494 do CC e art. 20, VI, c, da Lei n. 14.382/2022)

Código Civil

~~Art. 1.494. Não se registrarão no mesmo dia duas hipotecas, ou uma hipoteca e outro direito real, sobre o mesmo imóvel, em favor de pessoas diversas, salvo se as escrituras, do mesmo dia, indicarem a hora em que foram lavradas.~~ (Revogado pela Lei n. 14.382, de 2022.)

---

[34] Lei n. 14.382/2022: "Art. 290-A. Devem ser realizados independentemente do recolhimento de custas e emolumentos: (Incluído pela Lei n. 11.481, de 2007)
I – o primeiro registro de direito real constituído em favor de beneficiário de regularização fundiária de interesse social em áreas urbanas e em áreas rurais de agricultura familiar; (Incluído pela Lei n. 11.481, de 2007)
II – a primeira averbação de construção residencial de até 70 m² (setenta metros quadrados) de edificação em áreas urbanas objeto de regularização fundiária de interesse social; (Incluído pela Lei n. 11.481, de 2007)
III – o registro de título de legitimação de posse, concedido pelo poder público, de que trata o art. 59 da Lei n. 11.977, de 7 de julho de 2009, e de sua conversão em propriedade; (Incluído pela Lei n. 12.424, de 2011)
IV – o registro do título de transferência do direito real de propriedade ou de outro direito ao beneficiário de projetos de assentamento rurais promovidos pelo Instituto Nacional de Colonização e Reforma Agrária (Incra) com base nas Leis n. 4.504, de 30 de novembro de 1964, e 8.629, de 25 de fevereiro de 1993, ou em outra lei posterior com finalidade similar. (Incluído pela Lei n. 14.382, de 2022)
§ 1.º O registro e a averbação de que tratam os incisos I, II e III do *caput* deste artigo independem da comprovação do pagamento de quaisquer tributos, inclusive previdenciários. (Redação dada pela Lei n. 12.424, de 2011)
§ 2.º (Revogado) (Redação dada pela Lei n. 12.424, de 2011)".

> **Lei n. 14.382/2022**
>
> Art. 20. Ficam revogados:
>
> (...)
>
> VI – da Lei n. 10.406, de 10 de janeiro de 2002 (Código Civil):
>
> (...)
>
> c) o art. 1.494;
>
> (...)

A Lei do SERP revogou o art. 1.494 do Código Civil, que proibia o registro de duas hipotecas ou de uma hipoteca e outro direito real no mesmo dia, quando os beneficiários fossem pessoas diversas.[35] Havia a previsão de uma exceção, apenas no caso de a escritura ser de mesmo dia e conter a hora da lavratura.

A revogação, porém, parece-nos inócua, pois o ordenamento jurídico seguirá proibindo o registro, no mesmo dia, de títulos com direitos reais contraditórios, tudo por força do art. 191 da LRP. Seguirá também excepcionando essa regra, no caso de escrituras de mesma data que indiquem taxativamente a hora de sua lavratura, consoante o art. 192 da LRP.

Portanto, a revogação do art. 1.494 do Código Civil não altera, na prática, absolutamente nada. Serve, apenas, como uma eliminação de uma redundância normativa.

Refutamos, assim, especulações no sentido de que os arts. 191 e 192 da LRP teriam sido revogados tacitamente. Isso, porque esses preceitos são mais amplos do que o art. 1.492 do CC, pois o último centrava-se na hipoteca, enquanto aqueles em qualquer direito real. A bem da verdade, o que transparece é que houve um lapso legislativo, esqueceram-se dos referidos dispositivos da Lei de Registros Públicos.

De todo modo, para manter a coerência, seria até conveniente a revogação dos dispositivos citados da LRP, dada reduzida utilidade prática em proibir o registro de títulos contraditórios no mesmo dia. O que importa, perante terceiros, é a ordem sequencial dos registros. Se eles foram lavrados no mesmo dia ou não, isso não enseja repercussão prática.

---

[35] CC/2002. "Art. 1.494. Não se registrarão no mesmo dia duas hipotecas, ou uma hipoteca e outro direito real, sobre o mesmo imóvel, em favor de pessoas diversas, salvo se as escrituras, do mesmo dia, indicarem a hora em que foram lavradas."

8
Tabelionato de Notas

8.1. Vedação a exigir testemunhas só pelo fato da deficiência (art. 7.º, § 2.º, da Lei n. 8.935/1994)

> **Art. 7.º** Aos tabeliães de notas compete com exclusividade:
> (...)
> **§ 2.º É vedada a exigência de testemunhas apenas em razão de o ato envolver pessoa com deficiência, salvo disposição em contrário.**
> (...)

Antes da Lei do SERP, existiam notícias de serventias que exigiam duas testemunhas da pessoa com deficiência visual para a prática de atos notariais. O motivo era que pessoas com deficiência visual não teriam condições de, sozinhas, manifestar a sua vontade perante um tabelião de notas.

Tratava-se, na nossa opinião, de restrição indevida. Além de inexistir lei que amparasse essa prática, o fato é que o tabelião de notas tem fé pública para atestar a manifestação de vontade da pessoa com deficiência visual. Ademais, o Estatuto da Pessoa com Deficiência (Lei n. 13.146/2015) passou a tratar a pessoa com deficiência como pessoa capaz, como regra, havendo conflito da regra anterior com essa última legislação, que tem força de Emenda à Constituição.

Além disso, o § 2.º do art. 7.º da Lei n. 8.935/1994 expressamente proíbe impor a presença de testemunhas apenas pelo fato de qualquer dos interessados ser pessoa com deficiência visual. Logo, pessoas com deficiência visual, sem necessidade de testemunhas, podem abrir fichas de reconhecimento de firma e fazer parte de negócios formalizados por escrituras públicas.

Por fim, destacamos que a exigência de testemunhas só é legítima quando houver lei expressa nesse sentido. É o caso, por exemplo, do testamento público, para o qual o art. 1.868, III, do CC impõe a presença de duas testemunhas instrumentárias.[1]

8.2. Outros serviços a serem prestados pelos tabeliães de notas (art. 7.º, § 5.º, da Lei n. 8.935/1994)

> **Art. 7.º** Aos tabeliães de notas compete com exclusividade:
> (...)
> **§ 5.º Os tabeliães de notas estão autorizados a prestar outros serviços remunerados, na forma prevista em convênio com órgãos públicos, entidades e empresas interessadas, respeitados os requisitos de forma previstos na Lei n. 10.406, de 10 de janeiro de 2002 (Código Civil). (Incluído pela Lei n. 14.382, de 2022.)**

---

[1] CC/2002. "Art. 1.868. O testamento escrito pelo testador, ou por outra pessoa, a seu rogo, e por aquele assinado, será válido se aprovado pelo tabelião ou seu substituto legal, observadas as seguintes formalidades: I – que o testador o entregue ao tabelião em presença de duas testemunhas; II – que o testador declare que aquele é o seu testamento e quer que seja aprovado; III – que o tabelião lavre, desde logo, o auto de aprovação, na presença de duas testemunhas, e o leia, em seguida, ao testador e testemunhas; IV – que o auto de aprovação seja assinado pelo tabelião, pelas testemunhas e pelo testador."

Aproveitando-se da *capilaridade* dos tabelionatos de notas ao longo do território brasileiro e da sua infraestrutura operacional, o § 5.º do art. 7.º da Lei n. 8.935/1994 autoriza que eles celebrem convênios com entidades públicas ou privadas para a prestação de serviços remunerados.

De todo modo, o dispositivo é muito aberto, sendo importante interpretá-lo de acordo com a finalidade pública dos tabelionatos de notas. Assim, não haveria obstáculo a que eles, por conta de convênios, expeçam documentos de identidade ou preste outros serviços de interesse da coletividade. Há, porém, serviços remunerados sem qualquer conexão com a atividade notarial e sem um interesse público como farol, não se podendo admitir convênios para esses casos. Para ilustrar, jamais se poderiam admitir convênios dos tabelionatos de notas com uma empresa revendedora de veículos para que o tabelião ofereça serviço de revenda de carros.

Entendemos que os convênios deverão ser homologados previamente pela instância correcional competente, visto que os novos serviços impactarão a dinâmica do funcionamento das serventias e, por isso, dependem de prévia fiscalização. Caberá a essa instância avaliar o interesse público envolvido.

9

Regularização Fundiária Urbana

9.1. Art. 76 da Lei do Reurb: procedimento eletrônico obrigatório para o Reurb

> **Art. 76.** O Sistema de Registro Eletrônico de Imóveis (SREI) será implementado e operado, em âmbito nacional, pelo Operador Nacional do Sistema de Registro Eletrônico de Imóveis (ONR).
>
> § 1.º O procedimento administrativo e os atos de registro decorrentes da Reurb serão feitos por meio eletrônico, nos termos dos arts. 37 a 41 da Lei n. 11.977, de 7 de julho de 2009. (Redação dada pela Lei n. 14.382/2022.)
>
> ....
>
> § 2.º O ONR será organizado como pessoa jurídica de direito privado, sem fins lucrativos.

§ 3.º (VETADO.)

§ 4.º Caberá à Corregedoria Nacional de Justiça do Conselho Nacional de Justiça exercer a função de agente regulador do ONR e zelar pelo cumprimento de seu estatuto.

§ 5.º As unidades do serviço de registro de imóveis dos Estados e do Distrito Federal integram o SREI e ficam vinculadas ao ONR.

§ 6.º Os serviços eletrônicos serão disponibilizados, sem ônus, ao Poder Judiciário, ao Poder Executivo federal, ao Ministério Público, aos entes públicos previstos nos regimentos de custas e emolumentos dos Estados e do Distrito Federal, e aos órgãos encarregados de investigações criminais, fiscalização tributária e recuperação de ativos.

§ 7.º A administração pública federal acessará as informações do SREI por meio do Sistema Nacional de Gestão de Informações Territoriais (Sinter), na forma de regulamento.

§ 8.º (VETADO.)

§ 9.º Fica criado o fundo para a implementação e custeio do SREI, que será gerido pelo ONR e subvencionado pelas unidades do serviço de registro de imóveis dos Estados e do Distrito Federal referidas no § 5.º deste artigo. **(Incluído pela Lei n. 14.118, de 2021.)**

§ 10. Caberá ao agente regulador do ONR disciplinar a instituição da receita do fundo para a implementação e o custeio do registro eletrônico de imóveis, estabelecer as cotas de participação das unidades de registro de imóveis do País, fiscalizar o recolhimento e supervisionar a aplicação dos recursos e as despesas do gestor, sem prejuízo da fiscalização ordinária e própria como for prevista nos estatutos. **(Incluído pela Lei n. 14.118, de 2021.)**

Com a Lei do SERP, os serviços notariais e registrais estão preordenados a oferecer seus serviços integralmente de modo eletrônico, conforme já expusemos (Capítulos 2 e 3). As vantagens em matéria de celeridade, eficiência e publicidade são inegáveis. Nesse mesmo sentido, o § 1.º do art. 76 da Lei do Reurb – Lei da Regularização Fundiária Urbana, Lei n. 13.465/2007 – estende essa digitalização aos processos administrativos e aos atos de registro envolvendo os procedimentos de regularização fundiária urbana. Cabe às entidades públicas que conduzem esses procedimentos manterem-no na via digital, facilitando aos usuários o acesso e a prática de atos.

10
Incorporação Imobiliária

10.1. Introdução

A Lei do SERP (Lei n.º 14.382/2022), apesar de estar focada na digitalização dos serviços notariais e registrais, aproveitou o ensejo para promover alguns ajustes em outras leis que impactam, de forma direta ou indireta, o mercado imobiliário. Veremos, a partir de agora, as mudanças feitas na Lei de Incorporação Imobiliária (Lei n. 4.591/1964).

10.2. Art. 31-E da Lei de Incorporação Imobiliária: forma e efeitos da extinção do patrimônio de afetação

> **Art. 31-E.** O patrimônio de afetação extinguir-se-á pela: (Incluído pela Lei n.º 10.931, de 2004.)

> I – averbação da construção, registro dos títulos de domínio ou de direito de aquisição em nome dos respectivos adquirentes e, quando for o caso, extinção das obrigações do incorporador perante a instituição financiadora do empreendimento; (Incluído pela Lei n.º 10.931, de 2004.)
>
> II – revogação em razão de denúncia da incorporação, depois de restituídas aos adquirentes as quantias por eles pagas (art. 36), ou de outras hipóteses previstas em lei; e (Incluído pela Lei n.º 10.931, de 2004.)
>
> III – liquidação deliberada pela assembleia geral nos termos do art. 31-F, § 1.º. (Incluído pela Lei n.º 10.931, de 2004.)
>
> **§ 1.º (VETADO.) (Incluído pela Lei n. 14.382, de 2022.) § 2.º Por ocasião da extinção integral das obrigações do incorporador perante a instituição financiadora do empreendimento e após a averbação da construção, a afetação das unidades não negociadas será cancelada mediante averbação, sem conteúdo financeiro, do respectivo termo de quitação na matrícula matriz do empreendimento ou nas respectivas matrículas das unidades imobiliárias eventualmente abertas. (Incluído pela Lei n. 14.382, de 2022.)**
>
> **§ 3.º (VETADO.) (Incluído pela Lei n. 14.382, de 2022.)**
>
> **§ 4.º Após a denúncia da incorporação, proceder-se-á ao cancelamento do patrimônio de afetação, mediante o cumprimento das obrigações previstas neste artigo, no art. 34 desta Lei e nas demais disposições legais. (Incluído pela Lei n. 14.382, de 2022.)**

Emolumentos e forma para cancelamento do patrimônio de afetação pela conclusão do objeto ou pela denúncia

A Lei do SERP acresce os §§ 2.º e 4.º ao art. 31-E da Lei n. 4.591/1964 para estabelecer valores mais módicos de emolumentos para os atos de averbação do patrimônio de afetação e para esclarecer o modo de formalização registral do seu cancelamento, nas hipóteses de conclusão do objeto (art. 31-E, II) ou de denúncia (art. 34).

Como é notório, o patrimônio de afetação é um instituto jurídico-real em razão do qual um conjunto de bens fica ligado prioritariamente à satisfação de determinadas obrigações. No caso de incorporação imobiliária, é facultado ao incorporador instituir o regime de patrimônio de afetação, vinculando os bens relacionados ao empreendimento, caso do terreno, da construção e dos direitos de crédito, à satisfação prioritária das dívidas decorrentes do empreendimento (art. 31-A da Lei n. 4.591/1964). Com o regime de patrimônio de afetação, os credores vinculados ao empreendimento terão maiores chances de receber o crédito no caso de insolvência do incorporado, pois, ao menos com relação aos bens afetados, terão prioridade na sua excussão diante de outros credores.

Entre os credores do empreendimento, os mais citados e recorrentes são a instituição financeira financiadora e os adquirentes das unidades autônomas, mas há outros, como empregados, os fornecedores de insumos e os prestadores de serviço em geral. Desses credores o legislador procurou dar ênfase à instituição financiadora e aos adquirentes. Isso é constatado pelo fato de que uma das hipóteses que autorizam o cancelamento do regime de patrimônio de afetação é a extinção da dívida do financiamento, cumulada com a averbação da construção em conjunto com o registro dos títulos translativos em favor dos adquirentes e a averbação da construção (art. 31-E, I, da Lei n. 4.591/1964). Trata-se de hipótese de extinção do patrimônio de afetação pela conclusão do objeto.

Do ponto de vista registral, a instituição do regime de patrimônio de afetação é registrada na *matrícula-mãe*, com espelhamento para as *matrículas-filhas* que tiverem sido abertas. O cancelamento, por consequência, ocorrerá por averbação na *matrícula-mãe* e nas *matrículas-filhas*, em nome do *princípio da continuidade*. Entendemos que, se todas as *matrículas-filhas* tiverem sido abertas, será suficiente a averbação apenas nelas, tendo em vista que a *matrícula-mãe* já terá sido esvaziada em matéria de disponibilidade objetiva.

O § 2.º do art. 31-E da Lei n. 4.591/1964 traz esse esclarecimento e, preocupando-se com o valor dos emolumentos, estabelece que os atos de averbação de extinção do patrimônio de afetação deverão ser considerados sem conteúdo financeiro. Disso decorre que, na tabela de emolumentos, esses atos deverão ser buscados na coluna de atos sem conteúdo financeiro, para os quais o valor dos emolumentos costuma ser mais módico.

Questão interessante é definir se o registrador poderá cobrar emolumentos por cada ato de averbação: o realizado na *matrícula-mãe* e os praticados nas *matrículas-filhas*. Entendemos que não. O registrador só poderá cobrar emolumentos por um único ato, tendo em vista a presunção de ato único previsto no art. 237-A da LRP para atos jurídicos-reais globais. Esclareça-se que o referido dispositivo menciona que a presunção de ato único para fins de emolumentos dá-se para atos jurídicos-reais globais "até a conclusão das obras de infraestrutura ou da construção", o que alcança, inclusive, os atos praticados por conta dessa averbação das obras. A preposição "até" abrange o "inclusive". Os atos de averbação da extinção do patrimônio de afetação por conta da conclusão das obras devem ser considerados como abrangidos pela presunção de ato único para fins de emolumentos do art. 237-A da LRP, ainda que cronologicamente eles sejam praticados depois da averbação da conclusão das obras.

Suponha que a averbação da conclusão das obras ocorra hoje e que, só no próximo mês, o incorporador apresenta o requerimento de averbação da extinção do patrimônio de afetação, apresentando todos os documentos necessários (como o termo de extinção da dívida perante a instituição financiadora da obra, na forma do art. 31-E, I, da Lei n. 4.591/1964). Nesse caso, o registrador só poderá cobrar o valor de emolumentos correspondente a um único ato de averbação sem conteúdo financeiro, apesar de ter de praticar atos de averbação na matrícula-mãe e nas matrículas-filhas.

Suponha, porém, que, no mesmo momento do requerimento da averbação da conclusão das obras, a incorporadora requeira também a averbação da extinção do patrimônio de afetação. Nesse caso, a presunção de ato único do art. 237-A da LRP alcançará todos esses atos: pagar-se-á emolumentos apenas por um ato de averbação sem conteúdo financeiro em troca das duas averbações na matrícula-mãe (a da construção e a da extinção do patrimônio de afetação) e das consequentes averbações de espelhamento nas matrículas-filhas.

Embora consideremos que essa presunção de ato único só deveria ser aplicada para empreendimentos envolvendo pessoas de baixa renda, tendo em vista que essas formas indiretas de gratuidade acabam impulsionando o aumento da tabela de emolumentos como forma de compensação dessas gratuidades indiretas, não há como entender diferente: *legem habemus*.

Seguindo a análise da norma, o § 4.º do art. 31-E da Lei n. 4.591/1964 faz esclarecimentos sobre outra hipótese de extinção do patrimônio de afetação, qual seja a denúncia da incorporação. Trata-se, na realidade, da desistência do incorporador em prosseguir no empreendimento. O referido dispositivo explicita que a averbação do cancelamento nessa hipótese depende do cumprimento, pelo incorporador, dos deveres previstos no próprio art. 31-E, no art. 34[1] e em outras leis. De modo mais específico, deve-se

---

[1] Lei n. 4.591/1964. "Art. 34. O incorporador poderá fixar, para efetivação da incorporação, prazo de carência, dentro do qual lhe é lícito desistir do empreendimento.

comprovar a extinção da dívida perante a instituição financiadora e os adquirentes (arts. 31-E, § 2.º, e 36 da Lei n. 4.591/1964), além de se demonstrar a notificação dos adquirentes acerca da denúncia da incorporação (art. 34, § 4.º, da Lei n. 4.591/1964).

Na qualificação registral para a averbação do cancelamento do patrimônio de afetação, o RI deverá fiscalizar o cumprimento dessas obrigações. Quanto às obrigações que não tiverem sido levadas ao fólio real – o que inclui a notificação de que trata o § 4.º do art. 34 da Lei n. 4.591/1964 –, o registrador deve satisfazer-se com uma declaração do incorporador sobre o seu cumprimento. Afinal de contas, não há como o registrador saber quem seriam os credores. Com relação às obrigações levadas ao fólio real – por exemplo, uma hipoteca registrada para o financiador –, o registrador deve exigir um termo de quitação do credor.

Por fim, dois foram os vetos presidenciais no art. 31-A da Lei n. 4.591/1964. O primeiro foi feito ao seu § 1.º, que previa o cancelamento automático do patrimônio de afetação com relação a cada unidade autônoma que recebesse o registro de título translativo acompanhado do termo de quitação da dívida do financiamento da construção. Esse preceito dispensava a prática de um ato de averbação específico para o cancelamento. Vejamos as razões do veto:

> "Art. 10 do Projeto de Lei de Conversão, na parte em que inclui o § 1.º ao art. 31-E da Lei n. 4.591, de 16 de dezembro de 1964.
>
> '§ 1.º Na hipótese prevista no inciso I do *caput* deste artigo, uma vez averbada a construção, o registro de cada contrato de compra e venda ou de promessa de venda, acompanhado do respectivo termo de quitação da instituição financiadora da construção, importará a extinção automática do patrimônio de afetação em relação à respectiva unidade, sem necessidade de averbação específica'.

---

§ 1.º A fixação do prazo de carência será feita pela declaração a que se refere a alínea 'n', do art. 32 onde se fixem as condições que autorizarão o incorporador a desistir do empreendimento. § 2.º Em caso algum poderá o prazo de carência ultrapassar o têrmo final do prazo da validade do registro ou, se fôr o caso, de sua revalidação. § 3.º Os documentos preliminares de ajuste, se houver, mencionarão, obrigatòriamente, o prazo de carência, inclusive para efeitos do art. 45. § 4.º A desistência da incorporação será denunciada, por escrito, ao Registro de Imóveis ... (VETADO) ... e comunicada, por escrito, a cada um dos adquirentes ou candidatos à aquisição, sob pena de responsabilidade civil e criminal do incorporador. § 5.º Será averbada no registro da incorporação a desistência de que trata o parágrafo anterior arquivando-se em cartório o respectivo documento. § 6.º O prazo de carência é improrrogável."

Razões do veto.

A proposição legislativa dispõe acerca da extinção do patrimônio de afetação na hipótese prevista no inciso I do *caput* do art. 31-E da Lei n. 4.591, de 16 de dezembro de 1964, e determina que, uma vez averbada a construção, o registro de cada contrato de compra e venda ou de promessa de venda, acompanhado do respectivo termo de quitação da instituição financiadora da construção, importaria a extinção automática do patrimônio de afetação em relação à respectiva unidade, sem necessidade de averbação específica.

Contudo, apesar da boa intenção do legislador, a medida contraria o interesse público, pois extingue o patrimônio de afetação quando do registro da compra e venda, ou seja, em momento anterior à entrega do imóvel, retirando da competência do incorporador a sua obrigação de entrega pronta e gerando um possível passivo de indenizações por obras inacabadas, o que pode trazer fragilidade ao ambiente de negócios".

Do ponto de vista da prático, esse veto gera apenas uma consequência: segue necessária a prática de um ato de averbação específica na matrícula para o cancelamento do patrimônio de afetação. Isso, porém, não representa nenhum ônus financeiro expressivo diante da dimensão econômica do empreendimento, ainda mais considerando-se que essa averbação será vista como ato sem conteúdo financeiro para efeitos de emolumentos (art. 31-E, § 2.º, da Lei n. 4.591/1964). Entendemos que o § 2.º do art. 31-E da Lei n. 4.591/1964 também se aplica, por analogia, aos casos de matrículas-filhas de unidades negociadas, apesar de ele só fazer menção às unidades não negociadas. Isso, porque a averbação nas matrículas-filhas decorre dos princípios da especialidade do fato jurídico e da continuidade e porque a falta de conteúdo financeiro para a averbação da extinção do patrimônio de afetação precisa ser uniforme por imperativo lógico. Seria disparatado que esse ato fosse reputado conteúdo financeiro apenas pelo fato de a unidade já ter sido negociada, ainda mais considerando que todo esse problema redacional decorreu da superveniência do veto ao § 1.º do art. 31-E da Lei n. 4.591/1964.

O segundo veto disse respeito ao § 3.º do art. 31-E da Lei n. 4.591/1964, que estabelecia a subsistência do regime especial de tributação (RET) para a incorporação imobiliária. O RET é previsto nos arts. 1.º ao 11-A da Lei n. 10.931/2004. Seguem as razões do veto:

"Art. 10 do Projeto de Lei de Conversão, na parte em que inclui o § 3.º ao art. 31-E da Lei n. 4.591, de 16 de dezembro de 1964

'§ 3.º A extinção no patrimônio de afetação nas hipóteses do inciso I do *caput* e do § 1.º deste artigo não implica a extinção do regime de tributação instituído pelo art. 1.º da Lei n. 10.931, de 2 de agosto de 2004'.

Razões do veto

A proposição legislativa estabelece que a extinção no patrimônio de afetação nas hipóteses do inciso I do *caput* e do § 1.º do art. 31-E da Lei n. 4.591, de 16 de dezembro de 1964, implicaria a extinção do regime de tributação instituído pelo art. 1.º da Lei n. 10.931, de 2 de agosto de 2004, o qual dispõe que 'fica instituído o regime especial de tributação aplicável às incorporações imobiliárias, em caráter opcional e irretratável enquanto perdurarem direitos de crédito ou obrigações do incorporador junto aos adquirentes dos imóveis que compõem a incorporação'.

Entretanto, a despeito da boa intenção do legislador, a proposição legislativa incorre em vício de inconstitucionalidade, pois, por emenda parlamentar, foi incluída matéria de conteúdo temático estranho ao objeto originário da Medida Provisória n. 1.085, de 27 de dezembro de 2021, tendo em vista que houve a extensão do regime de tributação diferenciado de que trata o art. 1.º da Lei n. 10.931, de 2004, em violação ao princípio democrático e ao devido processo legislativo, nos termos do disposto no parágrafo único do art. 1.º, no *caput* do art. 2.º e no *caput* e no inciso LIV do art. 5.º da Constituição.

Ademais, cumpre ressaltar que a alteração destoa dos objetivos dispostos na referida Medida Provisória, que são essencialmente de cunho procedimental, com vistas à modernização, à simplificação e à agilização dos procedimentos relativos aos registros públicos de atos e negócios jurídicos, de que trata a Lei n. 6.015, de 31 de dezembro de 1973 – Lei de Registros Públicos, e de incorporações imobiliárias, de que trata a Lei n. 4.591, de 16 de dezembro de 1964".

Parece-nos que esse veto não traz qualquer repercussão prática, uma vez que o dispositivo vetado era pleonástico. Isso porque, à luz do art. 11-A da Lei n. 10.931/2004, o RET vigora até o pagamento integral do valor das vendas. O referido dispositivo não atrela o fim do RET ao cancelamento do patrimônio de afetação. A propósito do tema, esclarece Maciel da Silva Braz:

"(...) em entendimento manifestado na Solução de Consulta DISIT/SRRF07 n. 7.045/2014, o Fisco deu a entender que também estão sujeitas ao RET e à alíquota de 4% (quatro por cento), as receitas decorrentes das vendas das unidades imobiliárias após extinção do patrimônio de afetação".[2]

Seja como for, o dispositivo analisado, apesar de pleonástico, tinha o mérito de impedir eventual interpretação em sentido contrário por parte dos órgãos fazendários.

10.3. Procedimento registral e efeitos jurídicos do registro da incorporação no Cartório de Imóveis (art. 32 da Lei de Incorporação Imobiliária; revogação do art. 12 da Lei n. 4.864/1965; e art. 20, I, da Lei n. 14.382/2022)

Lei de Incorporação Imobiliária (Lei n. 4.591/1964)

Art. 32. O incorporador somente poderá alienar ou onerar as frações ideais de terrenos e acessões que corresponderão às futuras unidades autônomas após o registro, no registro de imóveis competente, do memorial de incorporação composto pelos seguintes documentos: (Redação dada pela Lei n. 14.382, de 2022.)

a) título de propriedade de terreno, ou de promessa, irrevogável e irretratável, de compra e venda ou de cessão de direitos ou de permuta do qual conste cláusula de imissão na posse do imóvel, não haja estipulações impeditivas de sua alienação em frações ideais e inclua consentimento para demolição e construção, devidamente registrado;

b) certidões negativas de impostos federais, estaduais e municipais, de protesto de títulos de ações cíveis e criminais e de ônus reais relativamente ao imóvel, aos alienantes do terreno e ao incorporador;

c) histórico dos títulos de propriedade do imóvel, abrangendo os últimos 20 anos, acompanhado de certidão dos respectivos registros;

d) projeto de construção devidamente aprovado pelas autoridades competentes;

---

[2] BRAZ, Maciel da Silva. A tributação das receitas auferidas após a extinção do patrimônio de afetação no regime especial de tributação. *Revista de Direito Tributário Atual*, n. 40, 2018. Disponível em: https://ibdt.org.br/RDTA/a-tributacao-das-receitas-auferidas--apos-a-extincao-do-patrimonio-de-afetacao-no-regime-especial-de-tributacao/#:~:-text=7.045%2F2014%2C%20o%20Fisco%20deu,extin%C3%A7%C3%A3o%20do%20patrim%C3%B4nio%20de%20afeta%C3%A7%C3%A3o.

e) cálculo das áreas das edificações, discriminando, além da global, a das partes comuns, e indicando, para cada tipo de unidade a respectiva metragem de área construída;

f) certidão negativa de débito para com a Previdência Social, quando o titular de direitos sôbre o terreno fôr responsável pela arrecadação das respectivas contribuições;

g) memorial descritivo das especificações da obra projetada, segundo modêlo a que se refere o inciso IV, do art. 53, desta Lei;

h) avaliação do custo global da obra, atualizada à data do arquivamento, calculada de acôrdo com a norma do inciso III, do art. 53 com base nos custos unitários referidos no art. 54, discriminando-se, também, o custo de construção de cada unidade, devidamente autenticada pelo profissional responsável pela obra;

i) instrumento de divisão do terreno em frações ideais autônomas que contenham a sua discriminação e a descrição, a caracterização e a destinação das futuras unidades e partes comuns que a elas acederão; (Redação dada pela Lei n. 14.382, de 2022.)

j) minuta de convenção de condomínio que disciplinará o uso das futuras unidades e partes comuns do conjunto imobiliário; (Redação dada pela Lei n. 14.382, de 2022.)

l) declaração em que se defina a parcela do preço de que trata o inciso II, do art. 39;

m) certidão do instrumento público de mandato, referido no § 1.º do artigo 31;

n) declaração expressa em que se fixe, se houver, o prazo de carência (art. 34);

....

o) ~~atestado de idoneidade financeira, fornecido por estabelecimento de crédito que opere no País há mais de cinco anos.~~ (Revogado pela Lei n. 14.382, de 2022.)

p) declaração, acompanhada de plantas elucidativas, sôbre o número de veículos que a garagem comporta e os locais destinados à guarda dos mesmos. **(Alínea incluída pela Lei n. 4.864, de 29.11.1965.)**

§ 1.º A documentação referida neste artigo, após o exame do Oficial de Registro de Imóveis, será arquivada em cartório, fazendo-se o competente registro.

§ 1.º-A O registro do memorial de incorporação sujeita as frações do terreno e as respectivas acessões a regime condominial especial, investe o incorporador e os futuros adquirentes na faculdade de sua livre disposição ou oneração e independe de anuência dos demais condôminos. (Redação dada pela Lei n. 14.382, de 2022.)

§ 2.º Os contratos de compra e venda, promessa de venda, cessão ou promessa de cessão de unidades autônomas são irretratáveis e, uma vez registrados, conferem direito real oponível a terceiros, atribuindo direito a adjudicação compulsória perante o incorporador ou a quem o suceder, inclusive na hipótese de insolvência posterior ao término da obra. (Redação dada pela Lei n.º 10.931, de 2004.)

§ 3.º O número do registro referido no § 1.º, bem como a indicação do cartório competente, constará, obrigatoriamente, dos anúncios, impressos, publicações, propostas, contratos, preliminares ou definitivos, referentes à incorporação, salvo dos anúncios "classificados".

§ 4.º O Registro de Imóveis dará certidão ou fornecerá, a quem o solicitar, cópia fotostática, heliográfica, termofax, microfilmagem ou outra equivalente, dos documentos especificados neste artigo, ou autenticará cópia apresentada pela parte interessada.

§ 5.º A existência de ônus fiscais ou reais, salvo os impeditivos de alienação, não impedem o registro, que será feito com as devidas ressalvas, mencionando-se, em todos os documentos, extraídos do registro, a existência e a extensão dos ônus.

§ 6.º Os oficiais do registro de imóveis terão 10 (dez) dias úteis para apresentar, por escrito, todas as exigências que julgarem necessárias ao registro e, satisfeitas as referidas exigências, terão o prazo de 10 (dez) dias úteis para fornecer certidão e devolver a segunda via autenticada da documentação, quando apresentada por meio físico, com exceção dos documentos públicos, e caberá ao oficial, em caso de divergência, suscitar a dúvida, segundo as normas processuais aplicáveis. (Redação dada pela Lei n. 14.382, de 2022)

§ 7.º O Oficial de Registro de Imóveis responde, civil e criminalmente, se efetuar o arquivamento de documentação contraveniente à lei ou der certidão ... (VETADO) ... sem o arquivamento de todos os documentos exigidos.

§ 8.º O Oficial do Registro de Imóveis, que não observar os prazos previstos no § 6.º ficará sujeito a penalidade imposta pela autoridade judiciária competente em montante igual ao dos emolumentos devidos pelo registro de que trata êste artigo, aplicável por quinzena ou fração de quinzena de superação de cada um daqueles prazos. (**Incluído pela Lei n. 4.864, de 29.11.1965.**)

§ 9.º Oficial do Registro de Imóveis não responde pela exatidão dos documentos que lhe forem apresentados para arquivamento em obediência ao disposto nas alíneas *e*, *g*, *h*, *l*, e *p* dêste artigo, desde que assinados pelo profissional responsável pela obra. (**Incluído pela Lei n. 4.864, de 29.11.1965.**)

§ 10. As plantas do projeto aprovado (alínea *d* dêste artigo) poderão ser apresentadas em cópia autenticada pelo profissional responsável pela obra, acompanhada de cópia da licença de construção. **(Incluído pela Lei n. 4.864, de 29.11.1965.)**

§ 11. Até 30 de junho de 1966 se, dentro de 15 (quinze) dias de entrega ao Cartório do Registro de Imóveis da documentação completa prevista neste artigo, feita por carta enviada pelo Ofício de Títulos e Documentos, não tiver o Cartório de Imóveis entregue a certidão de arquivamento e registro, nem formulado, por escrito, as exigências previstas no § 6.º, considerar-se-á de pleno direito completado o registro provisório. **(Incluído pela Lei n. 4.864, de 29.11.1965.)**

§ 12. O registro provisório previsto no parágrafo anterior autoriza o incorporador a negociar as unidades da incorporação, indicando na sua publicação o número do Registro de Títulos e Documentos referente à remessa dos documentos ao Cartório de Imóveis, sem prejuízo, todavia, da sua responsabilidade perante o adquirente da unidade e da obrigação de satisfazer as exigências posteriormente formuladas pelo Cartório, bem como, de completar o registro definitivo. **(Incluído pela Lei n. 4.864, de 29.11.1965.)**

§ 13. Na incorporação sobre imóvel objeto de imissão na posse registrada conforme item 36 do inciso I do art. 167 da Lei n.º 6.015, de 31 de dezembro de 1973, fica dispensada a apresentação, relativamente ao ente público, dos documentos mencionados nas alíneas *a*, *b*, *c*, *f* e *o* deste artigo, devendo o incorporador celebrar contrato de cessão de posse com os adquirentes das unidades autônomas, aplicando-se a regra prevista nos §§ 4.º, 5.º e 6.º do art. 26 da Lei n.º 6.766, de 19 de dezembro de 1979. **(Incluído pela Lei n. 12.424, de 2011.)**

§ 14. Quando demonstrar de modo suficiente o estado do processo e a repercussão econômica do litígio, a certidão esclarecedora de ação cível ou penal poderá ser substituída por impressão do andamento do processo digital. **(Incluído pela Lei n. 14.382, de 2022.)**

§ 15. O registro do memorial de incorporação e da instituição do condomínio sobre as frações ideais constitui ato registral único. **(Incluído pela Lei n. 14.382, de 2022.)**

Lei n. 4.864/1965

~~Art. 12. Fica elevado para 180 (cento e oitenta) dias o prazo de validade de registro da incorporação a que se refere o art. 33 da Lei n. 4.591, de 16 de dezembro de 1964.~~ **(Revogado pela Lei n. 14.382, de 2022.)**

> **Lei n. 14.382/2022**
>
> Art. 20. Ficam revogados:
>
> I – a alínea o do *caput* do art. 32 da Lei n. 4.591, de 16 de dezembro de 1964;
>
> II – o art. 12 da Lei n.º 4.864, de 29 de novembro de 1965;
>
> (...)

Aprimoramento redacional

O *caput* do art. 32 da Lei n. 4.591/1964 foi aprimorado pela Lei do SERP para deixar clara a imprescindibilidade do registro da incorporação – o que se dá com a apresentação do memorial da incorporação com outros documentos legalmente exigidos –, previamente à alienação ou oneração das "futuras unidades autônomas".

Igual aprimoramento redacional foi feito nas alíneas *i* e *j* do referido art. 32 da Lei de Incorporação Imobiliária, com o objetivo de deixar claro que entre os documentos a serem apresentados pelo incorporador no momento do registro da incorporação estão a convenção de condomínio e o instrumento de discriminação das futuras unidades autônomas. Não há propriamente uma inovação legislativa nessa alteração. O objetivo foi o de nomenclatura, para deixar mais claro que, com o registro da incorporação, nasce um condomínio de frações ideais autônomas e que, com a futura conclusão da obra, nascerá as futuras unidades autônomas. O objetivo do legislador foi usar as expressões "frações ideais autônomas" e "futuras unidades autônomas" para evitar confusões terminológicas. Foi deixar clara a existência da figura do condomínio protoedilício, que abordaremos abaixo.

Dispensa de atestado de idoneidade financeira no registro da incorporação

A lei deixa de exigir do incorporador no momento do registro de incorporação o atestado de idoneidade financeira fornecido por instituição de crédito que opere há mais de cinco anos. Foi, pois, revogada expressamente a alínea *o* do art. 32 da Lei n. 4.591/1964.

Na prática, na visão do coautor Carlos Eduardo Elias de Oliveira, além das dificuldades de obtenção dessas declarações, elas possuíam pouca serventia. A apuração da idoneidade financeira do incorporador deve ser feita pelos demais documentos, como as certidões negativas de protestos (art. 32, *b*, da Lei n. 4.591/1964).

De todo modo, para o segundo coautor, Flávio Tartuce, a norma visava dar lastro e idoneidade econômica para a incorporação, trazendo uma maior segurança aos adquirentes, sobretudo aos consumidores. Lamenta-se, portanto, a revogação do texto legal, que diminui a certeza do sucesso do empreendimento imobiliário.

Regime condominial especial (condomínio protoedilício)

Com o registro da incorporação imobiliária, nasce o "regime condominial especial", por força do qual é viável a alienação ou a oneração individualizada das futuras unidades autônomas, independentemente da anuência dos demais (art. 32, § 1.º-A, da Lei n. 4.591/1964).

Essa situação é batizada de "condomínio por frações autônomas" pelo inc. II do § 10 do art. 213 da LRP. Parece-nos mais adequado considerá-lo um *condomínio protoedilício*, pois ele é um "nascituro" do futuro condomínio edilício.

O § 1.º-A do art. 32 da Lei n. 4.591/1964 é importante para deixar claro que regras do condomínio tradicional, como o direito de preferência dos condôminos no caso de venda da fração ideal (art. 504 do CC), não são aplicáveis ao condomínio protoedilício.

Fim da irretratabilidade compulsória dos contratos de alienação das unidades autônomas

A Lei do SERP revogou o § 2.º do art. 32 da Lei n. 4.591/1964, que previa a irretratabilidade dos contratos de alienação de unidades autônomas, norma que se endereçava tanto ao adquirente quanto ao incorporador.

Com essa revogação, fica aberto o debate para a retratação do contrato, seja por parte do adquirente, seja pelo incorporador. As condições negociais para a retratação poderão ser ajustadas pelas partes, com estipulação de multas. Além disso, o Poder Judiciário tenderá a coibir resilições unilaterais meramente oportunistas das incorporadoras – como as destinadas a revender o imóvel por um preço maior –, pois o abuso de direito é um obstáculo à resilição unilateral, por interpretação conjunta dos arts. 187 e 473 do Código Civil.[3]

De mais a mais, com a revogação em pauta, o adquirente fica livre para resilir o contrato por motivos pessoais, como por eventual emergência ou grave dificuldade financeira, sem necessidade de justificativas. Antes da revogação, o cabimento da resilição unilateral era objeto de controvérsia.[4]

Apesar da liberdade contratual, entendemos que a resilição unilateral por parte do incorporador só é cabível nas hipóteses de denúncia da incorporação dentro do prazo de carência na forma dos arts. 34, 35 e 36 da Lei n. 4.591/1964. Isso, porque, após esse prazo de carência, há dever legal de o incorporador ultimar o empreendimento em favor dos adquirentes das unidades autônomas futuras. Daí se intui o descabimento de ele, por mera vontade imotivada, resilir unilateralmente o contrato de alienação. Em acréscimo, podemos também condenar a resilição unilateral por parte do incorporador com base na vedação ao comportamento contraditório: o incorporador cria a legítima expectativa no adquirente de que só abortará do empreendimento no caso de denúncia da incorporação dentro do prazo de carência, razão por que ele não pode frustrar essa legítima expectativa por meio de resilição unilateral.

Essa proibição de resilição unilateral pelo incorporador fora dos casos de denúncia da incorporação dentro do prazo de carência só pode ser flexibilizada em casos excepcionais, como aqueles em que o adquirente não é consumidor e em que, pelo contexto do caso concreto, a resilição unilateral não seja abusiva à luz do art. 187 do CC. Pense, por exemplo,

---

[3] CC/2002. "Art. 187. Também comete ato ilícito o titular de um direito que, ao exercê-lo, excede manifestamente os limites impostos pelo seu fim econômico ou social, pela boa-fé ou pelos bons costumes. Art. 473. A resilição unilateral, nos casos em que a lei expressa ou implicitamente o permita, opera mediante denúncia notificada à outra parte. Parágrafo único. Se, porém, dada a natureza do contrato, uma das partes houver feito investimentos consideráveis para a sua execução, a denúncia unilateral só produzirá efeito depois de transcorrido prazo compatível com a natureza e o vulto dos investimentos."

[4] Sobre o tema, reportamo-nos a este artigo: OLIVEIRA, Carlos Eduardo Elias de; SILVA, Bruno Mattos e. A recente Lei do Distrato (Lei n. 13.786/2018): o novo cenário jurídico dos contratos de aquisição de imóveis em regime de incorporação imobiliária e em loteamento. *Conjur*, 9 jan. 2019. Disponível em: https://www.conjur.com.br/2019-jan-09/opiniao-lei-distrato-contratos-aquisicao-imoveis. Acesso em: 2 out. 2022.

em um caso em que o adquirente é, na verdade, a empresa controladora da própria incorporadora.

Prazo de qualificação registral para o registro da incorporação imobiliária

O § 6.º do art. 32 da Lei n. 4.591/1964, em pleonasmo, reitera o prazo de qualificação registral previsto no art. 188 da LRP (item 7.2), de dez dias úteis. Estabelece, porém, um prazo maior do que o geral para o registrador, após receber os documentos apresentados em cumprimento às exigências da nota devolutiva, realizar os atos de registro e emitir a certidão, novamente dez dias úteis. O prazo geral é a metade, conforme o art. 188, § 1.º, III, da Lei n. 6.015/1973. Pensamos não haver motivos para o tratamento diferenciado e tal distinção deve-se mais a um lapso legislativo do que a uma efetiva opção do legislador.

Acresça-se que, por lapso legislativo, deixou-se de revogar, ainda que parcialmente, o § 2.º do art. 237-A da LRP, que previa prazo diferente para a qualificação registral de título de incorporação imobiliária. Consideramos que houve revogação tácita de parte desse dispositivo, o qual só segue em vigor para os casos de parcelamento do solo. Reportamo-nos ao que expusemos no item 7.12.

Equivalência do andamento do processo digital com a certidão

Conforme o § 14 do art. 32 da Lei n. 4.591/1964, no procedimento de registro de incorporação imobiliária, caso existam ações cíveis ou penais, será admitida a apresentação da impressão do andamento do processo digital no lugar de uma certidão, desde que sejam demonstrados o estado do processo e a repercussão econômica do litígio. Desse modo, o incorporador não precisará buscar certidões específicas de determinados feitos judiciais. A regra guarda paralelismo com o procedimento de registro do loteamento (art. 18, § 7.º, da Lei n. 6.766/1979; *vide* item 11.2).

Registro da incorporação abrange a instituição do condomínio

O registro do memorial de incorporação já acarreta a instituição do condomínio protoedilício (= condomínio de frações ideais autônomas). Um ato único de registro gera dois efeitos jurídicos: surgimento da incorporação imobiliária e nascimento do condomínio protoedilício. Trata-se de efeitos jurídicos inseparáveis e congênitos.

É assim que deve ser interpretado o § 15 do art. 32 da Lei n. 4.591/1964, que, com uma redação um pouco confusa, menciona que "o registro do memorial de incorporação e da instituição do condomínio sobre as frações ideais constitui ato registral único".

Na matrícula do imóvel, o registrador deverá lançar apenas um ato de registro, que gerará os dois efeitos acima.

Em termos de técnica registral, convém que o ato de registro seja intitulado como "Incorporação e instituição de condomínio de frações ideais autônomas", com expressa menção ao § 15 do art. 32 da Lei n. 4.591/1964.

Não é adequado que o registrador pratique dois atos de registro: um para a incorporação e outro para a instituição do condomínio protoedilício. Isso, porque os dois efeitos jurídicos são siameses, inseparáveis.

10.4. Alteração do prazo de eficácia da documentação apresentada com o registro de incorporação (art. 33 da Lei de Incorporação Imobiliária)

Art. 33. Se, após 180 (cento e oitenta) dias da data do registro da incorporação, ela ainda não se houver concretizado, por meio da formalização da alienação ou da oneração de alguma unidade futura, da contratação de financiamento para a construção ou do início das obras do empreendimento, o incorporador somente poderá negociar unidades depois de averbar a atualização das certidões e de eventuais documentos com prazo de validade vencido a que se refere o art. 32 desta Lei. (Redação dada pela Lei n. 14.382, de 2022.)

Parágrafo único. Enquanto não concretizada a incorporação, o procedimento de que trata o *caput* deste artigo deverá ser realizado a cada 180 (cento e oitenta) dias. (Incluído pela Lei n. 14.382, de 2022.)

Art. 20. Ficam revogados:

(...)

II – o art. 12 da Lei n. 4.864, de 29 de novembro de 1965;

O novo texto do art. 33 da Lei n. 4.591/1964 aumenta para cento e oitenta dias o prazo de eficácia da documentação apresentada para o registro da incorporação. Além disso, o incorporador só terá de atualizar essa documentação se, no curso desse prazo, não tiver promovido alienação ou oneração de unidade futura, não tiver iniciado as obras, tampouco contraído financiamento para a construção. Por consequência, a Lei do SERP revogou o art. 12 da Lei n. 4.864/1965, pois ele previa ser esse prazo de cento e vinte dias.

10.5. Dever do incorporador de prestar informações aos adquirentes durante as obras e procedimento extrajudicial e efeitos da destituição do incorporador pela comissão de representantes (art. 43 da Lei de Incorporação Imobiliária)

Art. 43. Quando o incorporador contratar a entrega da unidade a prazo e preços certos, determinados ou determináveis, mesmo quando pessoa física, ser-lhe-ão impostas as seguintes normas:

I – encaminhar à comissão de representantes: (Redação dada pela Lei n. 14.382, de 2022.)

a) a cada 3 (três) meses, o demonstrativo do estado da obra e de sua correspondência com o prazo pactuado para entrega do conjunto imobiliário; e (Incluído pela Lei n. 14.382, de 2022.)

b) quando solicitada, a relação dos adquirentes com os seus endereços residenciais e eletrônicos, devendo os integrantes da comissão de representantes, no tratamento de tais dados, atender ao disposto na Lei n. 13.709, de 14 de agosto de 2018 (Lei Geral de Proteção de Dados Pessoais), no que for aplicável; (Incluído pela Lei n. 14.382, de 2022.)

II – responder civilmente pela execução da incorporação, devendo indenizar os adquirentes ou compromissários, dos prejuízos que a êstes advierem do fato de não se concluir a edificação ou de se retardar injustificadamente a conclusão das obras, cabendo-lhe ação regressiva contra o construtor, se fôr o caso e se a êste couber a culpa;

III – em caso de falência do incorporador, pessoa física ou jurídica, e não ser possível à maioria prosseguir na construção das edificações, os subscritores ou candidatos à aquisição de unidades serão credores privilegiados pelas quantias que houverem pago ao incorporador, respondendo subsidiàriamente os bens pessoais dêste;

IV – é vedado ao incorporador alterar o projeto, especialmente no que se refere à unidade do adquirente e às partes comuns, modificar as especificações, ou desviar-se do plano da construção, salvo autorização unânime dos interessados ou exigência legal;

V – não poderá modificar as condições de pagamento nem reajustar o preço das unidades, ainda no caso de elevação dos preços dos materiais e da mão-de-obra, salvo se tiver sido expressamente ajustada a faculdade de reajustamento, procedendo-se, então, nas condições estipuladas;

VI – se o incorporador, sem justa causa devidamente comprovada, paralisar as obras por mais de 30 dias, ou retardar-lhes excessivamente o andamento, poderá o Juiz notificá-lo para que no prazo mínimo de 30 dias as reinicie ou torne a dar-lhes o andamento normal. Desatendida a notificação, poderá o incorporador ser destituído pela maioria absoluta dos votos dos adquirentes, sem prejuízo da responsabilidade civil ou penal que couber, sujeito à cobrança executiva das importâncias comprovadamente devidas, facultando-se aos interessados prosseguir na obra (VETADO).

~~VII~~ **(Revogado pela Lei n. 10.931, de 2004.);**

VII – em caso de insolvência do incorporador que tiver optado pelo regime da afetação e não sendo possível à maioria prosseguir na construção, a assembléia geral poderá, pelo voto de 2/3 (dois terços) dos adquirentes, deliberar pela venda do terreno, das acessões e demais bens e direitos integrantes do patrimônio de afetação, mediante leilão ou outra forma que estabelecer, distribuindo entre si, na proporção dos recursos que comprovadamente tiverem aportado, o resultado líquido da venda, depois de pagas as dívidas do patrimônio de afetação e deduzido e entregue ao proprietário do terreno a quantia que lhe couber, nos termos do art. 40; não se obtendo, na venda, a reposição dos aportes efetivados pelos adquirentes, reajustada na forma da lei e de acordo com os critérios do contrato celebrado com o incorporador, os adquirentes serão credores privilegiados pelos valores da diferença não reembolsada, respondendo subsidiariamente os bens pessoais do incorporador. (Incluído pela Lei n. 10.931, de 2004.)

§ 1.º Deliberada a destituição de que tratam os incisos VI e VII do *caput* deste artigo, o incorporador será notificado extrajudicialmente pelo oficial do registro de imóveis da circunscrição em que estiver localizado o empreendimento para que, no prazo de 15 (quinze) dias, contado da data da entrega da notificação na sede do incorporador ou no seu endereço eletrônico: (Incluído pela Lei n. 14.382, de 2022.)

I – imita a comissão de representantes na posse do empreendimento e lhe entregue: (Incluído pela Lei n. 14.382, de 2022.)

a) os documentos correspondentes à incorporação; e (Incluído pela Lei n. 14.382, de 2022.)

b) os comprovantes de quitação das quotas de construção de sua responsabilidade a que se referem o § 5.º do art. 31-A e o § 6.º do art. 35 desta Lei; ou (Incluído pela Lei n. 14.382, de 2022.)

II – efetive o pagamento das quotas que estiverem pendentes, de modo a viabilizar a realização da auditoria a que se refere o art. 31-C desta Lei. (Incluído pela Lei n. 14.382, de 2022.)

§ 2.º Da ata da assembleia geral que deliberar a destituição do incorporador deverão constar os nomes dos adquirentes presentes e as seguintes informações: (Incluído pela Lei n. 14.382, de 2022.)

I – a qualificação; (Incluído pela Lei n. 14.382, de 2022.)

II – o documento de identidade; (Incluído pela Lei n. 14.382, de 2022.)

III – as inscrições no Cadastro de Pessoas Físicas (CPF) ou no Cadastro Nacional da Pessoa Jurídica (CNPJ) da Secretaria Especial da Receita Federal do Brasil do Ministério da Economia; (Incluído pela Lei n. 14.382, de 2022.)

IV – os endereços residenciais ou comerciais completos; e (Incluído pela Lei n. 14.382, de 2022.)

V – as respectivas frações ideais e acessões a que se vincularão as suas futuras unidades imobiliárias, com a indicação dos correspondentes títulos aquisitivos, públicos ou particulares, ainda que não registrados no registro de imóveis. (Incluído pela Lei n. 14.382, de 2022.)

§ 3.º A ata de que trata o § 2.º deste artigo, registrada no registro de títulos e documentos, constituirá documento hábil para: (Incluído pela Lei n. 14.382, de 2022.)

I – averbação da destituição do incorporador na matrícula do registro de imóveis da circunscrição em que estiver registrado o memorial de incorporação; e (Incluído pela Lei n. 14.382, de 2022.)

II – implementação das medidas judiciais ou extrajudiciais necessárias: (Incluído pela Lei n. 14.382, de 2022.)

a) à imissão da comissão de representantes na posse do empreendimento; (Incluído pela Lei n. 14.382, de 2022.)

b) à investidura da comissão de representantes na administração e nos poderes para a prática dos atos de disposição que lhe são conferidos pelos arts. 31-F e 63 desta Lei; (Incluído pela Lei n. 14.382, de 2022.)

c) à inscrição do respectivo condomínio da construção no CNPJ; e (Incluído pela Lei n. 14.382, de 2022.)

> d) quaisquer outros atos necessários à efetividade da norma instituída no *caput* deste artigo, inclusive para prosseguimento da obra ou liquidação do patrimônio da incorporação. (Incluído pela Lei n. 14.382, de 2022.)
>
> § 4.º As unidades não negociadas pelo incorporador e vinculadas ao pagamento das correspondentes quotas de construção nos termos do § 6.º do art. 35 desta Lei ficam indisponíveis e insuscetíveis de constrição por dívidas estranhas à respectiva incorporação até que o incorporador comprove a regularidade do pagamento. (Incluído pela Lei n. 14.382, de 2022.)
>
> § 5.º Fica autorizada a comissão de representantes a promover a venda, com fundamento no § 14 do art. 31-F e no art. 63 desta Lei, das unidades de que trata o § 4.º, expirado o prazo da notificação a que se refere o § 1.º deste artigo, com aplicação do produto obtido no pagamento do débito correspondente. (Incluído pela Lei n. 14.382, de 2022).

Dever do incorporador de prestar informações aos adquirentes durante as obras

O incorporador, trimestralmente, deve manter os adquirentes inteirados do andamento das obras e dos novos adquirentes (art. 43, I, da Lei n. 4.591/1964).

Além disso, é dever do incorporador fornecer à Comissão de Representantes a lista atualizada dos adquirentes (com seus endereços residenciais e eletrônicos), sempre que for demandado a tanto (art. 43, II, da Lei n. 4.591/1964). O motivo é a necessidade de a Comissão de Representantes manter consigo os dados dos adquirentes a fim de convocá-los para assembleias ou de lhes garantir o exercício de seus direitos. A Comissão de Representantes é, na verdade, fruto da aglomeração dos adquirentes para velar pelo bom andamento das obras. É evidente que os dados pessoais dos adquirentes devem ser guardados com a devida cautela, em respeito à sua privacidade: o inc. II do art. 43 da Lei n. 4.591/1964 é redundante nesse sentido.

Trata-se de regra salutar para prevenir os prejuízos que os adquirentes podem sofrer com atrasos ou interrupções das obras, atendendo-se o dever de informação decorrente da boa-fé objetiva, aplicável às relações civis e de consumo.

Procedimento extrajudicial de imissão da comissão de representantes na posse das obras

O art. 43, §§ 1.º a 5.º, da Lei n. 4.591/1964 prevê um procedimento extrajudicial de imissão da comissão de representantes na posse das obras. Nas hipóteses em que o incorporador seja destituído das obras, o § 1.º do art. 43 da Lei n. 4.591/1964 estabelece um procedimento extrajudicial para que a comissão de representantes se imita na posse e, assim, possa dar andamento às obras.

O procedimento consiste em uma notificação, feita por meio do Cartório de Registro de Imóveis, para que o incorporador, no prazo de quinze dias, ceda a posse, entregando os comprovantes de quitação das quotas de construção, ou, alternativamente, pague as quotas pendentes.

A destituição do incorporador é objeto de assembleia geral dos adquirentes, cuja ata deverá ser registrada no Cartório de Registro de Títulos e Documentos, serventia na qual já é registrada a ata da assembleia de constituição da comissão de representantes, na forma do § 1.º do art. 50 da Lei n. 4.591/1964.

Além disso, as unidades não negociadas pelo incorporador e vinculadas ao pagamento de quotas de construção não podem ser penhoradas por dívidas alheias à incorporação, enquanto o incorporador não comprovar a regularidade dos pagamentos. Poderá a comissão de representantes vender essas "unidades vagas", com aplicação dos recursos no pagamento dessas quotas de construção.

10.6. Ajuste redacional e questão do nascimento do condomínio antes da averbação da construção (art. 44 da Lei de Incorporação Imobiliária)

Art. 44. Após a concessão do habite-se pela autoridade administrativa, incumbe ao incorporador a averbação da construção em correspondência às frações ideais discriminadas na matrícula do terreno, respondendo perante os adquirentes pelas perdas e danos que resultem da demora no cumprimento dessa obrigação. (Redação dada pela Lei n. 14.382, de 2022.)

§ 1.º Se o incorporador não requerer a averbação (VETADO) o construtor requerê-la-á (VETADO) sob pena de ficar solidariamente responsável com o incorporador perante os adquirentes.

> § 2.º Na omissão do incorporador e do construtor, a averbação poderá ser requerida por qualquer dos adquirentes de unidade.

O *caput* do art. 44 da Lei de Incorporação Imobiliária teve a sua redação aprimorada para deixar mais clara a obrigação de o incorporador promover a averbação da construção, após a concessão do habite-se. Mais uma vez trata-se de norma que atende à boa-fé objetiva, vindo em boa hora.

10.7. Prazo para a designação de uma comissão de representantes (art. 50 da Lei de Incorporação Imobiliária)

> Art. 50. Será designada no contrato de construção ou eleita em assembleia geral a ser realizada por iniciativa do incorporador no prazo de até 6 (seis) meses, contado da data do registro do memorial de incorporação, uma comissão de representantes composta por, no mínimo, 3 (três) membros escolhidos entre os adquirentes para representá-los perante o construtor ou, no caso previsto no art. 43 desta Lei, o incorporador, em tudo o que interessar ao bom andamento da incorporação e, em especial, perante terceiros, para praticar os atos resultantes da aplicação do disposto nos art. 31-A a art. 31-F desta Lei. (Redação dada pela Lei n. 14.382, de 2022.)
>
> § 1.º Uma vez eleita a Comissão, cuja constituição se comprovará com a ata da assembléia, devidamente inscrita no Registro de Títulos e Documentos, esta ficará de pleno direito investida dos podêres necessários para exercer tôdas as atribuições e praticar todos os atos que esta Lei e o contrato de construção lhe deferirem, sem necessidade de instrumento especial outorgado pelos contratantes ou se fôr caso, pelos que se sub-rogarem nos direitos e obrigações dêstes.
>
> § 2.º A assembléia geral poderá, pela maioria absoluta dos votos dos adquirentes, alterar a composição da Comissão de Representantes e revogar qualquer de suas decisões, ressalvados os direitos de terceiros quanto aos efeitos já produzidos. **(Redação dada pela Lei 10.931, de 2004.)**
>
> § 3.º Respeitados os limites constantes desta Lei, o contrato poderá discriminar as atribuições da Comissão e deverá dispor sôbre os mandatos de seus membros, sua destituição e a forma de preenchimento das vagas eventuais, sendo lícita a estipulação de que o mandato conferido a qualquer membro, no caso de sub-rogação de seu contrato a terceiros, se tenha por transferido, de pleno direito, ao sub-rogatário, salvo se êste não o aceitar.

§ 4.º Nas incorporações em que o número de contratantes de unidades fôr igual ou inferior a 3, a totalidade dêles exercerá, em conjunto as atribuições que esta Lei confere à Comissão, aplicando-se, no que couber, o disposto nos parágrafos anteriores.

Além de aprimorar o texto do *caput* do art. 50 da Lei n. 4.591/1964, a nova norma fixou o prazo de seis meses para o incorporador promover a designação da comissão de representantes.

10.8. Loteamento e desmembramento com alienações "na planta" como espécies de incorporação imobiliária (art. 68 da Lei de Incorporação Imobiliária)

Art. 68. A atividade de alienação de lotes integrantes de desmembramento ou loteamento, quando vinculada à construção de casas isoladas ou geminadas, promovida por uma das pessoas indicadas no art. 31 desta Lei ou no art. 2.º-A da Lei n. 6.766, de 19 de dezembro de 1979, caracteriza incorporação imobiliária sujeita ao regime jurídico instituído por esta Lei e às demais normas legais a ele aplicáveis. (Redação dada pela Lei n. 14.382, de 2022.)

§ 1.º A modalidade de incorporação de que trata este artigo poderá abranger a totalidade ou apenas parte dos lotes integrantes do parcelamento, ainda que sem área comum, e não sujeita o conjunto imobiliário dela resultante ao regime do condomínio edilício, permanecendo as vias e as áreas por ele abrangidas sob domínio público. (Incluído pela Lei n. 14.382, de 2022.)

§ 2.º O memorial de incorporação do empreendimento indicará a metragem de cada lote e da área de construção de cada casa, dispensada a apresentação dos documentos referidos nas alíneas *e, i, j, l* e *n* do *caput* do art. 32 desta Lei. (Incluído pela Lei n. 14.382, de 2022.)

§ 3.º A incorporação será registrada na matrícula de origem em que tiver sido registrado o parcelamento, na qual serão também assentados o respectivo termo de afetação de que tratam o art. 31-B desta Lei e o art. 2.º da Lei n. 10.931, de 2 de agosto de 2004, e os demais atos correspondentes à incorporação. (Incluído pela Lei n. 14.382, de 2022.)

§ 4.º Após o registro do memorial de incorporação, e até a emissão da carta de habite-se do conjunto imobiliário, as averbações e os registros correspondentes aos atos e negócios relativos ao empreendimento sujeitam-se às normas do art. 237-A da Lei n. 6.015, de 31 de dezembro de 1973 (Lei de Registros Públicos). (Incluído pela Lei n. 14.382, de 2022.)

A Lei do SERP alterou o art. 68 da Lei n. 4.591/1964 para ampliar a abrangência da incorporação imobiliária. Consoante a norma, o parcelamento do solo, seja urbano ou rural, é equiparado a uma incorporação imobiliária quando envolver a construção de casas – isoladas ou geminadas – nos lotes. Por isso, as regras previstas na Lei n. 4.591/1964 serão aplicadas cumulativamente com as regras da Lei de Loteamentos (Lei n. 6.766/1979), havendo um regime jurídico híbrido para esses casos.

Não há obrigatoriedade de toda a área parcelada ser alcançada por esse regime jurídico híbrido. O empreendedor pode destinar apenas alguns lotes para serem vendidos com a obrigação de entrega de uma casa construída nele, hipótese em que se terá o regime híbrido mencionado com relação a esses lotes. Os lotes, porém, que forem vendidos "nus" – ou seja, sem obrigações de construção de casas – não serão sujeitos a esse regime híbrido, conforme prevê o § 1.º do art. 68 da Lei n. 4.591/1964.

Além disso, o regime híbrido aplica-se tanto para loteamento tradicional – aqueles em que as vias e os equipamentos públicos tornam-se bens públicos – quanto para loteamento condominial – aqueles que resultam em um condomínio de lotes, na forma do art. 1.358-A do CC.[5] Novamente é o que se depreende do § 1.º do art. 68 da Lei n. 4.591/1964.

Adiantamos que, no caso de loteamento condominial, as regras gerais da Lei n. 4.591/1964 sempre serão aplicadas, por força do inc. II do § 2.º do art. 1.358-A do Código Civil, conforme exposto no item 11.4 deste livro. Caso, porém, existam lotes sendo vendidos com a obrigação de entrega de uma casa a ser construída, as demais regras da Lei de Incorporação Imobiliária serão aplicadas.

---

[5] CC/2002. "Art. 1.358-A. Pode haver, em terrenos, partes designadas de lotes que são propriedade exclusiva e partes que são propriedade comum dos condôminos. (Incluído pela Lei n.º 13.465, de 2017.) § 1.º A fração ideal de cada condômino poderá ser proporcional à área do solo de cada unidade autônoma, ao respectivo potencial construtivo ou a outros critérios indicados no ato de instituição. (Incluído pela Lei n.º 13.465, de 2017.) § 2.º Aplica-se, no que couber, ao condomínio de lotes: (Redação dada pela Lei n.º 14.382, de 2022.) I – o disposto sobre condomínio edilício neste Capítulo, respeitada a legislação urbanística; e (Incluído pela Lei n.º 14.382, de 2022.) II – o regime jurídico das incorporações imobiliárias de que trata o Capítulo I do Título II da Lei n.º 4.591, de 16 de dezembro de 1964, equiparando-se o empreendedor ao incorporador quanto aos aspectos civis e registrários. (Incluído pela Lei n.º 14.382, de 2022.) § 3.º Para fins de incorporação imobiliária, a implantação de toda a infraestrutura ficará a cargo do empreendedor. (Incluído pela Lei n.º 13.465, de 2017.)"

Na prática, o regime jurídico híbrido protege mais os adquirentes dos lotes, geralmente consumidores, os quais, por exemplo, poderão valer-se das medidas de continuidade das obras no caso de falência do incorporador, por comissão de representantes (art. 31-F da Lei n. 4.591/1964).

De toda sorte, é preciso tomar cuidado com situações de conflitos entre a Lei n. 4.591/1964 e a Lei n. 6.766/1979, devendo a última prevalecer por ser a norma especial. Por exemplo, o limite de 10% do valor atualizado do contrato para as cláusulas penais compensatórias em contratos de alienação dos lotes está previsto no art. 32-A, II, da Lei n. 6.766/1979. Essa norma deve preponderar sobre o limite de 25% da quantia paga prevista no art. 67-A da Lei n. 4.591/1964.

Além disso, dentro da lógica do regime híbrido, entendemos ser cabível a instituição do regime de patrimônio de afetação previsto nos arts. 31-A e seguintes da Lei n. 4.591/1964. O próprio § 3.º do art. 68 da Lei n. 4.591/1964 faz expressa menção a tanto.

Do ponto de vista registral, no caso do regime híbrido, a informação de sua incidência constará da *matrícula-mãe* e esta receberá o registro do parcelamento e, em seguida, o registro da incorporação imobiliária (art. 68, § 3.º, da Lei n. 4.591/1964). Para esse último registro, o loteador deve apresentar os documentos obrigatórios previstos no art. 32 da Lei n. 4.591/1964, com exceção dos dispostos nas alíneas *e, i, j, l* e *n*,[6] os quais são inaplicáveis aos casos de loteamento, ainda mais em razão de o memorial de incorporação do empreendimento já indicar a metragem do lote e da área de construção de cada casa (art. 68, § 2.º, da Lei n. 4.591/1964).

Como última nota, a abertura das matrículas-filhas relativas a lotes ainda não alienados é facultativa, ao menos até a averbação do habite-se (art. 68, § 4.º, da Lei n. 4.591/1964; e art. 237-A da LRP).

---

[6] Lei n. 4.591/1964. "Art. 32. (...). e) cálculo das áreas das edificações, discriminando, além da global, a das partes comuns, e indicando, para cada tipo de unidade a respectiva metragem de área construída; (...) i) instrumento de divisão do terreno em frações ideais autônomas que contenham a sua discriminação e a descrição, a caracterização e a destinação das futuras unidades e partes comuns que a elas acederão; j) minuta de convenção de condomínio que disciplinará o uso das futuras unidades e partes comuns do conjunto imobiliário; l) declaração em que se defina a parcela do preço de que trata o inciso II, do art. 39; n) declaração expressa em que se fixe, se houver, o prazo de carência (art. 34)."

11
Parcelamento do Solo Urbano

11.1. Introdução

A Lei do SERP (Lei n. 14.382/2022), apesar de focar a digitalização dos serviços notariais e registrais, aproveitou o ensejo para promover alguns ajustes em outras leis que impactam, de forma direta ou indireta, o mercado imobiliário. Veremos a seguir as mudanças efetivadas na Lei do Parcelamento do Solo Urbano (Lei n. 6.766/1979).

11.2. Desburocratização na documentação no registro do loteamento (art. 18 da Lei de Loteamentos)

> Art. 18. Aprovado o projeto de loteamento ou de desmembramento, o loteador deverá submetê-lo ao registro imobiliário dentro de 180 (cento

e oitenta) dias, sob pena de caducidade da aprovação, acompanhado dos seguintes documentos:

(...)

IV – certidões:

a) dos cartórios de protestos de títulos, em nome do loteador, pelo período de 5 (cinco) anos; (Redação dada pela Lei n. 14.382, de 2022.)

b) de ações cíveis relativas ao loteador, pelo período de 10 (dez) anos; (Redação dada pela Lei n. 14.382, de 2022.)

c) da situação jurídica atualizada do imóvel; e (Redação dada pela Lei n. 14.382, de 2022.)

d) de ações penais contra o loteador, pelo período de 10 (dez) anos; (Redação dada pela Lei n. 14.382, de 2022.)

(...)

§ 6.º Na hipótese de o loteador ser companhia aberta, as certidões referidas na alínea *c* do inciso III e nas alíneas *a*, *b* e *d* do inciso IV do *caput* deste artigo poderão ser substituídas por exibição das informações trimestrais e demonstrações financeiras anuais constantes do sítio eletrônico da Comissão de Valores Mobiliários. (Incluído pela Lei n. 14.382, de 2022.)

§ 7.º Quando demonstrar de modo suficiente o estado do processo e a repercussão econômica do litígio, a certidão esclarecedora de ação cível ou penal poderá ser substituída por impressão do andamento do processo digital. (Incluído pela Lei n. 14.382, de 2022.)

Antes de promover o parcelamento do solo urbano, o empreendedor tem o dever de registrar o projeto de loteamento no Cartório de Registro de Imóveis competente, após aprovação do município, apresentando documentos essenciais à comprovação da sua idoneidade jurídica, financeira e moral. Nesse contexto, a Lei do SERP (Lei n. 14.382/2022) realizou as alterações mencionadas no art. 18 da Lei de Loteamentos (Lei n. 6.766/1979) com o objetivo de desburocratizar essa etapa.

De um lado, nomenclaturas ultrapassadas e imprecisas, como certidão de "ônus reais" ou "ações pessoais", são substituídas por termos mais atuais e precisos, como certidão da situação jurídica do imóvel ou de ações cíveis (art. 18, IV, *b* e *c*, da Lei n. 6.766/1979). A propósito da expressão "certidão da situação jurídica atualizada do imóvel", reportamo-nos ao que expusemos no item 3.5 desta obra.

Questão curiosa é saber se o empreendedor poderia apresentar a certidão de inteiro teor da matrícula no lugar da certidão da situação jurídica atualizada do imóvel. Entendemos pela viabilidade. Afinal, a certidão de inteiro teor da matrícula é mais completa do que esta última certidão. O fato de a interpretação da certidão de inteiro teor da matrícula exigir maior domínio técnico de quem a analisa não é impeditivo, pois o destinatário dessa certidão é, na verdade, o registrador de imóveis perante o qual será feito o registro do loteamento. Além disso, terceiros que tenham interesse em consultar os dados encontrarão informações mais completas acerca da situação jurídico-real do imóvel.

De outro lado, diminuiu-se o período de cobertura da certidão de protesto de títulos exigida do loteador, de dez para cinco anos (art. 18, IV, *a*, da Lei n. 6.766/1979). Trata-se de redução plenamente justificável pelo fato de que, na prática, grande parte das dívidas costuma prescrever em, no máximo, cinco anos, por se tratar de dívidas líquidas – certas quanto à existência e determinadas quanto ao seu valor – constantes de instrumento público ou particular (art. 206, § 5.º, I, CC).[1] Ademais, o próprio ordenamento jurídico elegeu esse lapso como parâmetro para cancelamento de alguns cadastros negativos de inadimplentes, a exemplo do que prevê o § 1.º do art. 43 do CDC[2]. Como outro argumento, dívidas já extintas antes há mais de um quinquênio não podem depor contra a idoneidade financeira do loteador, à luz de um critério de razoabilidade.

Desburocratizou-se a forma de apresentação das certidões de feitos judiciais civis e penais. Admite-se que, no caso de a certidão de feitos judiciais ser positiva, o loteador possa esclarecer a repercussão econômica ou o estado do processo por meio de mera impressão do *site* do Tribunal sobre o andamento do processo digital. Basta que essa impressão demonstre suficientemente o estado do processo e a repercussão econômica da demanda (art. 18, § 7.º, da Lei n. 6.766/1979). Não há necessidade, nesses casos, de o loteador buscar uma "certidão esclarecedora de ação civil ou penal", para usar as palavras desse retrocitado dispositivo. Afinal de contas, a fidedignidade dessas informações disponíveis no *site* do Tribunal é suficiente para o procedimento, ainda mais levando-se em conta que o próprio registrador

---

[1] CC/2002. "Art. 206. Prescreve: (...). § 5.º Em cinco anos: I – a pretensão de cobrança de dívidas líquidas constantes de instrumento público ou particular."
[2] CDC. Lei n. 8.078/1990. "Art. 43. (...). § 1.º Os cadastros e dados de consumidores devem ser objetivos, claros, verdadeiros e em linguagem de fácil compreensão, não podendo conter informações negativas referentes a período superior a cinco anos."

pode conferir-lhe a autenticidade mediante consulta ao *site*. Realmente, é penoso exigir obrigatoriamente uma certidão expedida por cada tribunal detalhando cada processo existente, quando as informações estão disponíveis no *site*. A regra guarda paralelismo com o procedimento de registro da incorporação imobiliária (art. 32, § 4.º, da Lei n. 6.766/1979; *vide* item 10.3).

Igualmente, no caso de sociedades anônimas (S.As.) com capital aberto – *grosso modo*, as que negociam seus ativos na Bolsa de Valores –, não faz sentido aferir a sua idoneidade financeira para seguir com um parcelamento do solo urbano com base em certidões, pois essa informação é muito mais bem sublinhada com espeque nos documentos contábeis a que são obrigadas a divulgar.

Por isso, no caso dessas S.As. de capital aberto, dispensam-se as certidões relativas à sua idoneidade financeira e moral com a apresentação das informações trimestrais e demonstrações financeiras anuais, disponíveis no *site* da Comissão de Valores Mobiliários. Afinal de contas, esses documentos são suficientes para comprovar a idoneidade financeira e moral dessas companhias abertas. Certidões de protestos, de ações cíveis ou ações penais podem ser substituídas, especialmente levando-se em conta que a existência de protesto ou de ações cíveis contra companhias abertas não possui grande significado, uma vez que é até tolerável e corriqueiro haver ações ou protesto contra grandes empresas.

11.3. Ajustes meramente redacionais quanto ao procedimento de registro de loteamento no Cartório de Imóveis (art. 19 da Lei de Loteamentos)

Art. 19. O oficial do registro de imóveis, após examinar a documentação e se encontrá-la em ordem, deverá encaminhar comunicação à Prefeitura e fará publicar, em resumo e com pequeno desenho de localização da área, edital do pedido de registro em 3 (três) dias consecutivos, o qual poderá ser impugnado no prazo de 15 (quinze) dias corridos, contado da data da última publicação. (Redação dada pela Lei n. 14.382, de 2022.)

§ 1.º Findo o prazo sem impugnação, será feito imediatamente o registro. Se houver impugnação de terceiros, o Oficial do Registro de Imóveis intimará o requerente e a Prefeitura Municipal, ou o Distrito Federal quando for o caso, para que sobre ela se manifestem no prazo de 5 (cinco) dias, sob pena de arquivamento do processo. Com tais manifestações o processo será enviado ao juiz competente para decisão.

§ 2.º Ouvido o Ministério Público no prazo de 5 (cinco) dias, o juiz decidirá de plano ou após instrução sumária, devendo remeter ao interessado as vias ordinárias caso a matéria exija maior indagação.

§ 3.º Nas capitais, a publicação do edital se fará no Diário Oficial do Estado e num dos jornais de circulação diária. Nos demais municípios, a publicação se fará apenas num dos jornais locais, se houver, ou, não havendo, em jornal da região.

§ 4.º O Oficial do Registro de Imóveis que efetuar o registro em desacordo com as exigências desta Lei ficará sujeito a multa equivalente a 10 (dez) vezes os emolumentos regimentais fixados para o registro, na época em que for aplicada a penalidade pelo juiz corregedor do cartório, sem prejuízo das sanções penais e administrativas cabíveis.

§ 5.º Registrado o loteamento, o Oficial de Registro comunicará, por certidão, o seu registro à Prefeitura.

O *caput* do art. 19 da Lei de Loteamento teve sua redação aprimorada, sem mudança de conteúdo meritório, não havendo nada de novo nessa previsão alterada.[3]

11.4. Condomínio de lotes: equiparação do empreendedor ao incorporador para alguns efeitos jurídicos (art. 1.358-A, II, do CC)

Art. 1.358-A. Pode haver, em terrenos, partes designadas de lotes que são propriedade exclusiva e partes que são propriedade comum dos condôminos. (Incluído pela Lei n.º 13.465, de 2017.)

§ 1.º A fração ideal de cada condômino poderá ser proporcional à área do solo de cada unidade autônoma, ao respectivo potencial construtivo ou a outros critérios indicados no ato de instituição. (Incluído pela Lei n.º 13.465, de 2017.)

---

[3] A anterior redação do *caput* do art. 19 da Lei de Loteamentos era a seguinte: "Art. 19. Examinada a documentação e encontrada em ordem, o Oficial do Registro de Imóveis encaminhará comunicação à Prefeitura e fará publicar, em resumo e com pequeno desenho de localização da área, edital do pedido de registro em 3 (três) dias consecutivos, podendo este ser impugnado no prazo de 15 (quinze) dias contados da data da última publicação".

> § 2.º Aplica-se, no que couber, ao condomínio de lotes: (Redação dada pela Lei n. 14.382, de 2022.)
>
> I – o disposto sobre condomínio edilício neste Capítulo, respeitada a legislação urbanística; e (Incluído pela Lei n. 14.382, de 2022.)
>
> II – o regime jurídico das incorporações imobiliárias de que trata o Capítulo I do Título II da Lei n. 4.591, de 16 de dezembro de 1964, equiparando-se o empreendedor ao incorporador quanto aos aspectos civis e registrários. (Incluído pela Lei n. 14.382, de 2022.)
>
> § 3.º Para fins de incorporação imobiliária, a implantação de toda a infraestrutura ficará a cargo do empreendedor. (Incluído pela Lei n.º 13.465, de 2017.)

A Lei do SERP promoveu apenas uma inovação de mérito no art. 1.358-A do Código Civil, uma vez que estendeu as regras gerais de incorporação imobiliária – previstas nos arts. 28 ao 31 da Lei n. 4.591/1964 – aos condomínios de lotes, caso em que o empreendedor é equiparado ao incorporador, para fins civis e registrais (inc. II do § 2.º do art. 1.358-A do CC). Seguiu-se, assim e em parte, o teor do Enunciado n. 625, aprovado na *VIII Jornada de Direito Civil*, segundo o qual "a incorporação imobiliária que tenha por objeto o condomínio de lotes poderá ser submetida ao regime do patrimônio de afetação, na forma da lei especial". No mais, a Lei do SERP apenas fez ajustes redacionais (inc. I do § 2.º do art. 1.358-A do CC).

Assim, à luz do inc. II do § 2.º do art. 1.358 do CC, o condomínio de lotes – apesar de ser fruto de um parcelamento do solo urbano (sujeito à Lei de Loteamentos – Lei n. 6.766/1979) – será também regido pelas regras gerais de incorporação imobiliária, previstas nos arts. 28 ao 31 da Lei n. 4.591/1964 (Capítulo I do Título II).

Entretanto, não são todas as regras de incorporação imobiliária que foram estendidas, mas apenas essas regras gerais. Alertamos, de passagem, que há hipóteses em que as demais regras da Lei n.º 4.591/1964 seriam aplicadas subsidiariamente, e reportamo-nos ao que expusemos no item 10.8.

A aplicação subsidiária justifica-se pela semelhança das figuras. Em ambos os casos – parcelamento do solo urbano e incorporação –, há, no popular, uma venda de unidades autônomas "na planta". Diz-se "na planta" porque o loteador ou o empreendedor têm a obrigação de realizar obras de construção. No caso do loteador, essas obras são as de infraestrutura nas áreas comuns, como o asfaltado, as calçadas e as praças. No caso do incorporador, as obras são da edificação e de outras estruturas nas áreas comuns.

Do ponto de vista prático, a aplicação subsidiária ora destacada significa que se aplicam aos condomínios de lotes as seguintes regras: *a)* o alienante dos lotes, bem como os titulares dos terrenos que tenham contratado as obras de infraestrutura, são considerados loteadores se tiverem realizado vendas antes da conclusão dessas obras (arts. 29, parágrafo único, e 30 da Lei n. 4.591/1964[4]); *b)* o loteador pode ser: 1) o construtor ou o corretor de imóveis, com mandato especial para alienar os lotes; 2) o titular do direito real de propriedade ou do direito real de aquisição sobre o terreno objeto do parcelamento; ou, se for o caso, 3) o ente público desapropriante (art. 31, *a* a c e § 1.º, da Lei n. 4.591/1964[5]); *c)* a venda de lotes só poderá ser feita se, no lugar do terreno, houver ostensiva indicação de quem é o lotea-

---

[4] Lei n. 4.591/1964. "Art. 29. Considera-se incorporador a pessoa física ou jurídica, comerciante ou não, que embora não efetuando a construção, compromisse ou efetive a venda de frações ideais de terreno objetivando a vinculação de tais frações a unidades autônomas, (VETADO) em edificações a serem construídas ou em construção sob regime condominial, ou que meramente aceite propostas para efetivação de tais transações, coordenando e levando a têrmo a incorporação e responsabilizando-se, conforme o caso, pela entrega, a certo prazo, preço e determinadas condições, das obras concluídas. Parágrafo único. Presume-se a vinculação entre a alienação das frações do terreno e o negócio de construção, se, ao ser contratada a venda, ou promessa de venda ou de cessão das frações de terreno, já houver sido aprovado e estiver em vigor, ou pender de aprovação de autoridade administrativa, o respectivo projeto de construção, respondendo o alienante como incorporador. Art. 30. Estende-se a condição de incorporador aos proprietários e titulares de direitos aquisitivos que contratem a construção de edifícios que se destinem a constituição em condomínio, sempre que iniciarem as alienações antes da conclusão das obras."

[5] Lei n. 4.591/1964. "Art. 31. A iniciativa e a responsabilidade das incorporações imobiliárias caberão ao incorporador, que sòmente poderá ser: a) o proprietário do terreno, o promitente comprador, o cessionário dêste ou promitente cessionário com título que satisfaça os requisitos da alínea a do art. 32; b) o construtor ou corretor de imóveis; c) o ente da Federação imitido na posse a partir de decisão proferida em processo judicial de desapropriação em curso ou o cessionário deste, conforme comprovado mediante registro no registro de imóveis competente. § 1.º No caso da alínea b, o incorporador será investido, pelo proprietário de terreno, o promitente comprador e cessionário dêste ou o promitente cessionário, de mandato outorgado por instrumento público, onde se faça menção expressa desta Lei e se transcreva o disposto no § 4.º, do art. 35, para concluir todos os negócios tendentes à alienação das frações ideais de terreno, mas se obrigará pessoalmente pelos atos que praticar na qualidade de incorporador. (...)"

dor (art. 31, § 2.º, da Lei n. 4.591/1964[6]); e *d)* há solidariedade entre os loteadores (art. 31, § 3.º, da Lei n. 4.591/1964[7]).

Na prática, esses dispositivos acabam deixando mais claro quem responderá na condição de loteador pelas obrigações decorrentes do parcelamento, como as obrigações de realizar as obras de infraestrutura e, também, as de entregar os lotes aos adquirentes. Atende-se, assim, ao dever de informação, anexo à boa-fé objetiva.

Além disso, o objetivo do inc. II do § 2.º do art. 1.358-B do Código Civil é assegurar aos adquirentes algumas proteções próprias da Lei de Incorporação Imobiliária (Lei n. 4.591, de 16 de dezembro de 1964). Nesse contexto, importante lembrar que o regime da Lei de Loteamentos, embora guarde proximidade com o da Lei da Incorporação, parte do pressuposto de que a propriedade das vias de circulação é do município e, por isso, estabelece mecanismos por meio dos quais esse ente federativo pode constranger o loteador a realizar as obras nessas áreas públicas.

Não é assim no regime da Lei de Incorporação Imobiliária, uma vez que as ferramentas de coerção contra o incorporador partem da premissa de que as áreas comuns são privadas e, por isso, são manuseáveis pelos próprios particulares, ainda que por meio de uma comissão de representantes. Esse último regime é mais consentâneo para o condomínio de lotes, ao menos para efeitos de proteção aos adquirentes, nos aspectos cíveis e registrais.

---

[6] Art. 31, § 2.º, da Lei n. 4.591/1964: "Nenhuma incorporação poderá ser proposta à venda sem a indicação expressa do incorporador, devendo também seu nome permanecer indicado ostensivamente no local da construção".

[7] Art. 31, § 3.º, da Lei n. 4.591/1964: "Toda e qualquer incorporação, independentemente da forma por que seja constituída, terá um ou mais incorporadores solidariamente responsáveis, ainda que em fase subordinada a período de carência, referido no art. 34".

12
Pessoa Jurídica

12.1. Extinção da Eireli (art. 20, VI, *a* e *b*, e VII, da Lei n. 14.382/2022)

> Art. 20. Ficam revogados:
> (...)
> VI – da Lei n. 10.406, de 10 de janeiro de 2002 (Código Civil):
> a) o inciso VI do *caput* do art. 44;
> b) o Título I-A do Livro II da Parte Especial; e
> (...)

> VII – o art. 2.º da Lei n. 12.441, de 11 de julho de 2011, na parte em que altera, da Lei n. 10.406, de 10 de janeiro de 2002 (Código Civil):
>
> a) o inciso VI do *caput* do art. 44; e
>
> b) o Título I-A do Livro II da Parte Especial;
>
> (...)

Os dispositivos em pauta deixam claro, de forma definitiva, que a Empresa Individual de Responsabilidade Limitada (Eireli) foi extinta e retirada do ordenamento jurídico. Havia controvérsias doutrinárias, pois os juristas divergiam se a Lei do Ambiente de Negócios (Lei n. 14.195/2021) já havia ou não promovido essa extinção total dessa modalidade de pessoa jurídica.

O coautor Flávio Tartuce, por exemplo, respondia negativamente, como se retira da sua obra *Direito civil*, volume 1, na sua 18.ª edição, de 2022. Vejamos os argumentos que ali constaram:

> "A Lei da Liberdade Econômica – Lei 13.874/2019 –, ao incluir o § 7.º no art. 980-A do Código Civil trouxe a tentativa de limitar a desconsideração da personalidade jurídica da EIRELI aos casos de fraude. Nos termos da norma – que ressuscita o § 4.º do comando, que havia sido vetado –, 'somente o patrimônio social da empresa responderá pelas dívidas da empresa individual de responsabilidade limitada, hipótese em que não se confundirá, em qualquer situação, com o patrimônio do titular que a constitui, ressalvados os casos de fraude'. De todo modo, a minha opinião doutrinária é no sentido de que o novo diploma não tem o condão de afastar a desconsideração da personalidade jurídica nas hipóteses do art. 50 da codificação privada, ou seja, em havendo desvio de finalidade ou confusão patrimonial. Como se verá, o último dispositivo também foi alterado pela recente legislação.
>
> Cumpre ainda destacar que a lei de 2019 incluiu no sistema jurídico brasileiro a figura da sociedade limitada unipessoal, essa sim uma sociedade constituída por apenas uma pessoa, sem qualquer limite para a sua instituição ou a necessidade de integralização de capital mínimo. Conforme o art. 1.052, *caput*, do Código Civil, que não foi alterado, na sociedade limitada, a responsabilidade de cada sócio é restrita ao valor de suas quotas, mas todos respondem solidariamente pela integralização do capital social. Nos termos do seu § 1.º, a grande novidade no sistema, 'a sociedade limitada pode ser constituída por 1 (uma) ou mais pessoas'. Por fim, está previsto no § 2.º que, se

a sociedade for unipessoal, aplicar-se-ão ao documento de constituição do sócio único, no que couber, as disposições sobre o contrato social. Deve ficar claro que, obviamente, não há qualquer óbice para a incidência da desconsideração da personalidade jurídica para essas novas entidades.

Não se pode negar que a possibilidade de constituição da sociedade limitada unipessoal – que tem o meu total apoio, em prol da redução de burocracia e da valorização da autonomia privada –, em certa medida esvaziou a EIRELI, pois essa última traz a necessidade de integralização de um patrimônio mínimo de 100 salários mínimos. Entretanto, não se justificaria a extinção imediata da última figura, como se chegou a cogitar na tramitação da conversão da MP 881 em lei, com a sugestão de que todas as EIRELIs fossem convertidas automaticamente em sociedades unipessoais, o que geraria grande confusão na prática e ofenderia a própria liberdade econômica que se visou proteger com a Lei 13.874/2019. Na verdade, ambas as figuras devem conviver no meio social por alguns anos, havendo uma tendência de que a sociedade limitada unipessoal substitua, paulatinamente, a EIRELI.

Sendo assim, não me convence a argumentação de que a Lei 14.195/2021, aqui antes citada, tenha extinguido totalmente a EIRELI. Apesar de ter havido tentativas nesse sentido, não foram alterados ou revogados os arts. 44 e 980-A do Código Civil, tendo o Sr. Presidente da República vetado as propostas nesse sentido. A nova lei, na verdade, traz a seguinte previsão no seu art. 41: 'as empresas individuais de responsabilidade limitada existentes na data da entrada em vigor desta Lei serão transformadas em sociedades limitadas unipessoais independentemente de qualquer alteração em seu ato constitutivo. Parágrafo único. Ato do Drei disciplinará a transformação referida neste artigo'. Não há qualquer vedação quanto à impossibilidade de constituição de novas EIRELIs, no meu entender, apesar de se reconhecer que a opção por essa pessoa jurídica será rara.

Sobre o dispositivo, o Drei (Departamento de Registro Empresarial e Integração) editou o Ofício Circular SEI n. 3510/2021, destacando a revogação tácita dos últimos dispositivos da codificação privada, apesar de o dispositivo da Lei 14.195/2021 que trazia as revogações expressas ter sido vetado pelo Sr. Presidente da República. As orientações publicadas foram as seguintes: 'a) Incluir na ficha cadastral da empresa individual de responsabilidade limitada já constituída a informação de que foi 'transformada automaticamente para sociedade limitada, nos termos do art. 41 da Lei 14.195, de 26 de agosto de 2021'. b) Dar ampla publicidade sobre a extinção da Eireli e acerca da possibilidade de constituição da sociedade limitada por apenas uma pessoa, bem como realizar medidas necessárias à comunicação dos usuários acerca da conversão automática das Eireli em sociedades limitadas. c) Abster-se de arquivar a constituição de novas empresas individuais de responsabilidade limitada, devendo o usuário ser informado acerca da extinção dessa espécie de pessoa jurídica no ordenamento jurídico brasileiro e sobre a possibilidade de constituição de sociedade limitada por apenas uma pessoa. d) Até o recebimento do ofício mencionado no parágrafo 12, realizar normalmente o arquivamento de alterações e extinções de empresas individuais de responsabilidade limitada, até que ocorra a efetiva alteração do código e descrição da natureza jurídica nos sistemas da Redesim'.

Com o devido respeito, o item c da norma editada é totalmente ilegal, pois, repise-se, não houve revogação expressa e inquestionável dos comandos do Código Civil que tratam dessa modalidade de pessoa jurídica. A tese da revogação tácita por essa norma está distante, ainda, do que se debateu no processo legislativo e da própria intenção do legislador; não sendo possível juridicamente utilizar como argumento o art. 2.º da LINDB, uma vez que a Lei 14.195/2021 não trata de novas EIRELIs, mas apenas das anteriores".

Acrescente-se que, de fato, o dispositivo em pauta havia sido chancelado pelo Poder Legislativo, quando da tramitação do projeto de lei de conversão que gerou a Lei do Ambiente de Negócios (Lei n. 14.195/2021). No entanto, o Presidente da República, ao pretender vetar as alterações que se faziam à extinção da sociedade simples, acabou vetando o *caput* do art. 43 da Lei do Ambiente de Negócios, ficando *acéfalo* o restante do dispositivo. Com isso, deixou à deriva os dispositivos supracitados, que pretendiam inserir alterações no Código Civil, tratando de assembleia eletrônica, prescrição intercorrente, estabelecimento virtual e nome empresarial de sociedade anônima e de sociedade em comandita por ações.

Além disso, por desencontros nessa tramitação legislativa, a menção à Eireli persistiu no Código Civil, apesar de o art. 41 da Lei do Ambiente de Negócios ter convertido todas as Eirelis existentes em sociedades limitadas. Esse cenário deixou divergências sobre a vigência ou não dos dispositivos em pauta.

A Lei do SERP (Lei n. 14.382/2022) dissipa essa divergência, restabelecendo os dispositivos controversos supracitados. Ficam, pois, revogados os dispositivos do Código Civil que mencionam a Eireli, entram em vigor os dispositivos que estavam à deriva no art. 43 da Lei do Ambiente de Negócios e fica revogado esse último dispositivo.

De todo modo e por fim, pensamos que não haveria qualquer óbice ou prejuízo em manter no sistema mais uma alternativa de constituição de uma pessoa jurídica, qual seja a Eireli. Conviveria ela com a sociedade limitada unipessoal, sem qualquer problema de técnico ou de conflito, sendo a última a opção para a maioria das pessoas. Na verdade, o que se percebeu nos últimos anos foi uma verdadeira guerra ideológica a respeito do tema, em que se almejou – e se conseguiu, finalmente – extinguir essa pessoa jurídica, pelo fato de ter sido ela criada em governos anteriores, com outra vertente ideológica. E a sociedade, infelizmente, ficou à mercê desse embate, que somente trouxe mais confusão para as relações privadas.

12.2. Assembleias eletrônicas para pessoas jurídicas (art. 48-A do CC; art. 20, IX, da Lei n. 14.382/2022)

Código Civil

Art. 48-A. As pessoas jurídicas de direito privado, sem prejuízo do previsto em legislação especial e em seus atos constitutivos, poderão realizar suas assembleias gerais por meio eletrônico, inclusive para os fins do disposto no art. 59 deste Código, respeitados os direitos previstos de participação e de manifestação. (Incluído pela Lei n. 14.382, de 2022.)

Lei n. 14.382/2022

Art. 20. Ficam revogados:

(...)

IX – o art. 43 da Lei n. 14.195, de 26 de agosto de 2021.

De início, recorda-se que havia controvérsia sobre a vigência dos dispositivos citados desde a Lei do Ambiente de Negócios, conforme exposto no item 12.1. Com a Lei n. 14.382/2022, encerra-se a suposta divergência, reafirmando-se a posição destes autores, no sentido de que essa norma já estava em vigor.

Como fruto da tendência de digitalização das relações privadas – tendência que foi acelerada com as restrições e distanciamento social em tempos de pandemia da Covid-19 nos anos de 2020 e 2021 –, o art. 48-A do Código Civil autoriza que as assembleias de pessoas jurídicas possam ser feitas em meio eletrônico, desde que sejam assegurados aos participantes o direito de participação e manifestação. Assim, plataformas de videoconferências, como o *Zoom*, o *Google Meets* e até mesmo grupos de *WhatsApp* – que autorizam manifestações escritas dos participantes –, poderiam ser utilizadas.

Lembramos que existem outras regras especiais sobre o tema, que tratam de reuniões e assembleias digitais para as sociedades, como para as sociedades cooperativas (art. 43-A da Lei n. 5.764/1971), as sociedades anônimas (arts. 121, parágrafo único, e 124, § 2.º-A, da Lei n. 6.404/1976) e as sociedades limitadas (art. 1.080-A do Código Civil).

12.3. Local virtual da atividade empresarial: diferença com relação ao estabelecimento (art. 1.142, §§ 1.º a 3.º, do CC; art. 20, IX, da Lei n. 14.382/2022)

Código Civil

Art. 1.142. Considera-se estabelecimento todo complexo de bens organizado, para exercício da empresa, por empresário, ou por sociedade empresária.

§ 1.º O estabelecimento não se confunde com o local onde se exerce a atividade empresarial, que poderá ser físico ou virtual. (Incluído pela Lei n. 14.382, de 2022.)

§ 2.º Quando o local onde se exerce a atividade empresarial for virtual, o endereço informado para fins de registro poderá ser, conforme o caso, o endereço do empresário individual ou o de um dos sócios da sociedade empresária. (Incluído pela Lei n. 14.382, de 2022.)

§ 3.º Quando o local onde se exerce a atividade empresarial for físico, a fixação do horário de funcionamento competirá ao Município, observada a regra geral prevista no inciso II do *caput* do art. 3.º da Lei n. 13.874, de 20 de setembro de 2019. (Incluído pela Lei n. 14.382, de 2022.)

> **Lei n. 14.382/2022**
>
> Art. 20. Ficam revogados:
> (...)
> IX – o art. 43 da Lei n. 14.195, de 26 de agosto de 2021.

Mais uma vez, vale recordar que havia controvérsia sobre a vigência dos dispositivos mencionados desde a Lei do Ambiente de Negócios (Lei n. 14.195/2021), conforme exposto no item 12.1. Com a Lei n. 14.382/2022, encerra-se a suposta divergência, apesar da nossa posição segundo a qual essa norma estaria já em vigor.

Os §§ 1.º ao 3.º do art. 1.142 do Código Civil trazem esclarecimentos técnicos da dogmática do direito empresarial, especialmente para os casos de atividade empresarial virtual. Deixam claro, assim, que estabelecimento não se confunde com o imóvel onde funciona a atividade do empresário, o que vem em boa hora.

12.4. Facultar a indicação do objeto social no nome empresarial da sociedade anônima e da sociedade em comandita por ações (arts. 1.160, *caput*, e 1.161 do CC; e art. 20, IX, da Lei n. 14.382/2022)

> **Código Civil**
>
> Art. 1.160. A sociedade anônima opera sob denominação integrada pelas expressões 'sociedade anônima' ou 'companhia', por extenso ou abreviadamente, facultada a designação do objeto social. (Redação dada pela Lei n. 14.382, de 2022.)
>
> *Parágrafo único.* Pode constar da denominação o nome do fundador, acionista, ou pessoa que haja concorrido para o bom êxito da formação da empresa.
>
> Art. 1.161. A sociedade em comandita por ações pode, em lugar de firma, adotar denominação aditada da expressão 'comandita por ações', facultada a designação do objeto social. (Redação dada pela Lei n. 14.382, de 2022.)

> **Lei n. 14.382/2022**
>
> **Art. 20. Ficam revogados:**
> (...)
> IX – o art. 43 da Lei n. 14.195, de 26 de agosto de 2021.

Os dispositivos em pauta deixam claro que, no nome empresarial da sociedade anônima ou da sociedade comandita por ações, é facultado incluir a designação o objeto social.

13
Prescrição Intercorrente (art. 206-A do CC; e art. 20, IX, da Lei n. 14.382/2022)

Código Civil

Art. 206-A. A prescrição intercorrente observará o mesmo prazo de prescrição da pretensão, observadas as causas de impedimento, de suspensão e de interrupção da prescrição previstas neste Código e observado o disposto no art. 921 da Lei n. 13.105, de 16 de março de 2015 (Código de Processo Civil). (Redação dada pela Lei n. 14.382, de 2022.)

Lei n. 14.382/2022

Art. 20. Ficam revogados:

(...)

IX – o art. 43 da Lei n. 14.195, de 26 de agosto de 2021.

Novamente, recorda-se que havia controvérsia sobre a vigência dos dispositivos citados desde a Lei do Ambiente de Negócios, debate encerrado com a Lei do SERP, apesar da nossa posição compartilhada de que a norma já está em vigor desde 2021.

Assim, o novo art. 206-A do CC deixa claro que o prazo a ser levado em conta para a contagem da prescrição intercorrente é o mesmo prazo legal previsto para o exercício da pretensão do direito. O referido dispositivo apenas positiva o que já era pacificado na doutrina e na jurisprudência. Em suma, em nada inova no ordenamento jurídico brasileiro, estando em dúvida a necessidade dessa alteração legislativa.

Nesse contexto, já pontuavam Pablo Stolze Gagliano e Salomão Viana, desde o texto da Medida Provisória que deu origem à Lei n. 14.195/2021, o seguinte:

> "(...) o sentido a ser extraído do novo texto normativo é o de que o prazo para consumação da prescrição intercorrente é o mesmo prazo legalmente previsto para prescrição da pretensão original, que foi exercitada por meio da propositura da demanda. Convenhamos: trata-se da adoção de um critério lógico, cuja aplicação – pode-se arriscar – seria até intuitiva. Aliás, de tão intuitiva, a aplicação desse critério vem se dando de há muito, no âmbito jurisprudencial. Afinal, não teria sentido a criação, pelo intérprete, de um prazo para a prescrição intercorrente que fosse maior ou menor do que aquele que a própria lei já estabelece para a prescrição da pretensão que foi exercitada por meio da propositura da demanda. Anote-se, ainda, que a utilização, pelo aplicador do Direito, de prazos, para a prescrição intercorrente, distintos dos prazos que a própria ordem jurídica já estabelece, expressamente, para a prescrição da pretensão que foi exercitada por meio da propositura da demanda não passaria pelo crivo da aplicação do postulado da razoabilidade. Resta, por tudo isso, no máximo, somente uma palavra em favor da iniciativa legislativa: o enunciado do novo artigo tem a serventia de inserir, em texto legal, norma cuja existência na ordem jurídica já era percebida há muito tempo pelo intérprete, mas o intérprete não tinha à sua disposição um texto para se apoiar".[1]

---

[1] GAGLIANO, Pablo Stolze; VIANA, Salomão. A prescrição intercorrente e a nova MP n.º 1.040/21 (Medida Provisória de "Ambiente de Negócios"). *JusBrasil*, 2020. Disponível em: https://direitocivilbrasileiro.jusbrasil.com.br/artigos/1186072938/a-prescricao-intercorrente-e-a-nova-mp-n-1040-21-medida-provisoria-de-ambiente-de-negocios. Acesso em: 15 set. 2022.

Acrescentamos que a conclusão é exatamente a mesma sobre o texto vigente, tendo sido tal aspecto observado pelo Senador Irajá Silvestre, quando da tramitação do projeto de lei de conversão da Medida Provisória anterior na Lei n. 14.195/2021. Segundo ele, citando os últimos juristas em seu relatório,

> "(...) esse novo preceito apenas positiva o que já é pacífico na doutrina e na jurisprudência, como alertam os juristas baianos Pablo Stolze e Salomão Viana no seu artigo 'A Prescrição Intercorrente e a nova MP n.º 1.040/21 (Medida Provisória de Ambiente de Negócios)', publicado no *site* do JusBrasil referente ao 'Direito Civil Brasileiro', coordenado pelo professor Rodrigo Toscano de Brito. Todavia, a positivação aí é bem-vinda por consolidar interpretação e evitar divergências posteriores".

Em suma, reitere-se que não há qualquer mudança significativa no texto aprovado, agora de forma definitiva e sem mais debates, pela Lei do SERP.

14

Direito Real de Laje: extinção no caso de ruína da construção-base sem reconstrução em cinco anos (art. 1.510-E do CC)

> Art. 1.510-E. A ruína da construção-base implica extinção do direito real de laje, salvo: (Incluído pela Lei n.º 13.465, de 2017.)
>
> I – se este tiver sido instituído sobre o subsolo; (Incluído pela Lei n.º 13.465, de 2017.)
>
> **II – se a construção-base for reconstruída no prazo de 5 (cinco) anos. (Redação dada pela Lei n. 14.382, de 2022.)**
>
> Parágrafo único. O disposto neste artigo não afasta o direito a eventual reparação civil contra o culpado pela ruína. (Incluído pela Lei n.º 13.465, de 2017.)

    A Lei do SERP fez mera correção gramatical no inc. II do art. 1.510-E do CC, suprimindo o advérbio "não". Por falha redacional, esse advérbio ensejava uma interpretação absolutamente sem sentido, a de que, no caso de ruína da construção-base, o direito real de laje subsistiria apenas se a reconstrução ocorresse após cinco anos. Tratava-se de uma regra sem sentido algum, apontada em praticamente todas as obras de Direito Civil que comentavam o comando.

Com esse ajuste, fica claro que, havendo a ruína da construção-base, os interessados têm de reconstruí-la em até cinco anos, sob pena de extinção do direito real de laje.

15

Ajustes nas Regras de Proteção do Terceiro de Boa-Fé Adquirente de Imóvel (art. 54 da Lei n. 13.097/2015)

Art. 54. Os negócios jurídicos que tenham por fim constituir, transferir ou modificar direitos reais sobre imóveis são eficazes em relação a atos jurídicos precedentes, nas hipóteses em que não tenham sido registradas ou averbadas na matrícula do imóvel as seguintes informações: (Vigência)

I – registro de citação de ações reais ou pessoais reipersecutórias;

II – averbação, por solicitação do interessado, de constrição judicial, de que a execução foi admitida pelo juiz ou de fase de cumprimento de sentença, procedendo-se nos termos previstos no art. 828 da Lei n. 13.105, de 16 de março de 2015 (Código de Processo Civil); (Redação dada pela Lei n. 14.382, de 2022.)

III – averbação de restrição administrativa ou convencional ao gozo de direitos registrados, de indisponibilidade ou de outros ônus quando previstos em lei; e

IV – averbação, mediante decisão judicial, da existência de outro tipo de ação cujos resultados ou responsabilidade patrimonial possam reduzir

> seu proprietário à insolvência, nos termos do inciso IV do *caput* do art. 792 da Lei n. 13.105, de 16 de março de 2015 (Código de Processo Civil). (Redação dada pela Lei n. 14.382, de 2022.)
>
> § 1.º Não poderão ser opostas situações jurídicas não constantes da matrícula no registro de imóveis, inclusive para fins de evicção, ao terceiro de boa-fé que adquirir ou receber em garantia direitos reais sobre o imóvel, ressalvados o disposto nos arts. 129 e 130 da Lei n. 11.101, de 9 de fevereiro de 2005, e as hipóteses de aquisição e extinção da propriedade que independam de registro de título de imóvel. (Renumerado do parágrafo único com redação dada pela Lei n. 14.382, de 2022.)
>
> § 2.º Para a validade ou eficácia dos negócios jurídicos a que se refere o *caput* deste artigo ou para a caracterização da boa-fé do terceiro adquirente de imóvel ou beneficiário de direito real, não serão exigidas: (Incluído pela Lei n. 14.382, de 2022.)
>
> I – a obtenção prévia de quaisquer documentos ou certidões além daqueles requeridos nos termos do § 2.º do art. 1.º da Lei n. 7.433, de 18 de dezembro de 1985; e (Incluído pela Lei n. 14.382, de 2022.)
>
> II – a apresentação de certidões forenses ou de distribuidores judiciais. (Incluído pela Lei n. 14.382, de 2022.)

A Lei do SERP promoveu alteração nos incs. I e II e no § 2.º do art. 54 da Lei n. 13.097/2015. Esse dispositivo trata da proteção a terceiros de boa-fé que adquirem imóveis com base em uma matrícula "limpa", ou seja, livre de notícias de ônus ou restrições decorrentes de ações judiciais ou de medidas administrativas. Para tanto, o referido dispositivo estabelece o dever do beneficiário da restrição judicial ou administrativa em promover, ao menos, a "averbação-notícia" na matrícula do imóvel, a fim de dar ciência a terceiros.

Com a Lei do SERP, houve duas mudanças de mérito nessas regras. No mais, foram feitas meras atualizações de remissões contidas nos incs. II e IV do supracitado art. 54 da Lei n. 13.097/2015, pois esses preceitos reportavam-se a dispositivos no Estatuto Processual anterior e ora revogado, de 1973.

Em *primeiro lugar*, com o novo inc. II do art. 54 da Lei n. 13.097/2015, no caso de ações de execução, a averbação-notícia só será aceita se o juiz já tiver admitido a execução. A ideia é afastar averbações-notícias abusivas, decorrentes do mero ajuizamento de ações de execuções infundadas. Não ocorre o mesmo quando se tratar de cumprimento de sentença, pois, nesse caso, já há uma condenação judicial anterior certificando o direito do credor.

Em *segundo lugar*, conforme o § 2.º do art. 54 da Lei n. 13.097/2015, busca-se reforçar a proteção do terceiro adquirente, dispensando-o expressamente de requerer certidões de feitos judiciais. A ideia é blindar o terceiro adquirente de boa-fé de eventual evicção decorrente de algum processo judicial em trâmite contra o alienante. Quer-se afastar, por exemplo, eventual alegação de fraude à execução. Entendemos que o legislador poderia ter ido além na sua disciplina, eliminando brechas que ainda existem na proteção do terceiro adquirente.

A *primeira brecha* é a de que, em princípio, terceiros adquirentes de imóveis não estão imunizados diante de eventual fraude contra credores, uma hipótese de anulabilidade do negócio jurídico em favor de credores antes do ajuizamento de ações judiciais, prevista como vício social do negócio jurídico, entre os arts. 158 a 165 do Código Civil.[1]

A *segunda brecha* é a de que haverá o risco de o Poder Judiciário seguir declarando como ineficazes aquisições imobiliárias por fraude à execução ou por outro fato relacionado a alguma ação judicial em trâmite. Isso, porque a averbação-notícia da ação judicial não é facilitada ao autor da ação. Este,

---

[1] CC/2002. "Art. 158. Os negócios de transmissão gratuita de bens ou remissão de dívida, se os praticar o devedor já insolvente, ou por eles reduzido à insolvência, ainda quando o ignore, poderão ser anulados pelos credores quirografários, como lesivos dos seus direitos. § 1.º Igual direito assiste aos credores cuja garantia se tornar insuficiente. § 2.º Só os credores que já o eram ao tempo daqueles atos podem pleitear a anulação deles. Art. 159. Serão igualmente anuláveis os contratos onerosos do devedor insolvente, quando a insolvência for notória, ou houver motivo para ser conhecida do outro contratante. Art. 160. Se o adquirente dos bens do devedor insolvente ainda não tiver pago o preço e este for, aproximadamente, o corrente, desobrigar-se-á depositando-o em juízo, com a citação de todos os interessados. Parágrafo único. Se inferior, o adquirente, para conservar os bens, poderá depositar o preço que lhes corresponda ao valor real. Art. 161. A ação, nos casos dos arts. 158 e 159, poderá ser intentada contra o devedor insolvente, a pessoa que com ele celebrou a estipulação considerada fraudulenta, ou terceiros adquirentes que hajam procedido de má-fé. Art. 162. O credor quirografário, que receber do devedor insolvente o pagamento da dívida ainda não vencida, ficará obrigado a repor, em proveito do acervo sobre que se tenha de efetuar o concurso de credores, aquilo que recebeu. Art. 163. Presumem-se fraudatórias dos direitos dos outros credores as garantias de dívidas que o devedor insolvente tiver dado a algum credor. Art. 164. Presumem-se, porém, de boa-fé e valem os negócios ordinários indispensáveis à manutenção de estabelecimento mercantil, rural, ou industrial, ou à subsistência do devedor e de sua família. Art. 165. Anulados os negócios fraudulentos, a vantagem resultante reverterá em proveito do acervo sobre que se tenha de efetuar o concurso de credores. Parágrafo único. Se esses negócios tinham por único objeto atribuir direitos preferenciais, mediante hipoteca, penhor ou anticrese, sua invalidade importará somente na anulação da preferência ajustada."

na prática, tem grandes dificuldades de obter a autorização judicial de averbação-notícia, especialmente pelo rigor que alguns tribunais têm adotado ao exigir uma prova quase impossível de ser produzida, qual seja a de que o devedor estaria dilapidando o patrimônio ou a de que há um risco de inutilidade da providência jurisdicional. Citamos, por exemplo, o seguinte julgado:

> "Agravo de instrumento. Superveniente julgamento da lide. Constituição do título executo judicial. Persistência do interesse recursal. Ação monitória. Averbação premonitória. Artigo 828 do CPC. Cabimento. Requisitos da tutela provisória. Não preenchimento. Falta de demonstração da probabilidade do direito e do perigo de dano ou risco ao resultado útil do processo. Ausência de indícios de dilapidação de bens. Decisão mantida. Recurso conhecido e não provido. (...). 2. A averbação premonitória prevista no art. 828 do CPC, apesar de ser instituto típico da fase executiva, que se destina à proteção do credor, bem como de terceiros de boa-fé, no âmbito do processo executivo, em que há dívida líquida, certa e exigível para ser satisfeita, tem sido admitida, nos processos de conhecimento, por força da disposição contida no artigo 54, IV, da Lei 13.097/2015, de forma excepcional pela jurisprudência, desde que satisfeitos os requisitos da tutela provisória (fundada na urgência ou na evidência) disciplinada nos arts. 294 a 311 do CPC. 3. Afasta o reconhecimento do perigo de dano ou risco ao resultado útil do processo a falta de demonstração de que o requerido esteja dilapidando seus bens para frustrar futuramente a satisfação do crédito, porquanto a mera alegação de se tratar de único bem em nome do devedor alvejado para garantir outras dívidas correspondentes a quase integralidade do valor não é suficiente para caracterizar o perigo de dano irreparável. 4. Recurso conhecido e desprovido" (TJDFT, Acórdão 1393766, Processo 07010014120218079000, 1.ª Turma Cível, Rel. Des. Diva Lucy de Faria Pereira, *DJe* 02.02.2022).

O fato é que, ao dificultar a averbação-notícia da Lei n. 13.097/2015 exigindo requisitos inexistentes nessa lei, parte da jurisprudência acabou por abrir espaço para teses no sentido de que os credores que tiveram negados seus pedidos de averbação-notícia poderiam reivindicar a ineficácia de futuras alienações por fraude contra credores.

Talvez o correto teria sido a jurisprudência abandonar essa exigência de requisitos concessivos adicionais, tudo em atenção ao espírito da própria Lei n. 13.097/2015. Essa norma, ao eliminar a exigência de o terceiro adquirente obter certidões de feitos judiciais, estabeleceu o dever de o autor de ações contra o alienante promover a averbação, na matrícula, da existência dessa ação. A ideia seria a de que terceiros só precisassem consultar a matrícula do imóvel para avaliar os riscos de evicção proveniente de ações contra o devedor. A Lei n. 13.097/2015 não havia fixado nenhum dos requisitos da tutela provisória do Código de Processo Civil propositalmente, pois seu objetivo era facilitar ao autor da ação a averbação premonitória.

Feitas essas notas, acrescente-se que o coautor Flávio Tartuce apontava em suas obras que a redação anterior do art. 54 da Lei n. 13.097/2015 traria a ideia de que a exigência da fraude à execução dependeria da existência de algum ato registrado na matrícula do imóvel, o que carregava a noção de concentração absoluta dos atos na matrícula. Constatava-se, ademais, que o Código de Processo Civil de 2015 – especialmente o art. 792, incs. I, II e III – surgiu na sistemática da jurisprudência anterior e dessa norma, e com ela *dialogava*.[2]

De todo modo, uma questão debatida profundamente na vigência do CPC/2015 e da Lei n. 13.097/2015 disse respeito justamente à necessidade ou não de se buscarem as amplas certidões imobiliárias para a compra de imóveis, com o fito de afastar a configuração da fraude à execução. Pela literalidade da última lei específica, e pelo que consta nos três primeiros incisos do art. 792 do CPC/2015, a resposta pareceria negativa, bastando ao comprador verificar e analisar a matrícula do imóvel.

No entanto, o inc. IV do art. 792 continuava – e continua, não tendo sido alterado pela Lei do SERP – a mencionar a fraude à execução quando houver demanda ou demandas capazes de reduzir o devedor à insolvência. Ademais, o § 2.º do art. 792 do Estatuto Processual preceitua que, "no caso de aquisição de bem não sujeito a registro, o terceiro adquirente tem o ônus de provar que adotou as cautelas necessárias para a aquisição, mediante a exibição das certidões pertinentes, obtidas no domicílio do vendedor e no local onde se encontra o bem". Como se vê, a norma atribui a prova da boa--fé ao adquirente do bem, e não a quem alega a fraude, como tem feito a jurisprudência superior. A regra diz respeito, inicialmente, a bens móveis.

---

[2] CPC/2015. "Art. 792. A alienação ou a oneração de bem é considerada fraude à execução: I – quando sobre o bem pender ação fundada em direito real ou com pretensão reipersecutória, desde que a pendência do processo tenha sido averbada no respectivo registro público, se houver; II – quando tiver sido averbada, no registro do bem, a pendência do processo de execução, na forma do art. 828; III – quando tiver sido averbado, no registro do bem, hipoteca judiciária ou outro ato de constrição judicial originário do processo onde foi arguida a fraude."

Todavia, também pode ser aplicada a imóveis não registráveis por algum entrave formal.

Diante da divergência criada pelo CPC/2015 – com ele mesmo e com a Lei n. 13.097/2015 –, sustentava-se a necessidade de uma nova posição do Superior Tribunal de Justiça sobre o assunto, para que a questão fosse pacificada no âmbito de sua Segunda Seção, com um julgado com força vinculativa para as instâncias inferiores. Até lá, recomendava-se que a praxe em obtenção de amplas certidões pelos compradores de imóveis continuasse. Exatamente nesse sentido, destaque-se o Enunciado n. 149, aprovado na *II Jornada de Direito Processual Civil* do Conselho da Justiça Federal, 2018: "a falta de averbação da pendência de processo ou da existência de hipoteca judiciária ou de constrição judicial sobre bem no registro de imóveis não impede que o exequente comprove a má-fé do terceiro que tenha adquirido a propriedade ou qualquer outro direito real sobre o bem".

Sobre o tema, sabe-se do teor da Súmula n. 375 do STJ, prevendo que "o reconhecimento da fraude à execução depende do registro da penhora do bem alienado ou da prova de má-fé do terceiro adquirente". Tal posição, relativa à presunção de boa-fé, foi confirmada por acórdão publicado no *Informativo* n. *552* do Superior Tribunal de Justiça, em incidente de recursos repetitivos e pela sua Corte Especial, nos seguintes termos:

> "No que diz respeito à fraude de execução, definiu-se que: (i) é indispensável citação válida para configuração da fraude de execução, ressalvada a hipótese prevista no § 3.º do art. 615-A do CPC; (ii) o reconhecimento da fraude de execução depende do registro da penhora do bem alienado ou da prova de má-fé do terceiro adquirente (Súmula 375/STJ); (iii) a presunção de boa-fé é princípio geral de direito universalmente aceito, sendo milenar a parêmia: a boa-fé se presume, a má-fé se prova; (iv) inexistindo registro da penhora na matrícula do imóvel, é do credor o ônus da prova de que o terceiro adquirente tinha conhecimento de demanda capaz de levar o alienante à insolvência, sob pena de tornar-se letra morta o disposto no art. 659, § 4.º, do CPC; e (v) conforme previsto no § 3.º do art. 615-A do CPC, presume-se em fraude de execução a alienação ou oneração de bens realizada após a averbação referida no dispositivo. De início, deve prevalecer a posição majoritariamente adotada por este Tribunal ao longo do tempo, a qual exige a citação válida como pressuposto para caracterização da fraude de execução (AgRg no REsp 316.905/ SP, 4.ª Turma, *DJe* 18.12.2008; e REsp 418.109/SP, 3.ª Turma, *DJ*

02.09.2002). Quanto ao ônus da prova da intenção do terceiro adquirente, não é razoável adotar entendimento que privilegie a inversão de um princípio geral de direito universalmente aceito, o da presunção da boa-fé, sendo mesmo milenar a parêmia: a boa-fé se presume; a má-fé se prova. A propósito, ensina a doutrina que, para o terceiro, é perfeitamente possível admitir que tenha adquirido o bem alienado pelo litigante ignorando a existência do processo e do prejuízo que este veio a sofrer. Vale dizer: é possível que tenha agido de boa-fé, e à ordem jurídica, em princípio, não interessa desprezar a boa-fé. Ademais, o STJ também já se posicionou no sentido de que, 'não tendo o registro imobiliário recebido a notícia da existência da ação, a presunção de licitude da alienação milita em favor do comprador. Entendimento contrário geraria intranquilidade nos atos negociais, conspiraria contra o comércio jurídico, e atingiria a mais não poder a confiabilidade nos registros públicos' (REsp 113.871/DF, 4.ª Turma, *DJ* 15.09.1997)" (STJ, REsp 956.943/PR, Rel. originária Min. Nancy Andrighi, Rel. para acórdão Min. João Otávio de Noronha, j. 20.08.2014).

Em 2021, surgiu novo julgamento sobre o tema na Terceira Turma do Tribunal, entendendo que a Súmula n. 375 do STJ aplica-se aos casos de alienações ou vendas sucessivas. Consoante o acórdão,

"(...) as hipóteses em que a alienação ou oneração do bem são consideradas fraude à execução podem ser assim sintetizadas: (I) quando sobre o bem pender ação fundada em direito real ou com pretensão reipersecutória; (II) quando tiver sido averbada, no registro do bem, a pendência do processo de execução; (III) quando o bem tiver sido objeto de constrição judicial nos autos do processo no qual foi suscitada a fraude; (IV) quando, no momento da alienação ou oneração, tramitava contra o devedor ação capaz de reduzi-lo à insolvência (art. 593 do CPC/73 e art. 792 do CPC/2015). Esta Corte tem entendimento sedimentado no sentido de que a inscrição da penhora no registro do bem não constitui elemento integrativo do ato, mas sim requisito de eficácia perante terceiros. Por essa razão, o prévio registro da penhora do bem constrito gera presunção absoluta (*juris et de jure*) de conhecimento para terceiros e, portanto, de fraude à execução caso o bem seja alienado ou onerado após a averbação (art. 659, § 4.º, do CPC/1973; art. 844 do CPC/2015). Presunção essa que também é aplicável à hipótese na qual o credor providenciou a averbação, à margem do registro, da pendência de ação de execução (art. 615-A, § 3.º, do

CPC/73; art. 828, § 4.º, do CPC/2015)" (STJ, REsp 1.863.952/SP, 3.ª Turma, Rel. Min. Nancy Andrighi, por unanimidade, j. 26.10.2021).

Em 2022, a Terceira Turma do Tribunal voltou a se pronunciar sobre o tema, concluindo que devedor pratica ato em fraude à execução quando transfere imóvel para descendente, mesmo sem averbação da penhora na matrícula do imóvel. Nos termos do aresto,

> "esta Corte tem entendimento sedimentado no sentido de que a inscrição da penhora no registro do bem não constitui elemento integrativo do ato, mas sim requisito de eficácia perante terceiros. Precedentes. Por essa razão, o prévio registro da penhora do bem constrito gera presunção absoluta (*juris et de jure*) de conhecimento para terceiros e, portanto, de fraude à execução caso o bem seja alienado ou onerado após a averbação (art. 659, § 4.º, do CPC/1973; art. 844 do CPC/2015). Essa presunção também é aplicável à hipótese na qual o credor providenciou a averbação, à margem do registro, da pendência de ação de execução (art. 615-A, § 3.º, do CPC/1973; art. 828, § 4.º, do CPC/2015). Por outro lado, se o bem se sujeitar a registro e a penhora ou a execução não tiver sido averbada, tal circunstância não obsta, *prima facie*, o reconhecimento da fraude à execução. Na hipótese, entretanto, caberá ao credor comprovar a má-fé do terceiro; vale dizer, que o adquirente tinha conhecimento acerca da pendência do processo. Essa orientação é consolidada na jurisprudência deste Tribunal Superior e está cristalizada na Súmula 375 do STJ e no julgamento do Tema 243. Entretanto, essa proteção não se justifica quando o devedor procura blindar seu patrimônio dentro da própria família mediante a transferência de bem para seu descendente, sobretudo menor, com objetivo de fraudar execução já em curso. Nessas situações, não há importância em indagar se o descendente conhecia ou não a penhora sobre o imóvel ou se estava ou não de má fé. Isso porque o destaque é a má-fé do devedor que procura blindar seu patrimônio dentro da própria família" (STJ, REsp 1.981.646/SP, Rel. Min. Nancy Andrighi, 3.ª Turma, j. 02.08.2022, *DJe* 05.08.2022).

De todo modo, a súmula e os três julgados surgiram e aplicaram a realidade jurídica existente sob a vigência do CPC/1973, havendo a necessidade de um novo posicionamento da Corte sobre o CPC/2015 e a Lei n. 13.097/2015, notadamente em sua redação atual, após a Lei do SERP.

Resta saber se os novos §§ 1.º e 2.º do art. 54 da Lei n. 13.097/2015 – nas redações dadas pela Lei do SERP – encerram o debate a respeito da necessidade das certidões para a aquisição de imóveis, consagrando de forma definitiva a concentração absoluta dos atos na matrícula do imóvel.

Em uma primeira resposta, parece-nos que sim. De toda sorte, por cautela, sugerimos aguardar novos posicionamentos da jurisprudência acerca do tema, sobretudo do Superior Tribunal de Justiça. Enquanto isso, o mais recomendável é que os adquirentes de imóveis continuem, por cautela, a colher certidões de feitos judiciais para se imunizarem diante de eventual evicção.

Bibliografia

BRAZ, Maciel da Silva. A tributação das receitas auferidas após a extinção do patrimônio de afetação no regime especial de tributação. *Revista de Direito Tributário Atual*, n. 40, 2018. Disponível em: https://ibdt.org.br/RDTA/a-tributacao-das-receitas-auferidas-apos-a-extincao-do-patrimonio-de-afetacao-no-regime-especial-de-tributacao/#:~:text=7.045%2F2014%2C%20o%20Fisco%20deu,extin%C3%A7%C3%A3o%20do%20patrim%C3%B4nio%20de%20afeta%C3%A7%C3%A3o. Acesso em: 3 out. 2022.

GAGLIANO, Pablo Stolze; VIANA, Salomão. A prescrição intercorrente e a nova MP n.º 1.040/21 (Medida Provisória de "Ambiente de Negócios"). *JusBrasil*, 2020. Disponível em: https://direitocivilbrasileiro.jusbrasil.com.br/artigos/1186072938/a-prescricao-intercorrente-e-a-nova-mp-n-1040-21-medida-provisoria-de-ambiente-de-negocios. Acesso em: 15 set. 2022.

JACOMINO, Sérgio; CRUZ, Nataly. Ônus, gravames, encargos, restrições e limitações. *In*: OLIVEIRA, Carlos E. Elias; SANTOS, Flauzilino Araújo dos; BENÍCIO, Hércules Alexandre da Costa; LAGO, Ivan Jacopeetti; FERRO JÚNIOR, Izaías G. *Migalhas Notariais e Registrais*, 10 nov. 2021.

LIMA, Márcia Fidelis. Lei n. 14.382/2002 – primeiras reflexões interdisciplinares do registro civil das pessoas naturais e o direito das famílias. *Revista IBDFAM – Famílias e Sucessões*, Belo Horizonte, n. 51, maio/jun. 2022.

OLIVEIRA, Carlos Eduardo Elias de. A natureza jurídica da caução e repercussões civis, processuais, penais, notariais e de registro público. *JusBrasil*, 2018. Disponível em: https://flaviotartuce.jusbrasil.com.br/artigos/679048610/a-natureza-juridica-da-caucao-e-repercussoes-civis-processuais-penais-notariais-e-de-registro-publico. Acesso em: 3 out. 2022.

OLIVEIRA, Carlos Eduardo Elias de. A segurança hermenêutica nos vários ramos do direito e nos cartórios extrajudiciais: repercussões da LINDB após a Lei n.º 13.655/2018. *Núcleo de Estudos e Pesquisas/CONLEG/Senado*, Brasília, jun. 2018. Disponível em: www.senado.leg.br/estudos. Acesso em: 3 out. 2022.

OLIVEIRA, Carlos Eduardo Elias de. Nota Informativa n. 2.840, de 2019. 10 jun. 2019 Disponível em: https://corregedoria.tjce.jus.br/wp-content/uploads/2019/08/Of%C3%ADcio-Circular-292-2019.pdf. Acesso em: 3 out. 2022.

OLIVEIRA, Carlos Eduardo Elias de. Novidades da Lei n. 13.465, de 2017: o condomínio de lotes, o condomínio urbano simples e o loteamento de acesso controlado. *Núcleo de Estudos e Pesquisas/Conleg/Senado*, Brasília, 14 jul. 2017. Disponível em: www.senado.leg.br/estudos. Acesso em: 14 jul. 2017.

OLIVEIRA, Carlos Eduardo Elias de. *O princípio da harmonização internacional dos direitos reais: fundamento, adaptação de direitos reais estrangeiros,* lex rei sitae, numerus clausus *e outros desdobramentos.* 2022. Tese (Doutorado) – Faculdade de Direito da Universidade de Brasília (UnB), Brasília, 2022, p. 266. Disponível em: https://independent.academia.edu/CarlosOliveira32/Papers. Acesso em: 3 out. 2022.

OLIVEIRA, Carlos Eduardo Elias de; BENÍCIO, Hércules Alexandre da Costa. Assinatura eletrônica nos contratos e em outros atos jurídicos. *In*: SCHREIBER, Anderson; BRANDÃO, Everilda; TARTUCE, Flávio; ANDRADE, Gustavo Henrique Baptista; FROTA, Pablo Malheiros da Cunha (org.). *Migalhas contratuais*. 20 jul. 2020. Disponível em: https://www.migalhas.com.br/coluna/migalhas-contratuais/330879/assinatura-eletronica-nos-contratos-e-em-outros-atos-juridicos. Acesso em: 3 out. 2022.

OLIVEIRA, Carlos Eduardo Elias de; COSTA-NETO, João. *Direito civil*. Rio de Janeiro: Forense; Método, 2022.

OLIVEIRA, Carlos E. Elias de; SILVA, Bruno Mattos e. A recente Lei do Distrato (Lei n. 13.786/2018): o novo cenário jurídico dos contratos de aquisição de imóveis em regime de incorporação imobiliária e em loteamento. *Conjur*, 9 jan. 2019. Disponível em: https://www.conjur.com.br/2019-jan-09/opiniao-lei-distrato-contratos-aquisicao-imoveis. Acesso em: 3 out. 2022.

PEREIRA, Eduardo Calais; CORRÊA, Leandro Augusto Neves; DEPIERI, Rafael Vitelli. Adjudicação compulsória extrajudicial: conceitos e limites. *Migalhas*, 23 ago. 2022. Disponível em: https://www.migalhas.com.br/depeso/372122/adjudicacao-compulsoria-extrajudicial-conceitos-e-limites. Acesso em: 3 out. 2022.

SCHREIBEIR, Anderson. Comentários aos arts. 1.º ao 79. *In*: SCHREIBER, Anderson; TARTUCE, Flávio; SIMÃO, José Fernando; MELO, Marco Aurélio Bezerra de; DELGADO, Mário Luiz. *Código Civil comentado*: doutrina e jurisprudência. 3. ed. Rio de Janeiro: Forense, 2022. p. 5-66.

TARTUCE, Flávio. *Direito civil*: Lei de Introdução e Parte Geral. 18. ed. Rio de Janeiro: Forense, 2022. v. 1.

TARTUCE, Flávio. *Direito civil*: teoria geral dos contratos e contratos em espécie. 17. ed. Rio de Janeiro: Forense, 2022. v. 3.

TARTUCE, Flávio. *Direito civil*: direito das coisas. 14. ed. Rio de Janeiro: Forense, 2022. v. 4.

TARTUCE, Flávio. *Direito civil*: direito de família. 17. ed. Rio de Janeiro: Forense, 2022. v. 5.

TARTUCE, Flávio. *Direito civil*: direito das sucessões. 15. ed. Rio de Janeiro: Forense, 2022. v. 6.